Es geht in diesem Buch um die Folgen des »kleinen Unterschiedes« zwischen Frauen und Männern und die Rolle von Liebe und Sexualität im Leben von Frauen. Bei Veröffentlichung dieses Buches 1975 lösten die Theorien Alice Schwarzers und ihre Gespräche mit »ganz normalen Frauen« einen ungeheuren Skandal und nicht endende Debatten aus, die bis heute nachwirken. Der Longseller wird inzwischen in der dritten Generation gelesen. »Im Namen des kleinen Unterschiedes werden Menschen zu Frauen und Männern verstümmelt«, schrieb die Autorin schon damals. »Und im Namen der Liebe werden Frauen zu relativen Wesen.« Schwarzer entlarvt den »Mythos vom vaginalen Orgasmus« und ermutigt Frauen, ihren eigenen Bedürfnissen nachzuspüren. Vor allem: Sie stellt die Sexualität in den Kontext des Lebens, zeigt, warum es eine freie Sexualität nur in einem freien Leben geben kann. Über die Bestandsaufnahme und Analyse hinaus gibt dieses Buch Impulse zur Selbsterkenntnis und Selbstbefreiung – ohne in den Terror neuer Normen zu verfallen.

Alice Schwarzer, geboren 1942, Journalistin und Essayistin, seit 1977 Herausgeberin und Verlegerin der Zeitschrift ›EMMA‹, Mitglied des PEN-Clubs. Seit 1971 zahlreiche Buchveröffentlichungen, darunter: ›Der große Unterschied. Gegen die Spaltung von Menschen in Männer und Frauen‹, 2000 (2002, Fischer Taschenbuch Verlag, Bd. 15237); ›Simone de Beauvoir, Rebellin und Wegbereiterin‹, 1999; ›Romy Schneider. Mythos und Leben‹, 1998; ›Marion Dönhoff. Ein widerständiges Leben‹, 1998; ›Eine tödliche Liebe. Petra Kelly und Gert Bastian‹, 1993/2001.

Unsere Adresse im Internet: www.fischerverlage.de

Alice Schwarzer

Der kleine Unterschied und seine großen Folgen

Frauen über sich
Beginn einer Befreiung

Fischer Taschenbuch Verlag

Die Frau in der Gesellschaft
Herausgegeben von Ingeborg Mues

Fotos S. 37, 54, 68, 82, 95, 110, 123, 154, 166, 178, 195, 208: Bettina Flitner

2. Auflage: September 2004

Neuausgabe
Veröffentlicht im Fischer Taschenbuch Verlag,
einem Unternehmen der S. Fischer Verlag GmbH,
Frankfurt am Main, Oktober 2002

Lizenzausgabe mit Genehmigung des
S. Fischer Verlages GmbH, Frankfurt am Main

Satz: Pinkuin Satz und Datentechnik, Berlin
Druck und Bindung: Clausen & Bosse, Leck
Printed in Germany
ISBN 3-596-15446-4

Inhalt

Vorwort

26 Jahre nach Erscheinen des Buches, erhielt ich Post aus Südkorea. Die Redaktion der Frauenzeitschrift ›if‹ war entschlossen, den ›Kleinen Unterschied‹ auf Koreanisch herauszugeben. Die Übersetzerin Kim Zaehi stand kurz vor dem Abschluss und hatte das Manuskript schon in der Redaktion herumgereicht. Die Reaktionen hatten sie überrascht. Kim schrieb: »Meine Kolleginnen können kaum glauben, dass die Geschichten in dem Buch ›übersetzt‹ sind. Alle sagen: ›Ich kenne Hildegard‹ – ›Ich bin Alexandra‹ – ›Ich bin Dorothea, nur mit zwei Kindern‹ usw. Und sie wundern sich sehr, dass die Situation der deutschen Frauen der ihren so ähnlich ist. Sie dachten immer, denen ginge es gut und die hätten keine Probleme.«
Etwa zwanzig Jahre zuvor hatte ich in Griechenland eine ganz ähnliche Erfahrung gemacht. Dort war ›Der kleine Unterschied‹, ganz wie in Spanien, Anfang der achtziger Jahre eines der ersten feministischen Bücher gewesen, die nach dem Ende der rechten Diktaturen übersetzt worden waren. Nach einem Vortrag in Athen sprach mich eine Soziologin an und erzählte: »Auf Zypern treffen sich einmal in der Woche die Fischersfrauen und diskutieren über dein Buch. Ihr Code bei diesen Gesprächen lautet: Ich bin Fall 2 – oder Fall 5 – oder Fall 9 …«
Als ich damals das Buch konzipierte, da habe ich alle 17 Fälle in der Tat so ausgewählt, dass eine Mehrheit der Frauen sich darin wiedererkennen konnte: in Bezug auf Alter, Bewusstsein, soziale Situation, sexuelle Identität usw. Der Kalkül ging bei Erscheinen des Buches auf. ›Der kleine Unterschied‹ löste Mitte der siebziger Jahre in Deutschland eine Art kollektiven Aufschrei

aus: der Zustimmung oder der Ablehnung, dazwischen gab es wenig. Die meisten Frauen (wenn auch nicht alle) waren dafür, die meisten Männer (wenn auch nicht alle) waren dagegen. Folge: die Hexenjagd auf die Überbringerin der schlechten Nachricht von der Misere der Geschlechter: auf »Schwanz-ab-Schwarzer« (siehe mein Nachwort von 1976 im Anhang: ›Reaktion der Männermedien‹).
Allerdings hatte ich beim Schreiben des Buches lediglich die Hoffnung gehabt, dass die 17 Protokolle für eine Mehrheit der Frauen in Deutschland und vielleicht noch in Österreich und in der Schweiz gültig würden. Dass ›Der kleine Unterschied‹ in den darauf folgenden 25 Jahren in zwölf Sprachen übersetzt werden und gelesen werden würde – von Japan bis Brasilien, von Schweden bis Algerien –, das hätte ich mir damals nicht träumen lassen. Und auch nicht, dass dieses Buch über die Auswirkungen von Liebe und Sexualität im Leben der Frauen – und damit auch der Männer – bis heute immer neue Leserinnen und Leser finden würde. Zwar hat sich in Bezug auf das erotische Selbstverständnis der Frauen und damit auch auf die sexuelle Kommunikation der Geschlechter einiges verbessert, die Grundprobleme jedoch sind die gleichen geblieben. Wie auch sollte sich, was in Jahrtausenden gewachsen ist, innerhalb von Jahrzehnten ändern.
Die internationale Rezeption des ›Kleinen Unterschiedes‹ bestätigt meine politische Überzeugung, dass die scheinbar so individuellen »weiblichen Schicksale« strukturell bedingt und universell sind. Sicher, es gibt Unterschiede zwischen Frauen, die gibt es schon innerhalb der 17 exemplarischen Fälle in diesem Buch. Und es kann nicht darum gehen, diese Unterschiede zu glätten oder gar zu negieren; schon gar nicht von der privilegierten Position aus, in der wir Frauen im Herzen Europas uns heute befinden.
Aber: Es gibt auch Gemeinsamkeiten – und die sind größer als die Unterschiede. Egal, wie arm oder reich, wie weiß oder schwarz, wie gebildet oder ungebildet eine Frau ist: Da, wo es um Liebe und Gewalt, um Männer und Kinder geht, um Beruf

und Macht, da sind alle Frauen in einer ähnlichen Lage. Die Indizien dafür sind überwältigend. So vermeldeten zum Beispiel vor einigen Jahren amerikanische ForscherInnen, dass die Träume weißer Amerikanerinnen und die australischer Aborigines-Frauen sich ähnlicher sind als die weißer amerikanischer Frauen und Männer.

Die Zuweisung der Geschlechterrollen ist universell, und auch ihre Folgen sind es. Darum muss auch der Feminismus universell sein. In der westlichen Welt trat allerdings vor dreißig Jahren die Frauenbewegung erneut in die Arena. Und es ist seit dem Erscheinen des ›Kleinen Unterschiedes‹ ein Vierteljahrhundert vergangen. Gibt es seither nichts Neues im Westen?

Ja und nein. Es gibt einen Fortschritt und einen Rückschritt zugleich, auch in dem Bereich, um den es hier zentral geht: im Bereich von Liebe und Sexualität. Ich erhalte weiterhin Briefe zum ›Kleinen Unterschied‹, nicht mehr täglich, aber regelmäßig, gerade von jungen Frauen und Männern. Denn die in diesem Buch aufgezeigten Grundprobleme bestehen für Frauen weiterhin: der Zwang zur Wahl zwischen Freiheit und Liebe, zwischen Selbstbehauptung und Mitgefühl, zwischen Beruf und Familie. Kein Wunder: Über Generationen gewachsene innere und äußere Barrieren lassen sich nicht innerhalb einer Generation niederreißen.

Sicher, die viel geschmähte Neue Frauenbewegung hat im Westen eine wahre Kulturrevolution ausgelöst, die wohl bedeutendste soziale Revolution des 20. Jahrhunderts. Sie hat damit nicht nur die Verhältnisse tiefgreifend verändert – sie hat auch das Denken und Fühlen von Frauen wie Männern beeinflusst. Erstmals in der neueren Geschichte sind Frauen rechtlich ganz gleichberechtigt und haben zumindest formal einen uneingeschränkten Zugang zu Bildung und Beruf. Und heutzutage planen Mädchen, auch wenn sie später einen Mann und Kinder wollen, eine – zumindest relativ – eigenständige berufliche Zukunft. Und Mütter streben, trotz aller Hindernisse, in den Beruf.

In Deutschland sind zu Beginn des 21. Jahrhunderts 43 Prozent aller Berufstätigen weiblich, und jede zwölfte Ehefrau verdient inzwischen mehr als ihr Mann. Europäerinnen heiraten immer weniger und bekommen immer weniger Kinder. Letzteres hat zwei Gründe: Zum einen ist eine Frau nicht mehr gezwungen, Mutter zu werden, um als Frau ernst genommen zu werden; zum zweiten ist für diejenigen, die Kinder wollen, die »Vereinbarkeit von Beruf und Familie« noch immer eine hohle Phrase. Darum war im Jahr 2000 jede dritte Fünfunddreißigjährige in Deutschland kinderlos, noch vor dreißig Jahren war das nur jede achte. Und in manchen Nachbarländern ist die Entwicklung ähnlich. Die Frauen im Westen sind ohne Aufhebens in den Kinderstreik getreten.

Allerdings: In den Ländern, in denen Frauen am stärksten, das heißt wie Männer berufstätig sind, nämlich in den skandinavischen Ländern – da bekommen sie auch die meisten Kinder. Ein Paradox? Keineswegs. Die Kinderlust der Frauen, für die Geburten dank Pille, Aufklärung und Selbstbewusstsein nicht länger Schicksalsschlag, sondern Entscheidung sind, hängt ab von der vielbeschworenen wirklichen »Vereinbarkeit mit dem Beruf«. Da, wo die Mütter, wie in den Nordländern, maximal von Vätern und Vater Staat entlastet werden, da haben sie auch wieder Lust, Kinder zu kriegen. Und Lust auf die Lust.

Gleichzeitig aber verstärkt sich, dank Werbung und Medien, weltweit der Druck für Frauen, »sexy« zu sein. Begehrenswert oder nicht? Das ist noch immer die größte Trumpfkarte gegen Frauen in den Händen der Männer. Denn ob eine Frau als begehrenswert gilt, das bestimmt weiterhin die Männerwelt. Und nichts macht Frauen in den Augen der Machos garstiger als Emanzipation. Doch es gibt Hoffnung: Zwei von drei Frauen in Deutschland wollen heute die Gleichberechtigung, das ergab eine im November 2001 im Auftrag von ›EMMA‹ durchgeführte Umfrage des Allensbacher Meinungsforschungsinstitutes – und jeder dritte Mann ist bereit mitzuziehen. Bedenken wir, von welch abgrundtiefer, struktureller Ungleichheit die Geschlechter herkommen, so ist das viel, sehr viel.

Gleichzeitig aber klaffen die öffentliche Darstellung und das persönliche Leben von Frauen und Männern immer stärker auseinander: Gelebt wird zunehmend Gleichheit, dargestellt wird zunehmend Unterschiedlichkeit. Der kleine Unterschied wird wieder groß geredet. Real ist heute jeder dritte Mann bereit, an der Seite seiner Freundin/Frau ein echter Partner zu sein. Die Mauern, die von der Frauenbewegung in den siebziger Jahren niedergerissen wurden – Das Private ist politisch! –, wurden vor allem von den Medien Stein für Stein wieder hochgezogen. Und hinter ihnen verbirgt sich erneute Isolation und Vereinzelung. Liebe ist wieder Privatsache. Als erstrebenswert gilt nicht objektive Gerechtigkeit, sondern subjektives Glück – was immer jeweils gerade als »Glück« empfunden wird.

Öffentlich erleben wir eine umfassende Sexualisierung aller Lebensbereiche durch Werbung, Medien und Kultur; privat eine zunehmende sexuelle Zurückhaltung und die Flucht von Männern in den anonymen Sex. Gummipuppen sind eben geduldiger als lebendige Frauen. »Dabei ist das Symptom ›Lustlosigkeit‹ vermutlich nur die klinifizierte Spitze eines erotischen Eisberges«, schreibt der Hamburger Sexualtherapeut Gunter Schmidt. Ironie der Geschichte: Klagten Frauen früher über zu viel Sex, klagen sie heute über zu wenig.

Schlittern wir also auf eine sexuelle Eiszeit zu? Ganz so schlimm wird es nicht werden, aber es ist spürbar kühler geworden. An den Frauen liegt das nicht, die haben eher mehr Lust als früher. Sie spielen nur bei Unlust keine Lust mehr vor. Und sie sind auch nicht länger bereit, jeden Preis für Zärtlichkeit zu zahlen.

Es waren wir Frauen, die die gute alte Oben-unten-Weltordnung aufkündigten, öffentlich wie privat. Männer können heute nicht mehr einfach so rein-raus; sie müssen lernen, den Frauen in die Augen zu sehen. Und das fällt so manchem nicht immer leicht.

Die Angst vor der körperlichen Potenz der Frauen erhöht die Verunsicherung des Mannes, der sich so lange im alleinigen Besitz des Phallus wähnen konnte. Bereits 1975 konnte ich mich auf Forschungsarbeiten berufen, darunter die der SexualforscherInnen Masters & Johnson oder der Sexualforscherin Mary Anne Sherfey, die eine körperlich gleiche, wenn nicht sogar überlegene Potenz der Frau bewies. Sherfey hatte in ›Die Potenz der Frau‹

akribisch wissenschaftlich bewiesen, dass der männliche und der weibliche Körper bis hin in die Sexualorgane gleich gebaut sind und dem männlichen Penis die sich bei Erregung durch Blutstau nicht minder versteifende Klitoris entspricht.

Es sollte noch ein Vierteljahrhundert dauern, bis ›Der Spiegel‹ im Februar 2002 in einer Titelgeschichte über ›Die Chemie der Lust‹ Ähnliches zu vermelden wusste: 1999 hatte die australische Chirurgin Helene O'Connell zehn weibliche Leichen seziert und die inneren Ausmaße der weiblichen Sexualorgane dokumentiert. Ergebnis: »Der Schwellkörperanteil ist sogar größer als beim Mann« (O'Connell). Die zwei Fortsätze der Klitoris reichen bis zu neun Zentimeter in die Tiefe des weiblichen Körpers, verbunden durch zwei weitere zwiebelförmige Schwellkörper, die sich an die Vorderwand der Vagina schmiegen.

Sind also Frauen das potentere Geschlecht? Körperlich ja, seelisch jedoch scheinen sie komplizierter als Männer. Das sexuelle Zentrum liegt bei beiden Geschlechtern ja nicht in der Klitoris/dem Penis – sondern im Kopf. Und wie eng das Begehren der Frauen mit dem Leben der Frauen zusammenhängt, das beweisen nicht nur neuere wissenschaftliche Untersuchungen, das zeigen auch meine folgenden Protokolle. Bei den Männern ist es nicht anders. Auch ihnen kann die Lust vergehen.

Frühen Feministinnen ist der sexuelle Entzug von Männern zum Beispiel als »Strafe« für zu viel Emanzipation schon seit längerem ein bekanntes Phänomen. Eigentlich ist eine solche sexuelle Verweigerung ja ein traditionell weibliches Mittel im Clinch der Geschlechter. Es ist vielleicht darum keineswegs nur negativ, dass jetzt auch Männer danach greifen. Vor der Neuorientierung steht eben Irritation und Besinnung.

In der Sexualforschung ist inzwischen von einem neuen »Sexualkodex«, einer »Konsensmoral« die Rede. »Der sexuelle Umgang wird friedlicher, kommunikativer, berechenbarer, rationaler und verhandelbarer«, sagt Gunter Schmidt, eben »herrschaftsfreier«. Dabei scheint sich der heute dreiundsechzigjährige Sexualforscher noch nicht so recht entscheiden zu können, ob er das gut finden soll oder nicht. Nur eines ist auch für ihn klar:

Es war die »feministische Debatte«, die das alles ins Rollen gebracht hat.
In der Tat. Und die Reaktion ließ nicht lange auf sich warten. Es ist selbstverständlich alles andere als ein Zufall, dass ab Mitte der Siebziger Pornografie verstärkt propagiert und salonfähig wurde. Die Pornografie ist längst kein schmutziges Geheimnis mehr unter dem Ladentisch, sondern selbstverständlicher Teil der Kultur. Sie sei ein Ausdruck von Freiheit, heißt es. Doch ist das Gegenteil der Fall. Pornografie propagiert die Verknüpfung von Lust an Erniedrigung und Gewalt mit Lust auf Sex und macht damit unfrei. Pornografie zerstört nicht nur ihre Opfer, die Kinder und Frauen, sie tötet auch die Erotik.
Die modische Verharmlosung und Verherrlichung sadomasochistischer Praktiken ist eine Konsequenz der allgemeinen Pornografisierung. In einer Zeit, in der die Geschlechterhierarchie ins Wanken gerät, scheint es nötig, dass wenigstens in der Sexualität der Mann noch ein »Herr« und die Frau noch eine »Sklavin« ist – oder auch die vom Mann bestellte und bezahlte »Herrin« auf Zeit, solange es *ihm* gefällt.
Angeblich ist SM bei jungen Leuten heute »total in«. Aber stimmt das wirklich? Umfragen und Forschungen geben ein ganz anderes Bild als das in Zeitschriften, Romanen und Filmen. So gaben bei einer Umfrage von ›Psychologie heute‹ im Sommer 2000 nur ein Prozent aller Männer und Frauen an, sadomasochistische Praktiken in der Sexualität zu haben. Und in dem repräsentativen Kinsey-Nachfolge-Report von 1996 sagt gar nur eine von 1000 jungen Amerikanerinnen, sie fände es »reizvoll«, zum Sex gezwungen zu werden. Der angebliche Trend zum Sadomasochismus scheint also eher Propaganda als Realität. Zumindest bei Frauen.
Bei einem Teil der Männer allerdings zeichnet sich ein anderer Trend ab. Seit Jahren klagen professionelle Prostituierte zunehmend darüber, dass vor allem die jungen Freier immer brutaler werden. War SM früher ein Special, so werden heute von quasi jeder Prostituierten Sadomaso-Praktiken erwartet – und die Freier wollen dabei immer die Sadisten sein. Seinen Blick auf

eine Prostituierte richtet so ein Mann natürlich auf jede Frau: auf seine Kollegin und seine Freundin/Frau.
Die Entwicklung des Verhältnisses der Geschlechter ist heute Fortschritt und Rückschritt zugleich, sie spiegelt sich wie immer auch in der Sexualität. Ein Teil der sexuellen Beziehungen wird gleicher, ein Teil noch ungleicher. Teil dieser neu verankerten Ungleichheit ist die Renaissance des Differenz-Diskurses, dem Lied von der eternellen »Weiblichkeit« und »Männlichkeit«. Zeiten des verstärkten Unterschieds der Geschlechter sind immer auch Zeiten der verstärkten Unterdrückung der Frauen, das hat schon Simone de Beauvoir im ›Anderen Geschlecht‹ festgestellt. »Man wird nicht als Frau geboren, sondern dazu gemacht«, lautet Beauvoirs Schlüsselsatz im ›Anderen Geschlecht‹. Dasselbe gilt für Männer.
Die antibiologistische antidifferentialistische Strömung des Feminismus lehnt spätestens seit dem 19. Jahrhundert die Ideologie von der »Natur« der Geschlechter – und damit des Menschen überhaupt – strikt ab. Bis in die achtziger Jahre sprach sie vom hie »biologischen« und da »sozialen« oder »kulturellen« Geschlecht. In dem vom Strukturalismus geprägten Postfeminismus hieß das soziale Geschlecht Gender und wurde statt von »Prägung« von Konstruktion oder Dekonstruktion gesprochen. Gemeint ist dasselbe. Bedauerlich ist nur, dass vor allem in Deutschland eine zunehmend elitär und lebensfern tönende Wissenschaftssprache die historisch wechselnden Begriffe mit der Kontinuität des Denkens nicht verknüpft – und sich damit ihrer eigenen Geschichte und Kontinuität beraubt. Inzwischen ist, wie zu erwarten, das Pendel im akademischen Diskurs zurückgeschlagen: Auf das Kokettieren mit dem partikularistischen Differenzdenken folgt ein am Diskurs der 70er Jahre anknüpfendes Interesse am universalistischen Gleichheitsgedanken, in Bezug auf die Geschlechter wie auch auf andere Gruppen. Umso wichtiger scheint es mir, auf die Geschichte des Universalismus hinzuweisen – damit nicht wieder einmal bei Null angefangen wird.
Auch ›Der kleine Unterschied‹ ist ein Beitrag zur Dekonstruk-

tion der Geschlechter und zum Universalismus. Meine Utopie ist eine Welt, in der das biologische Geschlecht den Menschen nicht definiert – so wenig wie seine Hautfarbe –, sondern nur ein Faktor ist von vielen, die den Menschen ausmachen. Ich bin und bleibe »gegen die Spaltung von Menschen in Männer und Frauen« – wie ich 25 Jahre später nicht zufällig das Folgebuch ›Der große Unterschied‹ untertitelt habe.
Doch würde ich den ›Kleinen Unterschied‹ eigentlich heute genauso schreiben wie damals? Inhaltlich ja. In der Form jedoch ja und nein: Die Protokolle mit dem Originalton der Frauen wären nicht anders, der theoretische Teil jedoch müsste heute nicht mehr so agitatorisch tönen. Die vielen !!! entsprachen dem Ungestüm des Aufbruchs. Heute wissen wir, dass es auf unserem Weg auch viele ??? gibt – und dass das Ziel noch in weiter Ferne liegt: das Ziel Mensch.

Köln, März 2002 *Alice Schwarzer*

Vorbemerkung

Wir sind die Frauen, vor denen
die Männer uns gewarnt haben
Robin Morgan

Fast immer, wenn ich in den letzten Jahren mit Frauen geredet habe, egal worüber und egal mit wem – ob mit Hausfrauen, Karriere-Frauen oder Aktiven aus der Frauenbewegung –, fast immer landeten diese Gespräche bei der Sexualität und bei den Männerbeziehungen dieser Frauen. Auch und gerade Frauen, die sich in anderen Bereichen scheinbar weitgehend »emanzipiert« hatten, blieben in ihrem so genannten Privatleben rat- und hilflos. Am schlimmsten ist es in der Sexualität: die »Sexwelle«, Kolle und Reich brachten den Frauen nicht mehr Freiheit und Befriedigung, sondern mehr Selbstverleugnung und Frigidität.
Nachdem ich mich sehr gründlich mit Problemen wie Abtreibung, Berufsarbeit und Hausarbeit beschäftigt habe, ist mir klar geworden, dass die Sexualität der Angelpunkt der Frauenfrage ist. Sexualität ist zugleich Spiegel und Instrument der Unterdrückung der Frauen in allen Lebensbereichen.
Hier fallen die Würfel. Hier liegen Unterwerfung, Schuldbewusstsein und Männerfixierung von Frauen verankert. Hier steht das Fundament der männlichen Macht und der weiblichen Ohnmacht. Hier entzieht sich scheinbar »Privates« jeglicher gesellschaftlichen Reflexion. Hier wird die heimliche Wahrheit mit der öffentlichen Lüge zum Schweigen gebracht. Hier hindern angstvolle Abhängigkeit und schamerfüllte Isolation Frauen daran, zu entdecken, wie sehr sich die Schicksale gleichen …
Das aufzubrechen, Frauen zu zeigen, dass ihre angeblich persönlichen Probleme zu einem großen Teil unvermeidliches Resultat ihrer Unterdrückung in einer Männergesellschaft sind, ist eines meiner ersten Anliegen. Ich habe darum alle Gespräche unter

der besonderen Frage nach der Rolle, die die herrschenden sexuellen Normen in einem Frauenleben spielen, geführt.
Frauen werden sich in den Protokollen wiedererkennen und entsetzt, erleichtert und wütend zugleich sein. Entsetzt, weil andere das aussprechen, was sie selbst sich oft nicht eingestehen können und wollen. Erleichtert, weil sie nicht länger allein sind, weil andere Frauen ähnliche Probleme haben. Und wütend, weil ihre Unterdrückung und Ausbeutung Absicht derer ist, die davon profitieren.
Und Männer? Viele werden es sich einfach machen, werden sagen, bei ihnen und ihrer Frau (Freundin) sei alles ganz anders. Einige aber werden erschüttert sein über den Preis, den sie für ihren »kleinen Unterschied« zahlen. Am schlimmsten ist es da, wo wir dank des Unterschiedes angeblich füreinander geschaffen sind: in der Sexualität. Da spiegeln sich Männergesichter in den Augen identitätsloser und gedemütigter Frauen wie erstarrte Symbole und unmenschliche Fratzen.
Doch weitaus tragischer ist der Part der Frauen. Für sie, für uns, habe ich dieses Buch geschrieben. Ich habe viel dabei gelernt, war wieder einmal überrascht, in welchem Ausmaß Zeit und Angst bei Frauengesprächen zum Problem wird. Zeit, weil Frauen nie Zeit und immer zu tun haben, immer hetzen müssen, zur Arbeit, zu wartenden Kindern und Männern. Angst, weil Frauen Angst vor Männern, vor ihren Männern haben, denn sie sind emotional, sozial und meist auch ökonomisch von ihnen abhängig. Das war vor allem bei den Frauen, die auch ihre augenblickliche Männerbeziehung schildern – und das sind die meisten –, spürbar.
Es gab Frauen, mit denen ich mich heimlich in Cafés oder fremden Wohnungen getroffen habe und die vor Angst, ertappt zu werden, zitterten und stotterten. Tatsächlich! Und es gab Frauen, die ich zu Hause traf, deren Männer Bescheid wussten und bei denen es manchmal noch schlimmer war. Da waren die Skrupel vor dem eigenen Mann (wenn er es lesen würde) und die Unmöglichkeit, auch sich selbst alles in aller Krassheit einzugestehen. Denn die Frauenfrage ist nicht nur eine Bewusstseins-

frage, sondern vor allem eine Frage realer Zwänge: Frauen sind nicht nur in psychischen, sondern auch in ganz konkreten Abhängigkeiten, die nicht von einem Tag zum anderen aufgehoben werden können (Hildegard D.: »Damals sofort etwas unternehmen – das wäre ja aussichtslos gewesen, denn da war ja die Kleine gerade geboren und die Große knapp drei.«) Diese Zwänge nötigen Frauen nicht selten, sich selbst und anderen etwas vorzumachen. Darum steckt in kleinen Andeutungen und Fakten oft mehr als in ausführlichen Erklärungen.

Aber Frauen sind nicht nur schwach, sie sind auch stark, sehr stark. Es ist erstaunlich, welchen Schwierigkeiten sie trotzen und wie sie überleben. Sie haben ihre Menschlichkeit, ihre Klugheit und ihren Humor nicht verloren. – Wir haben bei den Gesprächen oft lachen müssen, trotz alledem. Die meisten der durch das Buch geknüpften Kontakte werden diese Arbeit sicherlich überleben.

Die ausgewählten Protokolle sind exemplarisch. Ich stelle jedem Gespräch eine Kurzanalyse nach, die auf die jeweils besondere Problematik der einzelnen Fälle eingeht. Die grundsätzliche Frage nach den Ursachen und Folgen der herrschenden sexuellen Normen (nach »vaginalem Orgasmus«, Heterosexualität und »Frigidität«) untersuche ich in einer umfassenderen Analyse im Anschluss an die Protokolle.

Die Skala der Frauenprobleme und Lebenskonstellationen in den Protokollen ist repräsentativ. Nicht repräsentativ allerdings ist der atypisch hohe Prozentsatz von Frauen, die bereits bewusst versuchen, ihr Leben in die Hand zu nehmen, denn ich wollte den Akzent nicht nur auf die Beschreibung des Ist-Zustandes, sondern auf die Möglichkeiten zu seiner Veränderung setzen.

Bei der Auswahl meiner Gesprächspartnerinnen war ihre »Normalität« mein Hauptkriterium. Ich war weniger an der Darstellung von extremen Fällen interessiert – obwohl es daran nicht mangelt und sie ja auch symptomatisch sind –, sondern mehr an der Widerspiegelung des Alltäglichen. Die folgenden Protokolle sind darum nicht Ausnahmen, sondern die Regel.

Jede richtungsweisende Frage, jeder entscheidende Eingriff von meiner Seite schlägt sich in den Aufzeichnungen nieder. Die Hervorhebungen sind von mir. Sie markieren Stellen, über die nicht hinweggelesen werden sollte – weil sie so typisch, so wahr, so widersprüchlich oder so entscheidend sind.
Fast alle Namen wurden auf Wunsch der Betroffenen verändert.
Die befragten Frauen haben die Aufzeichnung der Gespräche zweimal (in einer Roh- und in der definitiven Fassung) gesehen und gebilligt.
Ich danke allen Frauen, die Zeit und Mut für diese erschütternd ehrlichen Gespräche über ihr Leben aufgebracht, und auch denen, die die Arbeit anschließend mit mir diskutiert haben.

Im Sommer 1975 *Alice Schwarzer*

Protokolle

Hildegard D., 35 Jahre, Hausfrau und Studentin, zwei Kinder, Ehemann Soziologe

»Also wenn du mal mit einer richtigen Hausfrau reden willst, die gerade mühsam anfängt, sich zu emanzipieren ...«

Den Tipp, mit Hildegard zu reden, bekam ich von einem Kollegen. Hildegard wohnt in einem Ort mit vierstelliger Postleitzahl und antwortet mir spontan: ja, sie möchte sich mit mir unterhalten.

Ich weiß von ihr, dass sie mit einem Akademiker verheiratet ist, zwei Kinder hat, jahrelang Hausfrau und Mutter war und seit einigen Monaten nebenher an einer Pädagogischen Hochschule studiert. Dazu muss sie jeden Morgen in die knapp eine Stunde entfernte Großstadt fahren, wo sie mich auch am Bahnhof abholt. Wir erkennen uns gleich. Ich bin überrascht, wie mädchenhaft sie wirkt. Unterwegs im Auto erzählt sie mir, dass die eine ihrer beiden Töchter zur Zeit Dompteuse werden will. Wir finden das beide kühn.

In der Wohnung angekommen, essen wir mit den lebhaft unbefangenen Töchtern zu Mittag. Auch der Ehemann taucht kurz auf: freundlich und abwartend reserviert. Um in Ruhe reden zu können, ziehen Hildegard und ich uns in das Schlafzimmer zurück, den einzigen Raum in dieser geräumigen Wohnung, wo sie tagsüber allein sein kann. Ihre beiden kleinen Mädchen haben jedes ein eigenes Zimmer, sie nicht. Sie lernt an einem kleinen Schreibtisch im Wohnraum, wo auch gegessen wird.

Hildegard erzählt sehr klar und konsequent über sich. Manchmal wird sie verlegen – dann halte ich das Tonband an.

»Über alles, was mit Sexualität zu tun hatte«, sagt sie, »darüber wurde bei uns zu Hause nicht gesprochen. Trotzdem wussten wir

Kinder, was los war. Das ist für mich auch der Beweis dafür, dass man seine Kinder vielleicht aufgeschlossen und progressiv erziehen will, aber wenn man selber noch im Alten drinsteckt und es vorlebt, dann vermittelt man das auch den Kindern. Bewusst oder unbewusst.«

Ihre Eltern hatten eine Gaststätte, die ausschließlich von der Familie bewirtschaftet wurde: Vater, Mutter und fünf Töchter. Zunächst war es selbstverständlich, dass Hildegard aufs Gymnasium kam. Und es war ebenso selbstverständlich, dass sie mit 16 – als sie in der Gaststätte gebraucht wurde – runtergenommen wurde.

Alle fünf Mädchen und auch die Mutter arbeiten im väterlichen Unternehmen, von morgens sieben bis in die Nacht. »Wenn ihr nicht pariert«, hieß es oft, »kommt ihr ins Erziehungsheim. Ich bin euer Vater, ich kann mit euch machen, was ich will!« Lohn gab es nicht und auch kein Taschengeld (»Dafür kriegt ihr ja später die Aussteuer.«) Ebenso keine Ausbildung (»Ihr heiratet ja doch«) und keine eigenständige Altersversicherung.

Der Vater prügelte die Töchter und auch die Frau. Hildegard schämte sich deswegen sehr, glaubte, er sei eine ganz schlimme Ausnahme und bei den anderen passiere so etwas nie. Sie erzählte niemandem von den häuslichen Prügeleien. Später wollte sie es einmal besser machen. Sie träumte von einem netten Mann, von Kindern, Geborgenheit und Glück. Das war ihre Lebensperspektive.

Wenn sie flirteten, bekamen die Mädchen Schläge (»für meine Eltern waren wir alle potentielle Huren«) und wurden am Heiraten zunächst eher gehindert. Verständlich – schließlich waren sie billige Arbeitskräfte. Gleichzeitig aber hatten sie in der Gaststätte freundlich zu den Männern zu sein und sie durch ihr Lächeln zum Konsumieren zu ermuntern. »Eigentlich«, sinniert Hildegard heute, »haben wir uns ja richtig prostituieren müssen.«

Klar, dass sie wegwill. Sie macht einen Ausbruchsversuch, kommt aber rasch zurück, weil sie nichts kann und putzen gehen müsste, um zu überleben. Auch weint die Mutter und setzt sie moralisch unter Druck: Komm doch zurück!

Hildegard ist ziemlich allein, hat für Freundinnen auch gar keine Zeit. Mit ihren Schwestern versteht sie sich ganz gut, vor allem auch im heimlichen Protest gegen den Vater. Einmal streiken die Mädchen und verbarrikadieren sich einen Tag lang in ihren Dachstuben. Der Mutter, die ihre Verzweiflung manchmal durchbrechen lässt, bieten sie an, sich scheiden zu lassen: »Leben können wir allemal. Wenn wir für Vater arbeiten können, können wir das ja auch für dich tun.« Aber die Mutter hat Angst.

Sexualität ist Hildegard überhaupt nicht bewusst. Sie hat nie masturbiert und auch kein sexuelles Verlangen. Ihr zukünftiger Mann fällt ihr auf, weil er sie vor den Zoten betrunkener Gäste in Schutz nimmt. Sie beschreibt ihn als zurückhaltend und sanft. Nach einigen Wochen schläft sie zum ersten Mal mit ihm. Warum? »Ja, ich würde sagen – auf sein Drängen hin. Ich erinnere mich, dass meine Cousinen mal von der ›ehelichen Pflicht‹ redeten. Rechtlich ist das so, sagten sie, auch wenn die Frau todkrank ist, wenn der Mann das will, muss sie es machen! Frauen gehen also mit dem Mann ins Bett, weil der Mann das braucht, müssen vielleicht sogar mit dem Mann ins Bett gehen, weil er das braucht.

Das heißt, eigentlich ist es für die Frau eher verboten, in ihrer Ehe ist es aber dann Pflicht. Wenn sie es nicht tut, ist das ein Scheidungsgrund.

Vielleicht war ich auch ein bisschen neugierig, hab' gedacht, es könnte doch vielleicht ganz schön sein. Vor allem aber, daran erinnere ich mich, hatte ich Angst. Angst, dass er sagt: Ja Mädchen, wenn du gar nicht willst, dann kann das eben nichts mit uns werden. Er hatte ja auch vorher schon mal jahrelang eine Freundin gehabt. Es hat dann unheimlich wehgetan. So, dass ich dachte: Wenn das alles ist … Na ja. Die Aussichten waren nicht so rosig. Aber ich habe nicht gewagt, ihm was zu sagen, weil ich dachte, es liegt an mir, und ich mich geschämt habe. Denn obwohl es für mich klar war, dass man nur mit dem Mann ins Bett geht, den man auch heiratet, kam ich mir doch gleichzeitig blöd vor, dass ich mit meinen 20 Jahren noch keine Ahnung hatte und Angst.«

Das ist lange Jahre so geblieben. Hildegard hatte Schmerzen, Scham und Angst. Mit der so genannten Aufklärungsliteratur (»nachdem ich dann gelesen hatte, wie es sein muss«) wurde es noch schlimmer. Nun dachte Hildegard, sie sei »nicht normal«. Ihr Mann, der fast täglich darauf drang, mit ihr zu schlafen, unterstützte diese Befürchtung: Er fand es »nicht normal«, wenn sie nicht immer wollte ... Hildegard hat also mitgemacht, hat sich nicht geweigert. In den ersten vier Jahren ihrer Ehe hat sie ihm einen Orgasmus vorgespielt. Als es immer unerträglicher wurde, hat sie mit ihm darüber geredet, was es etwas besser machte, weil sie sich nun wenigstens nicht mehr verstellen musste. Aber sie hatte weiter zur Verfügung zu stehen. Es kam nun zwar ab und zu vor, dass sie einen Orgasmus hatte, generell aber konnte sie Sexualität nicht als befriedigend erleben, da der Druck von seiner Seite und ihr Ausgeliefertsein zu groß waren.
Geheiratet hatte sie, weil sie »verliebt war und auch von zu Hause wegkommen wollte«. Trotz der sexuellen Schwierigkeiten, die sie sich allerdings kaum eingestand, hat sie »die ersten Ehejahre so richtig genossen – niemand mehr, der einen rumkommandiert, ein Kind und einen lieben, erfolgreichen Mann«. Nach vier Jahren, nach der Geburt des zweiten Kindes, fängt es an zu kriseln. In all den folgenden Jahren, die sie jetzt schildert, wird ihre Ehe von Bekannten und Freunden für »ideal«, wird sie für »glücklich« gehalten.
»Nach dem dritten Umzug – wieder in eine fremde Stadt, wo er ein besseres Angebot hatte – fing ich an zu merken: Du hast gekocht, und dann sitzt du da und guckst auf die Uhr – jetzt müsste er ja gleich kommen. Irgendwann fällt einem das ja mal auf. Dann vergisst man's wieder für eine Weile. Es vergehen ein paar Wochen, und es fällt einem wieder ein: Eigentlich putzt du nur, und dann sitzt du da und wartest auf deinen Mann.
Also hab' ich angefangen zu lesen – aber so von morgens bis abends lesen, das kann man ja auch nicht. Und dann waren da ja auch die Kinder. Ja, und dann ist es zum ersten Mal passiert. Das war so: Wenn er nach Hause kam, hatte er so die Angewohnheit,

öfter zu fragen. Na, was gibt's Neues? Er kam ja von der Arbeit und hatte eine ganze Menge Sachen erlebt, hatte viel zu erzählen. Und ich? Ich saß den ganzen Tag in der Wohnung. Meistens bin ich darauf eingegangen, hab' gesagt, ich hab' das und das gemacht. Dabei kam ich mir zunehmend blöder vor. Bis ich ihn dann eines Tages wahnsinnig angeschrien habe, einen Stuhl gepackt und geschrien habe: Was soll's hier wohl schon Neues geben?! Du weißt doch ganz genau, dass ich hier in vier Wänden sitze! Du weißt doch genau, dass ich dir nichts Neues erzählen kann! Wieso fragst du eigentlich?!
Er war ganz geknickt. Ich hab's ja nicht bös' gemeint, hat er gesagt. Na klar. Aber er hätte ja auch mal auf die Idee kommen können, sich zu fragen: Was hat die eigentlich? Dann hätte er gemerkt, dass ich gar nichts antworten kann. Was sollte ich denn schon sagen? Vielleicht: Ich hab' auf dem Fernseher Staub geputzt und das Kind trockengelegt?!
Ja, hat er gesagt, aber ich hab's ja am Ende genauso gelernt wie du, ich bin ja genauso eingefahren mit meinen Vorstellungen: Der Mann geht arbeiten, und die Frau versorgt die Kinder.
Das war das allererste Gespräch darüber. Vor acht Jahren. Dann gab es erst mal wieder zwei Jahre Ruhe. Wahrscheinlich, weil es sonst zu viel geworden wäre. Denn damals sofort was unternehmen – das wäre ja aussichtslos gewesen, denn da war ja die Kleine gerade geboren und die Große knapp drei. Aber der Gedanke, wenn ich nicht kaputtgehen will, muss ich für mich etwas tun, der ließ mich von da an nicht mehr los.«
Bekam Hildegard unter diesen Umständen nicht auch Aggressionen gegen die Kinder?
Eine erschreckte Pause. Dann ein Seufzer:
»Ach, ja ... da krieg' ich jetzt noch Herzklopfen, wenn ich daran denke. Ich schäme mich so. Nachträglich kann ich nicht richtig beurteilen, ob es wirklich so schlimm gewesen ist wie jetzt in meiner Phantasie. Ich kann mich erinnern – das war ganz selten, aber in meiner Erinnerung ist es furchtbar! –, dass ich aus ganz läppischen Anlässen, wie zum Beispiel einem unordentlichen Kinderzimmer oder so, dass ich die Kinder an den Schultern ge-

packt, sie geschüttelt habe und geschrien: Willst du das wohl sein lassen! – Hinterher habe ich mich geschämt. Denn das durfte ich ja nicht. Ich wollte ja mit meinen Kindern nicht so umgehen, wie mit mir umgegangen worden war.
Es war furchtbar. Heimlich habe ich oft gedacht: Ja, wenn du keine Kinder hättest, dann könntest du das, aber so ... In der Zeit habe ich oft geträumt, dass sie ertrinken. Aus Büchern wusste ich ja, dass das vielleicht sogar bedeutet, dass ich die Kinder tot wünsche – da bin ich fast daran kaputtgegangen.
Ich habe noch nie darüber gesprochen. Du bist der erste Mensch, dem ich das erzähle.
Ich bin damit einfach nicht fertig geworden und kriegte grauenhafte Depressionen. Ich dachte an Selbstmord, saß tagelang da, hab' die Wände angestarrt und geheult.
Dann ging's wieder eine Weile besser, und dann klappte ich wieder zusammen. Reden konnte ich mit niemandem. Auch durch die dauernde Umzieherei war ich ziemlich isoliert, und die Bekannten, die wir hatten, waren alles Bekannte meines Mannes. Kollegen, deren Frauen auch Hausfrauen waren, von denen nie Klagen zu hören waren – die schienen zufrieden zu sein. Und dann war da ja auch die Schranke mit den Kindern. Ich kann die Kinder nicht allein lassen, dachte ich. Jetzt sehe ich ja, dass das gar nicht sein muss, aber damals habe ich das nicht gewusst. Da dachte ich immer, entweder die Kinder oder ich – deshalb war das auch so schlimm für mich.
Ich habe eben immer gedacht: allein lassen kannst du die Kinder erst, wenn du 40 bist – und dann bist du uralt, da lacht dich ja jeder aus, wenn du dann noch was machen willst. Da stand für mich fest: mit 40 nimmst du dir das Leben! Das habe ich jahrelang wirklich gedacht. Darum vielleicht auch heute noch meine Angst vor dieser Zahl. Woher das kommt, weiß ich nicht. Meine Mutter hat mit 40 noch mal ein Kind bekommen – vielleicht hat's damit was zu tun?« Nach einem dieser Tiefs gibt Hildegard sich einen Ruck. Sie entschließt sich, das Abitur nachzumachen und zu studieren. An dem Tag, an dem sie sich für den Kursus anmeldet, kommt eine positive Antwort auf eine Bewerbung ih-

res Mannes: An einem progressiven Institut wird ihm eine Professorenstelle angeboten – die Erfüllung seiner Träume. Sie ziehen also wieder um. Hildegard versinkt in Ratlosigkeit. Sie identifiziert sich immer mehr mit ihrem Mann, liest seine Fachbücher, diskutiert mit ihm über seine Arbeit und weiß bald so gut Bescheid wie er. Seine Sache wird zu der ihren.
»Das ging so weit, dass, als ich eines Abends meiner Schwester und ihrem Freund eine Geschichte aus dem Institut erzählt habe, der Freund gespielt naiv gefragt hat: Warst du dabei? – Nö, sag ich, warum? – Na, weil du das so erzählt hast, als ob du dabei gewesen wärst. Als ob es dir passiert wäre.«
So, wie Hildegard jetzt erzählt, ist klar, dass dieser Moment für sie eines der entscheidenden Aha-Erlebnisse war.
»Genau!, hab' ich gedacht. So ist es. Du hängst und klammerst dich an seinen Beruf, weil du selber gar nichts hast, gar nichts bist. Und dabei merkst du noch nicht einmal, dass du ja die ›Frau vom‹ Professor bleibst, so wie du vorher die ›Frau vom‹ Doktor warst. Wie hoch er auch klettert, für dich springt in Wahrheit nichts dabei heraus, du bleibst immer nur die ›Frau vom‹ …
Klar, nach außen hin war ich jetzt ein bisschen mehr für die Leute, aber das interessierte mich nicht mehr so. Was mir, glaube ich, den letzten Ruck gegeben hatte, war, dass ich nicht nur ›die Frau vom‹ war, sondern – dass ich selbst nun auch noch so tat!«
Etwa zu dieser Zeit liest sie ein Buch von Richter und erkennt sich wieder in der Schilderung einer neurotischen Mutter, die nichts gelernt hat und sich nun in ihren Töchtern, die sie zur Karriere treibt, auslebt. Sie kriegt einen Schrecken, sieht sich schon genauso neurotisch, abhängig und erstickend.
Und dann ist da noch ihre Schwester. Elf Jahre jünger, damals 18, ungebrochen und offensiv. Die Gespräche mit ihr helfen Hildegard sehr.
»Oft war sie so richtig aggressiv den Männern gegenüber und fing auch an, über die zu lachen. Was bilden die sich denn überhaupt ein!, sagte sie. Was sind die denn schon?!«
Hildegards Stimme senkt sich und klingt fast verschwörerisch.
»Also so kleine Sätze … Da dachte ich: Eigentlich hat sie ja

Recht. Was tun die denn schon so Großartiges und Besonderes, was eine Frau nicht leisten könnte? …
Auch mit anderen Sachen hat mir meine Schwester sehr geholfen. Einmal zum Beispiel war sie zu Hause bei den Eltern, hat geraucht und die Beine übereinander geschlagen. Das ist natürlich das Letzte. Das tut man nicht! Das ist verkommen und ordinär! Mein Vater hat prompt gemeckert, weil sie rauchte. ›Und überhaupt, wie du dasitzt! Setz dich mal anständig hin!‹ – Da hat sie sich eine neue Zigarette angemacht und ihn angegrinst. – Da ist mein Vater auf und wollte ihr eine scheuern (Ich war nicht dabei, aber sie hat mir alles erzählt). – Da ist sie aufgesprungen, hat ihre Tasche genommen und gesagt: ›Und wenn du mich anrührst, ich schlage sofort zurück!‹ – Ja, und da hat der sich wieder hingesetzt …
Ich hab' gedacht, ich hör' nicht richtig! Ich hab' gedacht, jetzt schlägt der die tot. So wie ich den kenne, schlägt der jetzt drauflos, bis die am Boden liegt. Nix! Da hab' ich begriffen: so einfach ist das. Kaum wagt es einer, Widerstand zu leisten, dann setzt der sich wieder hin. Ich Idiot – so einfach hätte ich es auch haben können!«
Hildegard beginnt, sich zur Wehr zu setzen. Im Kollegenkreis ihres Mannes merkt sie, dass die anderen »die Intelligenz auch nicht gepachtet haben«. Trotz ihrer noch andauernden Komplexe wegen ihrer mangelnden Ausbildung beginnt sie mitzureden – mit Erfolg. Und im Haus, da war sie eigentlich noch nie so eine richtig perfekte Ehefrau und Mutter. Die Schuhe hat er sich immer allein putzen müssen; es kam auch schon mal vor, dass kein sauberes Hemd mehr im Schrank war und Kaffee musste er auch schon mal kochen, wenn Besuch da war. Es war auch immer selbstverständlich, dass er – wenn er da war – im Haushalt half.
»So einen Mann kriegst du nie wieder, was willst du eigentlich?, sagten meine verheirateten Schwestern. Und er, er bekam von Kollegen zu hören – Na, du hast aber eine ganz schöne Xanthippe zu Hause. Nur, weil ich mal gesagt hatte: Wenn ein Mann Karriere machen will und Kinder haben will und verheiratet sein will – dann kann er das alles nur verbinden, wenn er eine Frau

hat, die ihm den Haushalt macht, seine Kinder erzieht und ihn tröstet, wenn er im Beruf Probleme hat.
Die Frau von dem Mann, der mich Xanthippe genannt hat, die hat in seiner Gegenwart nie den Mund aufgemacht. Später, als ich schon zur Schule ging, hat sie mich in der Küche mal heimlich gefragt, wie ich das denn gemacht hätte, und sie möchte doch auch so gern ...«
Zwar macht sie sich zunehmend Gedanken, doch ihre Realität bleibt die Öde des Haushalts und die permanente Verantwortung für die Kinder.
»Einmal hab ich meinem Mann gesagt: Du könntest doch auch mal mit den Kindern spielen. Da hat er mir geantwortet: Ja, aber das ist doch meine Freizeit. – Und ich, wann hab' ich frei? Eine Mutter hat nie frei, sie hat da zu sein, auch wenn sie nicht permanent im Haushalt schuftet. Die Männer, die schuften in ihrem Beruf ja auch nicht ohne Atempause, aber wenn sie abends nach Hause kommen und am Wochenende, dann haben sie eben frei. Wir nicht! Bei uns geht es rund um die Uhr.«
Als Hildegard sich endlich wieder dazu durchringt, sich in einem Kursus anzumelden, um die Begabtensonderprüfung fürs Studium zu machen, gibt es subtilen Putz im Haus. Ihr Mann versucht, sie zu entmutigen. Sie solle doch besser zu Hause bleiben, da wäre es doch viel schöner etc., etc. Als sie sich wehrt und ihn angreift, gibt er zu, dass er Angst hat: Angst, dass sie zu selbständig wird und ihn dann verlässt.
Hildegard wirft ihm vor, dass er sie abhängig machen will, »abhängig von der Gnade deiner Bankvollmacht«. Sie fragt ihn, ob er sich nicht vorstellen könne, wie viel schöner es wäre, wenn sie freiwillig bei ihm bliebe, nicht erzwungenermaßen. Er kann, aber seine Angst bleibt. Er baut mehr auf ihre Abhängigkeit als auf ihre freiwillige Zuneigung.
Die Spannungen steigen. Hinzu kommt, dass sie abends nach der Schule zu müde ist, ihre »eheliche Pflicht« zu absolvieren. Türen werden geknallt. Liebesentzug droht. Aber diesmal bleibt sie beharrlich. Sie gibt die Schule nicht auf. Ihr Verhalten zwingt ihn zur Einsicht. Zumindest teilweise.

Ihre Ängste aber sind durch das alles nicht gerade geringer geworden. Als ihre Zweifel an sich selbst vor der Prüfung so massiv werden, dass sie wieder an Selbstmord denkt (»Bei jeder Fahrt in die Stadt habe ich mir jeden Baum angeguckt und gedacht: Vielleicht an den? Denn die Schande eines offenen Selbstmordes wollte ich meiner Familie ja ersparen, lieber ein Unfall«), da spricht sie mit ihrem Mann. Er ist zu dieser Zeit in einer Gruppentherapie und rät ihr, sich mit seiner Therapeutin zu unterhalten, damit sie wenigstens für die Prüfung fit ist.
Sehr klein geht Hildegard hin.
»Ich hab' ihr dann von meiner Angst erzählt. Und dass ich eine schlechte Mutter bin, weil ich die Kinder allein lasse. Und eine schlechte Hausfrau. Und eine schlechte Frau. Und überhaupt ...
Dann ist etwas Phantastisches passiert, etwas, was mir sehr geholfen hat. Anstatt meine Geschichte nun nur zu interpretieren, hat sie mir von sich selber erzählt und gesagt: ja, das könne sie gut verstehen. Ihr sei es genauso gegangen. Sie hatte Medizin studiert, aber dann – wie sich das für eine Frau gehört – nach der Heirat nicht mehr gearbeitet. Irgendwann hat sie dann gemerkt, dass was nicht stimmte, hat sich gefragt: Wer bin ich denn überhaupt? Wo wir auch sind, über was wir auch reden, immer landen die Gespräche bei meinem Mann.
Da hat sie sich ein Herz gefasst und noch eine zweite Ausbildung als Analytikerin gemacht. Sie hat mir auch erzählt, dass sie unwahrscheinliche Schwierigkeiten gehabt hätte, weil ihrem Mann das auch nicht passte, dass sie nun doch etwas tun wollte. – Da fühlte ich mich so verstanden! Da hab' ich so richtig gespürt, dass das alles nicht an meiner eigenen Dummheit lag, sondern dass es den meisten Frauen so geht. Dass meine Depressionen und Schwierigkeiten nicht nur von meiner Erziehung durch die Eltern kommen, sondern zusätzlich auch heute von meinem Mann. Dass ich Angst vor ihm habe. Angst vor Krach. Angst davor, dass die Ehe kaputtgeht.«
Hildegard hat die Prüfung gemacht. Zitternd, aber gut. Inzwischen hat sie angefangen, an der Pädagogischen Hochschule zu studieren. Das Gehalt ihres Mannes erlaubt ihr eine Hilfe. Die

junge Frau, die, seit Hildegard studiert, jeden Morgen kommt, ist geschieden und hat zwei kleine Kinder. Sie arbeitet im Haushalt, weil sie da ihre sonst unbeaufsichtigten Kinder mitbringen kann. Trotzdem hetzt Hildegard sich mittags sehr. Sie will auf jeden Fall zur gleichen Zeit wie ihre Kinder zu Hause sein.
An der Uni wagte sie anfangs – wie die meisten Frauen – nicht, zu sprechen. Sie hat immer noch Ängste und Zweifel, aber die werden weniger, und ihr Selbstbewusstsein wird mehr. Es geht ihr besser, nicht schlechter.
Sie möchte gern ein eigenes Zimmer zum Arbeiten und auch zum Schlafen. Als sie das zum ersten Mal sagt, reagiert ihr Mann mit Panik. Aber sie insistiert weiter: »Ich möchte nicht immer unter diesem Zwang stehen. Ich möchte endlich auch mal wählen können, freiwillig zu dir kommen können, wenn ICH mag ... Wäre das nicht schön?«
Vor einiger Zeit hat sie zum ersten Mal gewagt, sich ihm sexuell zu verweigern, ihn zu bitten abzuwarten, bis sie selbst auch einmal eigene Bedürfnisse entwickeln und ausdrücken kann.
»Dazu war ich ja bisher noch nie gekommen. Er war ja immer schon bereit und hat gedrängt. Als ich anfing, mich zu weigern, ist es vorgekommen, dass wir wochenlang nicht miteinander geschlafen haben – bis ich dann einmal merkte, dass ich Lust hatte. Abends haben wir im Bett gelegen, ferngesehen, geredet. Und ich hab immer nur gedacht: Wie sollst du es nur anstellen? Ich hab' ihn mal angeguckt, seinen Arm berührt, hab' gelächelt ...«
Hildegard muss noch bei der Erinnerung lächeln. Sie macht ein ganz verschmitztes und sehr zärtliches Gesicht, als sie mir diese Geschichte erzählt.
»Ich merkte, dass er sich fragte: Will die nun was? Aber er blieb zurückhaltend. Er hielt sich strikt daran, dass er mir mal die Initiative überlassen sollte. Und ich, ich wusste nicht, wie ich's anstellen sollte ... Ich hab' dann seine Hand genommen und die gedrückt, hab' wieder gelächelt – ich wurde schon richtig nervös und verlegen. Er wurde nun auch verlegen, wusste auch nicht mehr, wie er sich verhalten sollte. Und dann hat er mich gefragt:

Sag mal, versteh ich dich jetzt richtig …? Da hab ich aufgeatmet und gesagt: Jaaa …
An diesem Abend war es ganz anders. Viel freier. Zum ersten Mal hatte ich fast keine Hemmungen und fühlte auch keinen Leistungsdruck. Ich hab' auch gar nicht, wie sonst immer, gedacht: hoffentlich kriegst du einen Orgasmus. Früher hatte ich mich ja immer minderwertig gefühlt, wenn ich keinen Orgasmus kriegte. Diesmal aber war es so selbstverständlich und zärtlich. Ich wusste eben, dass es wirklich auch an mir gelegen hatte, dass wir uns jetzt streichelten. Das hat wahrscheinlich dazu beigetragen, dass es am Ende so toll war. So ein richtiges Versinken. Eine ganz ganz neue Erfahrung.«
Es ist nicht bei dem einen Mal geblieben. Hildegard wagt auch heute zu sagen, was sie gern mag. Wenn sie so mit ihrem Mann schläft, hat sie heute oft zwei oder drei Orgasmen. Dabei spielt ganz sicher auch eine Rolle, dass sie sich im vergangenen Sommer sterilisieren ließ (die Pille vertrug sie nicht). Hildegard muss keine Angst mehr vor einer ungewollten Schwangerschaft haben. Für die Sterilisation brauchte sie allerdings die Unterschrift ihres Mannes: »Das hat mich schon wieder geärgert, schließlich kriege ich ja die Kinder.«
Ich frage sie sehr genau nach ihren heutigen Sexualpraktiken. Hildegard wird verlegen. Ihr wie mir fehlen die Worte, die Dinge zu benennen. Sie hat es gern, wenn sie »nicht so, wie üblich, zusammen schlafen«. Das heißt, wenn sie nicht koitieren, sondern sich gegenseitig bis zum Orgasmus streicheln, ohne dass er mit seinem Penis in ihre Scheide dringt. Sie hat auch etwas Neues entdeckt: Er liegt auf ihr oder neben ihr, und sie nimmt seinen Penis in die Hand und reibt ihn gegen ihre Klitoris. »Das mag ich am liebsten.«
»Ich bin jetzt die meiste Zeit optimistisch«, sagt Hildegard. Aber sie hat auch noch viele Probleme, auch mit ihrem Mann, der immer noch Angst vor ihrer zunehmenden Eigenständigkeit hat. Aber er weiß heute, dass er sie nicht mehr mit Gewalt an der Emanzipation hindern kann. In Zeiten großer Krisen hat er sie auch geschlagen, auch vor den Kindern. Heute übt er eher

durch die Demonstration seines eigenen Leidens Druck auf sie aus.

Wie nun soll es weitergehen?

»Wenn es sich zeigt, dass ich das alles nicht mache, um von ihm wegzugehen, sondern um ich selbst zu werden, dann wird er hoffentlich eines Tages merken, dass er im Grunde dabei nur gewinnen kann. Dann werde ich nämlich in der Lage sein, ihn auch als Partner und Menschen zu sehen – und nicht nur als den, von dem ich abhängig bin. Dann hätte er auch endlich einen Partner, bei dem er gleichberechtigt sein kann – was er ja bisher nicht war, denn gerade, wenn man so abhängig ist, versucht man doch irgendwo, auch den Mann zu unterdrücken.

Ich bin schon auf die Idee gekommen, dass die Tatsache, dass ich anfangs so große Schwierigkeiten hatte, einen Orgasmus zu bekommen, vielleicht auch was mit meiner Weigerung zu tun hat. Ich wollte ihm vielleicht auch zeigen: Irgendwo akzeptiere ich dich auch nicht! Das schaffst du nicht, so große Klasse bist du auch nicht!

Heute bin ich ganz sicher, dass es so für alle Teile besser ist. Auch für die Kinder. Jetzt bin ich endlich auch mal in der Lage, die Kinder in Ruhe spielen zu lassen, mich nicht immer so an sie zu klammern. Obwohl – ich fühle mich auch heute noch zuständiger für die Kinder als er. Und das wird wohl so bleiben – das ist einfach so drin.

Vor seinen Wutausbrüchen habe ich jetzt keine Angst mehr. Ich sehe sogar dem Risiko gefasst ins Auge, dass ich eines Tages sage: Ich gehe. Das hab' ich ihm auch schon gesagt, das soll er wissen, dass ich zwar bei ihm bleiben will, dass ich aber – wenn er mich zu sehr einengt – dieses Risiko einschließe. Auch, wenn es mir noch Angst macht.

Meine Therapeutin hat mir auch gesagt: Damit musst du schon rechnen, dass es noch Schwierigkeiten gibt. Kein Mann lässt sich gern vom Sockel holen.«

Wenn es um die Situation von Frauen in unserer Gesellschaft geht, dann gibt es immer Neunmalkluge, die von der Ausbeutung der »proletarischen Frau« reden, der so genannten »bürgerlichen Frau« hingegen vorhalten, sie sei privilegiert, führe ein faules Leben und beute Männer aus. Hildegard ist eine typisch »bürgerliche Frau«. Ich habe neben das Gespräch mit ihr sehr bewusst das mit Renate A. gestellt, weil sie sozusagen Hildegards proletarisches Pendant ist.

Beide zeigen, dass die bestehenden Klassendefinitionen auf Frauen nicht zutreffen. Die primäre Ausbeutung der Frauen – Hausarbeit, Kindererziehung, Männersanierung und frauenspezifische Berufsarbeit – fällt durch den existierenden Klassenraster hindurch. Hildegard und Renate sind nicht Proletarierin und Bürgerliche, sondern nur die Frau eines Proletariers und eines Bürgerlichen. Die Klassenprivilegien ihres Mannes werden Hildegard nur durch seine Gnade zuteil. Es geht ihr gut, wenn ER will, und schlecht, wenn ER will.

Sicher, die Lage Renates ist brutaler: sie muss als Putzfrau arbeiten, Hildegard kann studieren. Renate verbietet der Mann den Mund, wo der andere diskutiert. Gerade aber aus der Brutalität ihrer Ausbeutung und Unterdrückung resultiert auch ein krasses Bewusstsein (»Ich bin eine Hure«).

Die Mechanismen bei Hildegard hingegen sind verschleierter, sie ist psychisch abhängiger. Der Kern aber ist derselbe: ökonomische Ausbeutung und Abhängigkeit und psychische Erniedrigung. Schon der Vater hielt seine Töchter, durch die er sich ein kleines Vermögen erwirtschaftet hat, wie Leibeigene. Schon da hat sie erfahren müssen, dass, wenn sie geht, sie schnurstracks ins Proletariat absinkt (»Ich hätte putzen gehen müssen«). Dass gerade Hildegard trotz vorhandenen Bewusstseins ihren Emanzipationsprozess erst so spät begann, hat ohne Zweifel auch damit zu tun, dass ihr ihr Leben als Ehefrau in Relation zu ihrem Leben als Tochter noch das kleinere Übel schien.

Hildegard hegte lange die Illusion, sie könne über ihn entkommen, durch seine Karriere selbst etwas gelten, durch sein Wissen klüger werden (für Renate A. war das gar nicht erst möglich, weil auch er auf den unteren Stufen der Hackordnung steht). Die bildungsbeflissen akzeptierte Psychologie verstärkte ihre Schuldkomplexe und Kinderfixierung. Sie verinnerlichte ihre Unterdrückungsmechanismen und konnte darum nicht gegen sie angehen. Die ideologische Verschleierung der Ausbeutung der Frau des bürgerlichen Mannes (und die die realen Machtbeziehungen kaschierenden subtileren Mechanismen zwischen Mann und Frau) machen es einer Hildegard so schwer, die Ursachen und die Berechtigung ihres Leidens zu erkennen und dagegen anzugehen.

Aufgefallen ist mir, dass Hildegard zwar schon sehr früh in ihrer Ehe ein Unbehagen hatte, es aber erst in die Tat umsetzen konnte, als sie von ihrer Umwelt darin bestätigt wurde. Solange Hildegard ausschließlich mit Frauen zu tun hatte, die vorgaben, mit ihrem Los zufrieden zu sein, musste sie ihre Malaise für ihr persönliches Versagen halten. Erst die kleinen subversiven Sätze der Schwester und die Erfahrung, dass man sich wehren kann, bestärkten sie. Da lösten die kleinsten Aha-Erlebnisse große Effekte aus.

Für mich ist das eine Bestätigung dafür, dass eine der vorrangigen Aufgaben des Frauenkampfes heute in der Schaffung eines Klimas liegt, das es der schon längst überall existierenden »privaten« Revolte der Frauen ermöglicht, sich gesellschaftlich zu artikulieren und zu handeln.

In welchem Ausmaß auch die Probleme dieser so genannten bürgerlichen Frauen Fragen auf Leben und Tod sind, zeigen alle Protokolle: schwere Krankheiten und psychische Störungen, Selbstmordgedanken und -versuche gehören zu ihrem Alltag.

Typisch ist auch die Haltung des Ehemanns. Auf Ausbruchsversuche von Frauen reagieren Männer meist mit Gewalt. Entweder mit körperlicher, oder da, wo die Frauen sich das nicht mehr bieten lassen, mit psychischer Gewalt (Erpressung mit Kindern, Selbstmorddrohungen). Das ist unabhängig von der sozialen Schicht. Polizei- und Justizberichte zeigen, dass bürgerliche Männer nicht weniger, sondern höchstens kaschierter prügeln als proletarische. Auch die Frauen selbst geben, wie Hildegard,

im bürgerlichen Milieu Gewalt nur äußerst zögernd zu. Ich wusste in diesem Fall durch Außenstehende von schweren gewalttätigen Szenen, in denen er sie einmal beinahe umgebracht hätte. Hildegard aber, die in weiten Bereichen ehrlichen Mut zeigte, verschwieg das. Auffallend ist, dass sie, wie andere, eher sich selbst belastet, den Mann jedoch weitgehend schont. Nichts ist »weiblicher« als diese Selbstaufgabe und das Sich-Opfern für andere. Wie bewusst diese an sich positive, aber in ihrer Einseitigkeit fatale Bereitschaft zur Nächstenliebe von Männern ausgebeutet und zur weiblichen Selbstzerstörung umgemünzt wird, zeigen die Protokolle. Hildegard wird darum vor allem lernen müssen, auch an sich selbst zu denken, sie selbst zu sein. Mit der Therapeutin, die in ihrem Beruf eine sehr rühmliche Ausnahme ist, hat sie sicherlich eine Chance. Dass solche Frauen heute schon wagen können, Wissen nicht mehr als Macht auszuspielen und ihre eigene Betroffenheit einzugestehen, sagt etwas aus über das fortgeschrittene Stadium von Frauensolidarität in diesem Land.
Die Sexualität spiegelt ihre übrigen Lebensbedingungen und die Entfremdung und Machtbeziehung zwischen dem Ehepaar exakt wider. Sexualität war lange die Last, die sie am schwersten niederdrückte. Mit beginnender Emanzipation wird gerade auch in diesem Bereich aus dem totalen Objekt, aus der sich ergeben prostituierenden Ehefrau, ein Subjekt, dem zunehmend eigene Bedürfnisse bewusst werden. Dabei ist die Verweigerung zunächst der erste und ehrlichste Schritt.

Weder dieses noch die folgenden Fotos sind identisch mit den im Text sprechenden oder zitierten Personen.

Renate A., 33 Jahre, Hausfrau und Putzfrau, fünf Kinder, Ehemann Hilfsarbeiter

Renate A. kenne ich seit dem Frühjahr 1974. Wir trafen uns in einer Kreuzberger Familienberatungsstelle, wo ich Recherchen über die Situation von Hausfrauen machte. Damals sagte mir die Psychologin, die sie gut kennt: »Frau A. hat viele Probleme, vor allem auch materieller Art, aber sie schmeißt das irgendwie. Sie ist ziemlich stark. An ihrem Mann, mit dem sie oft Putz hat, hängt sie sehr. Sexuell scheint das gut zu klappen bei denen. Ich glaube, sie ist in so einer Art sexuellem Abhängigkeitsverhältnis.«

Ehrlich gesagt war das eigentlich der Grund, warum ich zu Renate A. wieder Kontakt aufgenommen habe. Ich wollte meine These von der sexuellen Verelendung der Frauen nicht nur mit allzu glatten Beispielen untermauern, sondern auch Widersprüchliches darstellen. Schon beim ersten Gespräch mit Frau A., die sehr aufgeschlossen und bereit ist, über sich zu reden, stellt sich heraus, dass die Psychologin eine falsche Einschätzung hatte. Renate A. ist seit drei Jahren total »frigide« und fühlt sich »leer und tot«. Sexualität ist ihr »lästig«. Mit ihrem Mann ist sie seit langem in einer tiefen Krise, die ihr ausweglos scheint. Sie sagt:

»Im Grunde kann ich mich nicht über ihn beschweren. Er hilft mir im Haushalt und alles. Aber wenn ich nochmal zu entscheiden hätte, würde ich mir Kinder anschaffen, ohne zu heiraten. Vielleicht würde ich mit einem Mann zusammenleben – aber nicht mehr heiraten. Dann hat der Partner einen nämlich nicht so in der Tasche, kann einen nicht so verletzen.

Früher hätte ich solche Sachen nicht gedacht. Da war ich so, wie man sich eine Frau vorstellt: so ein richtiges Hausmütterchen. Aber heute habe ich dazugelernt … Es ist doch so: Ich darf arbeiten und anschaffen, aber ansonsten bin ich nichts wert, bin überhaupt kein gleichberechtigter Partner. Er kann nachmittags einfach einen trinken gehen. Ich könnte das nie, schon wegen der Kinder. Mit der Zeit stinkt mich das an. Und wenn wir mal irgendwo hingehen, und ich sag' was, dann stößt er mich unterm Tisch mit dem Fuß an, will mir verbieten zu sprechen. Früher hab' ich dann den Mund gehalten, heute tu' ich das nicht mehr. Abends allein weggehen, ist nicht drin. Sogar beim Elternausschuss macht er Theater. Mit will er nicht, weil er's so ›langweilig‹ findet, allein hingehen darf ich aber auch nicht. Ich darf immer nur zu Hause hocken.«

Ich komme morgens um neun Uhr zu ihr. Wir setzen uns in die gute Stube, für die noch 10 000 Mark Kredit abzustottern ist. Renate A. macht einen selbständigen Eindruck und kann sich auch sehr gut gegen die Kinder verteidigen, die – wie bei allen Gesprächen mit Müttern – in Abständen von einer Viertelstunde immer wieder auftauchen, Fragen haben und im Blick den Vorwurf, dass ihre Mutter so lange mit einer anderen Person als der ihren beschäftigt ist.

Wie sich herausstellt, ist Frau A. in ihrem Leben nichts anderes übrig geblieben, als sich auf die eigenen Füße zu stellen. Das war für sie eine Überlebensfrage. Auch nimmt sie ihre Situation nicht ganz so fatalistisch hin, weil ihre Halbschwestern beide studiert haben: sie fühlt sich benachteiligt.

Nach dem Krieg heiratete die Mutter einen anderen Mann, und Renate kam mit zehn Jahren weg von Berlin, aufs Land zum Vater, der einen kleinen Bauernhof hatte und tagsüber in die Fabrik ging. Von Anfang an musste das Kind hart zupacken, musste kochen, putzen und das Vieh versorgen. Die Stiefmutter, die neue Frau des Vaters, ging ebenfalls in die Fabrik arbeiten. Ein eigenes Bett hatte Renate nicht. Sie schlief mit dem Vater im selben Bett, und die Stiefmutter schlief in einem Bett mit ihrer Tochter.

Ich fragte Renate, was sie über Sexualität wusste und wann sie aufgeklärt wurde.

»So mit elf, zwölf hat mich der Vater aufgeklärt.«
»Was hat er denn gesagt?«
»Das weiß ich nicht mehr. Ich weiß nur noch, dass er mich aufgeklärt hat. Aber richtig, gleich mit Kontakt, und so, dass ich geblutet hab.«
Erst jetzt begreife ich, dass Renate mit »aufgeklärt« meint, dass ihr Vater sie als Kind missbraucht, vergewaltigt hat. Sie sagt: »Das ging zwei; drei Jahre so«, und kommt blitzschnell auf ein anderes Thema. Ich hake nach. Frau A.:
»Eigentlich wollte ich das alles vergessen. Ich hab das aus meinem Leben gestrichen. Aber es ist so, dass ich auch heute immer wieder dran erinnert werde von meiner Mutter und dass die mir große Vorwürfe macht.«
Nach einem klärenden Hin und Her schält sich langsam die Geschichte heraus. Der Vater nötigte das kleine Mädchen mit einer Mischung aus Drohungen und Lockungen, mit Schlägen und Geschenken dazu, es sich gefallen zu lassen und zu schweigen. Es ist zu vermuten, dass die Stiefmutter etwas ahnte, jedoch geschwiegen hat, weil dadurch ihr selbst die »eheliche Pflicht« erspart blieb.
Renate A. kann sich nicht erinnern, jemals von ihrem Vater gestreichelt oder geküsst worden zu sein. Sie sagt: »Er hat sich auf mich geschmissen wie ein Tier.«
Mit 15 hält sie es nicht mehr aus und schreibt alles ihrer Mutter nach Berlin. Die holt sie zurück und zeigt den Vater an, gleichzeitig aber macht sie dem Mädchen Vorwürfe. In ihrem neuen Wohnblock, in der neuen Straße, wissen alle Bescheid. Renate ist so eine Art Nutte in den Augen der Jungen. Sie machen ihr Anträge, denn »mit so einer kann man ja«.
Der Vater kommt zwei Jahre ins Gefängnis, was sie selbst im Nachhinein nicht mehr so richtig findet. Sie macht sich heute Sorgen um seine Gesundheit. Obwohl sie die Begegnung mit ihm immer noch als sehr erniedrigend empfindet, hat sie es zugelassen, dass er Weihnachten zu Besuch kam, ganz guter Vater und Opa.
Trotz dieses Traumas glaubt Renate A. als junges Mädchen an

die große Liebe. Das Erlebnis mit ihrem Vater hält sie für eine schreckliche Ausnahme. Sie schwärmt für Jungen, die »toll sind, sportlich und ein Motorrad haben«:
»Ich dachte eben immer: Liebe ist alles. Das ist ein Gefühl wie im Himmel. Und selbst wenn die Ehe der Eltern nicht in Ordnung ist, hält man als junges Mädchen da eisern dran fest. Man kriegt ja auch so viel vorgespielt im Radio und in den Illustrierten, überall ist immer nur von der großen Liebe die Rede gewesen. Na, und darauf hatte ich dann natürlich auch gewartet.«
Mit 15 kommt Renate zu einer Familie, die ein Geschäft hat, in den Haushalt. Nach einem Jahr ist der Chef damit einverstanden, dass sie im Laden arbeitet. »Da musste seine Frau wieder in den Haushalt, und ich durfte hinter die Theke – ich fand das herrlich!« Sie arbeitet für 30 Mark im Monat und Kost und Logis. Das Ehepaar ist nett zu ihr und behandelt sie »wie eine Tochter«. Sie hört auf, weil sie einen jungen Mann kennen lernt.
»Ich mochte den, aber ich hab' ihn nicht geliebt. Ich sah in dem Mann eher so was wie ein Sprungbrett nach draußen. Erst mal weg von der Stellung. Ich wollte jetzt raus, was anderes tun.
Da war ich 17. Mit dem hab' ich den ersten Verkehr gehabt. Und dann war ich schwanger. Für 300 Mark hab' ich einen Arzt gefunden, der mir das Kind weggemacht hat. Mein Freund war sauer, dass ich das hab' wegmachen lassen. Der hätte mich gern geheiratet. Aber ich kannte ihn ja kaum. Und außerdem hätte ich mit ihm auch nach Hannover ziehen müssen – da kam der her, und ich wusste doch gar nicht, was er da machte. Ich hab' einfach Angst gehabt. Wieder zu fremden Leuten, wo ich niemanden kenne. Da hab' ich dann einen Schlussstrich gezogen.«
Frau A. sagt mir, dass ich außer ihrer Großmutter nun der einzige Mensch bin, der das mit der Abtreibung weiß. Sie hat bisher noch nie mit jemandem darüber gesprochen, auch nicht mit ihrem Mann: »Der würde das ja doch wieder nur gegen mich benutzen – nee, dem sag' ich das nie.«
Es bleibt nicht bei der einen Schwangerschaft.
»Nach einem halben Jahr war ich schon wieder verfallen. Ich muss sagen, ich bin wirklich von einer Dummheit in die andere

gefallen. Wenn ich aus einer anständigen Familie gekommen wäre, dann wäre mir sicherlich so manches nicht passiert, aber so. Das heißt, ich bin nicht böse drum, ich hab dabei ja auch viel gelernt. Meine Kinder zum Beispiel, die können heute mit mir über alles reden. Wenn da mal was wäre – die würde ich nie vor die Tür setzen. Hier bei mir wird alles echt besprochen. Nur mit meinem Mann, mit dem kann ich nicht über alles reden.

Ich saß also ein zweites Mal in der Tinte. Das war, nachdem ich mich von dem Ersten getrennt hatte. Der Neue, das war mein zukünftiger erster Mann. Mein jetziger ist ja mein zweiter Mann.

Ich war inzwischen 18 und hab' in der Fabrik gearbeitet. Ich hab' gleich gemerkt, dass ich schon wieder schwanger war, ich kannte das ja schon. Mir wurde wieder schlecht, andauernd musste ich kotzen. Ich bin also wieder zum Arzt, und der hat mir gesagt: ›Nee, das geht nicht zweimal so kurz hintereinander.‹ Na, da haben wir eben geheiratet.«

Renate A. zieht mit ihrem ersten Mann in eine Gartenlaubenkolonie, wo auch die Schwiegereltern wohnen. Ihr Mann arbeitet bei der Straßenreinigung. Die Schwiegermutter, die sehr an ihrem Sohn hängt, bekommt ausgerechnet am Hochzeitstag versehentlich das Gerichtsurteil in die Hand, in dem Renates Vater wegen Missbrauch seiner Tochter verurteilt wurde. Skandal. Die »Schande« fällt voll auf Renate.

Ein Jahr später kommt das zweite Kind. Ebenfalls ungewollt. Kommentar des Arztes, bei dem Renate Rat sucht: »Wo eins satt wird, da werden auch zwei satt.« Von Verhütung hat sie zu diesem Zeitpunkt immer noch keine Ahnung. Niemand hat mit ihr darüber geredet, auch die Ärzte nicht. Erst nach dem dritten Kind – das ungewollt kommt wie die ersten –, wird sie von Ärzten aufgeklärt.

Über ihre erste Ehe erzählt sie:

»Ich hatte mir das alles ganz anders vorgestellt, hatte solche Flausen mit Liebe und so im Kopf. Na, und die Wirklichkeit, die war dann gar nicht schön. Er hatte Schichtarbeit. Nachmittags kam er eine Stunde nach Hause, und dann ist er sein Bier trinken gegangen. Oft kam er erst nachts wieder nach Hause. Das fand er einfach normal. Ich auch. Bis mich das nach ein paar Jahren gestört hat, dass ich immer alleine war. Auch im Bett lief das überhaupt nicht. Er war wie ein Tier: auf der einen Seite rauf und auf der anderen Seite runter. – Das hat mich meine Liebe schnell vergessen lassen ...«

Hat Renate zu der Zeit überhaupt schon einmal einen Orgasmus gehabt?

»Nein. Das heißt, mit einem Mann nicht. Den ersten Orgasmus, den hab' ich mit 14 gehabt, mit einem Mädchen. Bei den Jungens, da hatten wir Angst, dass da was passieren könnte, und da haben wir dann miteinander rumgeschmust. Ich weiß nicht mehr, wie wir darauf gekommen sind, jedenfalls ging das eine Zeit – über ein Jahr. Wir haben uns heimlich geküsst und gestreichelt und fanden das beide sehr schön. Aber das war nichts mit Liebe und so.

Ich glaube, das war auch die Zeit, wo ich dann mit meinem Vater nichts mehr zu tun haben wollte, wo mich das wirklich störte.«

Renate hat danach keine sexuelle Beziehung mehr zu Frauen. Mit 16, 17 hat sie noch einmal eine »beste Freundin«, die sie dann aber verliert, weil die, wie sie auch, einen »festen Freund« hat.

Als sie nun mit 19 mit zwei Kindern dasitzt, der Mann immer weniger nach Hause kommt, trinkt und sie auch schlägt, reicht sie die Scheidung ein. Auch die dritte Schwangerschaft kann sie nicht davon abhalten: Im April lässt sie sich scheiden, im August kommt das dritte Kind. Sie lebt von Sozialhilfe, trägt heimlich Zeitungen aus, wird erwischt und bekommt vom Sozialamt dieses Geld wieder abgezogen. Ihr erster Mann taucht nach der Geburt des dritten Kindes – eines Sohnes – wieder auf. Er besucht sie ab und zu. Sie findet das viel angenehmer als vorher in der Ehe: Er ist aufmerksamer, zärtlicher. Letztlich aber geht die Beziehung zu dem scheinbar sehr labilen Mann, der immer noch in einem starken Abhängigkeitsverhältnis zu seinen Eltern steht (wo er auch wieder wohnt und vom Vater reglementiert wird, weil er weiter mit seiner geschiedenen Frau verkehrt), kaputt.

Renate A. lernt ihren zweiten Mann kennen. Er gefällt ihr, weil er sich »einfach um alles gekümmert hat«:

»Er hat mit den Kindern gespielt, ist mit denen weggegangen, hat sich echt um uns gekümmert und auch gar nichts gefordert. Auch sexuell nicht. Er war einfach da.
Am Anfang war das sehr schön. Sexuell war er der erste, mit dem ich überhaupt etwas empfunden habe. Vielleicht auch gerade, weil er zunächst ziemlich schüchtern war. Wir haben zusammengelebt, ich bekam weiter Sozialhilfe, und er hatte seinen Lohn.
Na, und dann fingen langsam die Nachbarn an zu tuscheln. Und auf dem Sozialamt haben sie mir eines Tages gesagt: ›Entweder Sie heiraten sofort oder Sie kriegen von uns kein Geld mehr.‹ Ich weiß das noch genau, das war vor zehn Jahren an meinem Geburtstag. Da haben die mir echt keinen Pfennig ausgezahlt! Wir haben dann innerhalb von 10 Tagen ganz überstürzt geheiratet.«
Bis dahin hatte ihr zweiter Mann bei seiner Großmutter, die ihn erzogen hat, gelebt. Renate merkt zunächst nicht, dass sie es nun ist, die ganz automatisch alle Verantwortung und Pflichten auch für ihn übernimmt. Er scheint unzufrieden zu sein mit seinen Jobs, zeigt aber auch keine Ansätze, aktiv etwas zu verbessern. Es folgt eine Serie von zusätzlich belastenden Unglücken: Die Wohnung brennt aus, sie kommen in ein Neubausilo in Kreuzberg, er hat keine Arbeit mehr, verlässt neue Arbeitsstellen nach kurzer Zeit wieder, fängt an zu bummeln. Renate geht die ganze Ehe über nebenher immer auch außer Haus arbeiten: mal als Serviererin, mal als Verkäuferin, meist als Putzfrau, weil sie da ihre Zeit am besten einteilen kann.
Inzwischen hat sie ein viertes und ein fünftes Kind mit ihrem zweiten Mann bekommen. Beide Kinder waren »Wunschkinder«. Eine neue Katastrophe bahnt sich an: Das vierte Kind, ein Junge, wird als Zweijähriger krank. Sie sind gerade nach Kreuzberg gezogen, haben kaum Geld und hausen in der noch leeren Wohnung auf ein paar Matratzen. Die gerufene Ärztin merkt nicht, dass der Kleine eine Blinddarmentzündung hat, und behandelt wochenlang auf Angina – das Kind stirbt fast und liegt im Krankenhaus wochenlang zwischen Leben und Tod. Obwohl

der Vater zu dieser Zeit nur vormittags arbeiten ging, also viel zu Hause war, macht er ihr heftige Vorwürfe:

»Ich als Mutter hätte das merken müssen, hat er gesagt. Ich sei schuld daran! Dabei war er genauso viel zu Hause und hat weniger gearbeitet als ich. Ich ging ja damals jeden Morgen von sieben bis zwölf putzen und dann kam der Haushalt. Aber nur mir hat er die Vorwürfe gemacht. Dabei konnte ich doch wirklich nichts dazu, das war doch die Schuld der Ärztin.«

Ich frage, ob er, wenn er zu Hause ist, im Haushalt mitarbeitet.

»Klar tut er schon mal was. Er kocht und so. Aber alles macht er nicht. Wäsche zum Beispiel nicht. Das kann er ja auch nicht. Da stellt er sich viel zu dusselig an. So was können die Männer nicht. Im Haus hat nicht mein Mann das Heft in der Hand, sondern ich. Ich bin für alles Finanzielle verantwortlich im Haus, ich teile das Geld ein. Das lasse ich mir auch nicht nehmen.

Obwohl ich immer arbeiten gehen musste, hat ihm das nie gepasst. Wir haben fünf Kinder, hat er immer gesagt, die brauchen ihre Mutter. Und ein Mann, der hat ja auch nicht die Fertigkeiten im Haushalt. Und ehrlich gesagt, ich bin oft diejenige, die sagt: Lass mal, ich mach' das schon. Aber mit der Zeit befriedigt mich das nicht mehr: Immer nur Haushalt und putzen gehen. Das stinkt mich an. Ich fühle mich so minderwertig.

Neulich zum Beispiel, da hat mich der Chef in der Metzgerei, in der ich nachmittags putze, gefragt, ob ich am nächsten Tag mal die Kasse machen könnte. Da war nämlich 'ne Verkäuferin krank. Na klar, hab' ich gesagt, gern. Ich hab' so was schon öfter gemacht. Und im Weggehen da höre ich, wie der eine Geselle zu dem anderen Gesellen sagt: So weit ist es schon mit uns gekommen, dass eine Putzfrau die Kasse macht. – Also, ich hatte vielleicht 'ne Wut! Was denkt der sich denn?! Nur weil man putzen muss, ist man 'ne Doofe?! Das hab ich ihm auch am nächsten Tag gesagt! Was er sich einbildet? Dass seine Frau froh sein könnte, dass sie 'ne Ausbildung hat und nur ein Kind und dass sie deswegen 'ne anständige Arbeit machen kann und nicht putzen gehen muss.

Na, und bei meinem Mann, da fühle ich mich auch echt bevor-

mundet. Bei jedem bisschen heißt es: Das darfste nicht! Das tut man nicht! Was ich darf – anschaffen gehen und schuften. Die Arbeit machen und den Mund halten. Früher habe ich das akzeptiert, heute seh' ich das mit anderen Augen.
Ich würde mich so gern rege überall beteiligen. Aber es geht einfach über meine Kräfte. Einmal hab ich so viel zu tun, und dann hindert er mich auch, wo er nur kann. In der Schule bin ich im Elternausschuss, da diskutieren wir viel, und ich hab' da auch viel gelernt. Aber abends bin ich dann einfach zu müde, dass es für mich eine große Anstrengung ist. Hinzu kommen die Spannungen mit ihm. Er versucht mit allen Mitteln, mich im Haus zu halten: durch Schimpfen und, wenn das nicht mehr zieht, durch Lügen. Neulich hat er mir gesagt, die haben angerufen, der Elternabend findet nicht statt. Stimmte überhaupt nicht! Und wenn ich dann trotzdem hingehe und ihn bitte, auf die Kinder aufzupassen, dann sagt er: Weiß ich noch nicht. Ich geh' wahrscheinlich auch weg. – Was er dann auch tut. Er geht dann in die Kneipe. Dabei kommt das höchstens zweimal im Monat vor, dass ich mal weggehe.
Einmal sind wir nach dem Elternabend noch ausgegangen, und ich bin um zwei nach Hause gekommen. Da hat er von innen den Schlüssel stecken lassen und hat mich bis morgens um fünf auf der Treppe sitzen lassen. Sie können sich vorstellen, das Getratsche hier im Haus ... Wo hier sowieso schon jeder über jeden redet. Eine Frau hier im Haus, die von ihrem Mann weggegangen ist (der hat die auch immer geprügelt) und mit einem Ausländer zusammenlebt und jetzt zurückgekommen ist, weil der Mann im Krankenhaus ist und sie sich um die Kinder kümmert – also das Getratsche müssten Sie mal hören! Im Aufzug haben sie ›Nutte‹ an die Wand geschmiert und lauter so'n Zeug. Es ist das reinste Spießrutenlaufen!
Na ja, ich hab' das von meinem Mann dann morgens auch zu hören gekriegt: ich wär 'ne Nutte. Und handgreiflich ist er auch geworden. Ich weiß nicht, warum er sich so verhält. Ob er Komplexe hat oder Angst, dass ich ihm über den Kopf wachse? Oder ob er fürchtet, ich lern' 'nen anderen kennen, oder beides ... Oft

bleibe ich dann um des lieben Friedens willen doch zu Hause, nur, damit er kein Theater macht.
Sexuell läuft überhaupt nichts mehr. Früher, da haben wir manchmal zweimal am Tag zusammen geschlafen, heute tun wir das höchstens alle zwei Wochen mal. Es ist mir einfach lästig. Ich fühle mich einfach zu sehr bevormundet.
Bei meinem ersten Mann, da hab ich mich ja noch verstellt, das tu' ich jetzt nicht mehr. Tut mir Leid. Oft tut es mir einfach nur weh. Empfinden tu' ich schon lange nichts mehr. Ich glaube, ich bin auch zu eng gebaut.
Neulich war mein Mann mal für ein paar Wochen weg, da hat er in Westdeutschland gearbeitet. Da hab' ich hier voll gearbeitet als Verkäuferin, den ganzen Tag. Das hat mir Spaß gemacht.«
Ich frage, wieso sie, wenn ihr Mann weg ist, den ganzen Tag außer Haus arbeiten kann und, wenn ihr Mann da ist, nur den halben Tag.
»Na, dann brauch' ich echt keine Rücksicht zu nehmen. Dann kann ich meinen Haushalt machen, wenn ich Lust habe. Und die Kinder, die sind ja ganz patent, die helfen mir dabei.
Im Moment is' er ja großzügig, da darf auch schon mal was rumliegen. Aber normalerweise mag er das ganz und gar nicht. Dann fängt er an, aufzuräumen, das heißt: alles fliegt in die Ecke, und ich habe voll zu tun, bis ich das wieder in Ordnung kriege. Und wenn er nach der Arbeit nach Hause kommt und auch abends muss ich eben fertig sein mit der Arbeit, dann hab' ich zu seiner Verfügung zu stehen. So ist das. Wenn ich mit den Kindern allein wäre, könnte ich mir das einteilen, wie ich will.«
Renate A. ist in den letzten Monaten mehrere Male vor Überarbeitung zusammengeklappt. Der Arzt hat ihr Valium verschrieben. Das Jugendamt hat ihr schon vor Jahren geraten, sich doch scheiden zu lassen. Finanziell käme sie dann ohne Zweifel nicht schlechter weg als jetzt. Ihr Mann verdient zur Zeit 800 Mark netto im Monat, sie verdient 500 Mark mit dem Putzen und 300 Mark durch die Annahme eines Pflegekindes, das noch zu den fünf eigenen dazukommt. Aber sie selbst hat Angst vor dem Schritt. Wahrscheinlich, um sich selbst zu beruhigen, hat sie ihm

zunächst vorgeschlagen, die Scheidung doch pro forma zu vollziehen, und weiter so zusammenzuleben mit dem Vorteil, dass sie dann Sozialhilfe bekäme. Aber er will das auf keinen Fall und droht für diesen Fall mit Trennung.

Davor aber hat sie Angst. Angst vor dem Alleinsein. Sie sagt: »Und überhaupt – so zerrüttet ist unsere Ehe ja noch nicht.«

Gegen Mittag kommt der Mann nach Hause. Wir hatten uns schon morgens kurz kennen gelernt. Wir trinken zu dritt eine Tasse Kaffee und kommen ins Reden.

Sie ist ziemlich aufgewühlt durch das Gespräch mit mir und ihre Erinnerungen. Sie gehört nicht zu den Frauen, die Angst im engeren Sinne vor ihrem Mann haben. Meine Gegenwart stärkt ihr vermutlich den Rücken.

Sie: »Ich würde nie wieder heiraten. Echt. Die Ehe ist ein Freibrief für alles. Da hat man doch nur da zu sein für die Launen des anderen und für seine Bequemlichkeit. Das ist in jeder Ehe so. Und wenn mir eine sagt, es ist nicht, dann stimmt das nicht. Man wird abhängig vom anderen. Der sagt sich: Ich bin ja hier der Herr im Haus, ich bring' das Geld, und du hast zu tun, was ich sage! Und das akzeptier' ich nie! In 20 Jahren nicht!«

Er fällt ihr aufgeregt ins Wort.

Er: »Meinst du, da ändert sich was, wenn wir uns scheiden lassen?! Kommt nicht in Frage. Du willst nur machen, was du willst! Da brauchste deinen Mann dann nicht mehr zu fragen: Darf ich gehen? Mir kannste gar nichts mehr sagen!, heißt es dann, wir sind ja schließlich geschieden!«

Renate A. und ich, wir müssen beide lachen, weil er so treu genau das bestätigt, worüber sie sich beschwert.

Sie: »Genau! Dann hätte ich nicht immer jemand da, der ständig meckert, der sagt: Das geht nicht, du bist 'ne Frau! Ich wäre freier in meinen Entscheidungen.«

Er: »Fühlste dich denn in der Ehe eingeengt?«

Sie: »Und wie!«

Er: »Entweder wir bleiben verheiratet, oder die Sache ist für mich erledigt!«

Sie: »Du denkst ja nur, ich würde mit anderen Männern abhauen.«

Er: »Quatsch, das ist doch 'ne reine Vertrauenssache.«
Sie lacht.
Sie: »Eben, und da wir kein Vertrauen mehr haben … Ich weiß auch, warum du mir nicht mehr traust. Weil ich freier geworden bin, selbständiger. Früher war ich nicht so.«
Er: »Ja, früher warste anhänglicher.«
Sie: »Es müsste 'ne Ehe auf Zeit geben. So 'ne Art Vertrag. Zehn Jahre; und wenn man dann will, noch fünf Jahre und noch fünf Jahre. Nur nicht so festgebunden sein.«
Ich frage ihn, ob er Freunde und Kollegen hat, mit denen er schon mal einen trinken geht. Er fängt an zu lachen.
Er: »Ja klar, nach der Arbeit. – Aber ich weiß schon, worauf Sie jetzt anspielen wollen: Sie meinen, dass meine Frau nicht so Kontakte hat wie ich. Stimmt. Aber die könnte sie ja haben. Ich würde das akzeptieren, wenn sie abends mal mit Kolleginnen oder Freundinnen noch weggehen wollte …«
Sie, empört: »Aber du weißt doch ganz genau, dass da niemand ist! Wenn abends in der Fleischerei um sechse Feierabend gemacht wird, dann rasen alle nach Hause. Die haben doch alle 'nen Mann und Kinder, die schon warten. Außerdem stimmt das ja gar nicht, dass du mich gehen lässt. Von der Elternversammlung zum Beispiel hältst du mich andauernd ab …«
Er wird verlegen.
Sie weiter: »Und selbst mitkommen, da biste zu bequem. Du haust nachmittag einfach ab, gehst einen trinken. Als Frau kann man das nicht machen. Ich erinnere dich nur an das letzte Mal, wie ich morgens um zwei vom Elternabend gekommen bin und du mir eine geballert hast und mich beschimpft hast, ich wär 'ne Hure! Dabei bist du auch schon mal 'ne Nacht nicht nach Hause gekommen … Aber der Unterschied ist eben: ich bin 'ne Frau und du bist ein Mann.«
Er: »Na, das kommt schon mal vor, dass man mit einem Kollegen einen trinkt und versumpft …«
Sie: »Bei mir darf das aber nicht vorkommen. Dann bin ich 'ne Hure.«
Sie denkt einen Moment nach und sagt dann:

»Ich weiß ja, dass jede Frau 'ne Hure ist für ihren Mann.«
Ich frage, warum?
Sie: »Na, ich muss einfach zu jeder Zeit bereit sein. Und man wird im Grunde genommen, wenn man nicht selbst seinen Unterhalt verdient, vom Mann so hingestellt, als ob er einen quasi bezahlen würde. Außer, wenn ein Mann großzügiger ist, dann ist das anders – so wie meiner, der ist schon sehr lieb. Bloß in manchen Dingen, da gefällt er mir ganz und gar nicht.«
Er: »Sie hat ja nicht ganz Unrecht. In so manchem hab' ich mich zu meinem Nachteil verändert. Finde ich auch traurig. Aber es kommt eben nicht jeder aus seiner Haut heraus.«
Nachdem ich ihr das Manuskript des Tonbandgesprächs geschickt habe, ruft Renate A. an. Sie findet alles ganz in Ordnung, sagt aber: »Mein Mann ist ja nicht gut dabei weggekommen ...«
Ich frage sie, ob etwas falsch sei, und sie sagt: »Nein, nein, ist schon alles richtig so.« Sie erzählt mir, dass sie wenige Tage nach unserem Gespräch zusammengeklappt sei – wie schon so oft in den letzten Jahren.
»Die Nerven«, sagt sie, »ich bin eben einfach zu klapprig. War ja auch seit 14 Jahren nicht mehr im Urlaub. Und nachts kann ich nicht mehr schlafen: Mir geht immer alles im Kopf rum.«
Sie hat ein paar Tage im Bett gelegen und nimmt jetzt Medikamente.

Renates Lebensweg ist typisch für die Frau aus dem Proletariat. Ausbeutung und Unterdrückung sind offener und krasser als bei der »bürgerlichen Frau«.
Schon der Vater beutet sie nicht nur in der Küche und auf dem Feld aus, sondern auch im Bett. Die Statistiken zeigen, dass kleine Mädchen in den seltensten Fällen vom »fremden Onkel« missbraucht werden und in den meisten von eigenen Onkeln und Vätern. Die Dunkelziffer ist hoch. Nicht selten scheint es mit der Billigung der Mutter zu geschehen, die sich dadurch selbst der »ehelichen Pflicht« entzieht.
Nicht der Vater, sondern das ausgelieferte kleine Mädchen hat

deswegen noch ein schlechtes Gewissen – es wird ihr von ihrer Umwelt aufgezwungen, die ihr die »Schande« zuschreibt, nicht dem Vater. Sie ist die Nutte. Man stelle sich den Fall umgekehrt vor: Mutter missbraucht jahrelang Sohn. Niemand hätte den Jungen verachtet, die Mutter aber wäre reif für die Psychiatrische gewesen – aus der man bekanntlich schwerer wieder herauskommt als aus dem Gefängnis.

Die Funktion der Sexualität ist bei Renate ähnlich wie bei Hildegard, nur wird sie von Renate krasser erlebt und darum klarer gesehen: Der erste Mann, mit dem sie schläft, ist für sie ein »Sprungbrett nach draußen«. Sie heiratet, weil sie schwanger wird. Sie wird frigide, weil sie sich »bevormundet« fühlt. Sie empfindet die eheliche Pflicht als Prostitution.

Auch sie glaubt trotz widersprechender Realitäten an den Mythos von der großen Liebe, muss daran glauben, da das die einzige Chance scheint, ihrem tristen Fabrikleben zu entkommen. Sie hat keine Alternative.

Wie oft Frauen vor ihrem endgültigen Sichschicken in die Frauenrolle und die Heterosexualität heimlich ausscheren, zeigen die Protokolle und alle Resultate der Sexualforschung. Laut Kinsey und Giese hat jede fünfte Frau homosexuelle Erfahrungen, jede dritte wünscht oder wünschte sie sich bewusst ... Die Mehrheit der Frauen aber arrangiert sich dann mit der »Normalität«, das heißt der ausschließlichen Heterosexualität. So sagt Renate, die als Jugendliche ein Jahr lang eine anscheinend subjektiv befriedigende sexuelle Beziehung mit einer Freundin hatte, im Nachhinein: »Das war nichts mit Liebe und so ...« – weil es das ja nicht sein kann. Liebe gibt es, so hämmert die Ideologie ein, nur zwischen den Geschlechtern, aber nicht gleichgeschlechtlich: »Gegensätze ziehen sich an.«

Renate erlebt – wie fast alle Frauen in diesem Buch – ihren ersten Orgasmus mit einem Mann, den sie als »schüchtern« beschreibt. Das heißt: er spielte nicht ungebrochen die Männerrolle, war weniger mächtig und sie dadurch weniger ohnmächtig. Die Kluft zwischen beiden verringerte sich durch seine eingestandene Schwäche.

Denn die klassische Mann-Frau-Konstellation impliziert die Überlegenheit des Mannes und die Unterlegenheit der Frau. In dieser Situation, das zeigen die Protokolle auf erschütternde Weise, verstummen Frauen. Auch sexuell. Das Ausmaß des Schweigens und Misstrauens zwischen den Geschlechtern ist bezeichnend. So erzählt Renate eher Fremden etwas über sich als ihrem eigenen Mann, denn der »könnte es ja gegen mich benutzen« (was bei den herrschenden Machtbeziehungen auch eine durchaus realistische Einschätzung ist). Frauen und Männer reden nicht miteinander.

Bemerkenswert in der Ehe Renates fand ich, dass selbst in diesem Fall, wo sie genauso viel und so wenig verdient wie er, er die herrische Ich-bin-der-Ernährer-der-Familie-Mentalität aufrechterhält. Sie verdient gleich viel und arbeitet doppelt so viel (bei Lohn- und Hausarbeit). Trotzdem glaubt er, seine Legitimation als Herr im Haus aus seiner Funktion als »Ernährer« ziehen zu können.

Immerhin aber gibt vor allem die Tatsache, dass sie immer mitverdient hat, Renate die Stärke, Ihre Entmündigung nicht ganz so widerspruchslos hinzunehmen. (Eine Untersuchung der französischen Soziologin Andrée Michel im Rahmen des Centre National de Recherche beweist differenziert, dass absolut jede Berufstätigkeit – und sei sie auch noch so unqualifiziert – Frauen stärkt und die innerfamiliären Machtbeziehungen zu ihren Gunsten verändert!).

Auffallend ist bei Renate und bei allen anderen, dass – im Gegensatz zu dem, was so gern behauptet wird – Frauen zunehmend sozial engagierter und politisch scheinbar progressiver sind als ihre Männer. Nicht nur Zeitmangel und Überarbeitung hindern Frauen an der gesellschaftlichen Teilnahme. Mehr noch scheinen es die Ehemänner zu sein, die nicht vertragen können, dass ihre Frauen eigene Interessen haben und ihnen am Feierabend nicht zur Verfügung stehen. Außerdem verstärkt alle Eigeninitiative die Selbständigkeit der Frauen und schwächt so ihre Abhängigkeit von Männern. Diese Abhängigkeit aber wird von den meisten Männern systematisch gefördert.

Frauen werden darum nicht selten von ihren eigenen Männern mit physischer oder psychischer Gewalt am sozialen und politischen Engagement gehindert. Dieser Tatbestand sollte endlich einmal in das kurzsichtige und männergeprägte Räsonnement von Parteien und Gewerkschaften einfließen sollte, die so lautstark über die Unterrepräsentierung der Frauen lamentieren.

Dorothea X., 38 Jahre, Hausfrau, drei Kinder, Ehemann Lehrer

Eine Bekannte hat mir von Dorothea X. erzählt. Sie lebt in einer süddeutschen Kleinstadt, ist 36 Jahre alt, Hausfrau und Mutter von drei Kindern. Wir treffen uns an einem Vormittag, an dem die Kinder in der Schule sind, in der Wohnung der Bekannten. Dorothea kommt in einem Zustand äußerster Anspannung und Verschrecktheit an. Ihre Stimme verhaspelt und überschlägt sich. Aus Angst, identifiziert werden zu können, weigert sie sich zunächst strikt, bei laufendem Tonband zu sprechen. Gleichzeitig hat sie ein starkes Bedürfnis zu reden. Wir verbringen mehrere Stunden zusammen, und sie kommt überraschend am Nachmittag des gleichen Tages noch einmal zurück, um weiterzureden. Mit ihrem Einverständnis schalten wir im Verlauf des Gesprächs, in dem sie Vertrauen bekommt, dann doch das Tonband an.

Dorotheas Mann ist Lehrer. Sie hat früher als Kunsterzieherin gearbeitet, war ein paar Monate in ihrem Beruf und ist dann Hausfrau und Mutter geworden. Seit drei Jahren lebt sie mit ihrer Familie in einem Eigenheim. Dorothea hasst ihren Mann, sagt aber gleichzeitig: Eigentlich kommen wir ganz gut miteinander aus.« Sexuell hat sie noch nie etwas mit ihrem Mann empfunden, der Geschlechtsverkehr ist für sie eine Qual. Trotzdem schläft sie mit ihm und gibt ihm heute – nach einigen schweren Krisen – das Gefühl, dass es »so schön noch nie war«.

Alle sexuellen und emotionalen Wünsche von Dorothea richten sich und richteten sich immer auf Frauen. Sie sagt von sich: »Ich bin lesbisch«, hat jedoch noch nie mit einer Frau geschlafen.

Dorothea ist eine verwirrende Mischung aus Resignation und

Beharrlichkeit. Manches, was ich aus ihrer Darstellung zitieren werde, ist von ihr sehr bewusst als wesentlich bezeichnet worden, vieles aber auch unbewusst, nebenher. Ungefragt beginnt Dorothea, die bereits bei mehreren Therapeuten und Analytikern war, als Erstes nach einer Erklärung für ihre »Neigung« in ihrer Erziehung zu suchen:

»Ich habe immer eine sehr schlechte Beziehung zu meiner Mutter gehabt, die mir keine rechte Wärme gegeben hat. Ich konnte darum keine normale Mutter-Kind-Beziehung entwickeln. Ich habe noch zwei Brüder, einen älteren und einen jüngeren. Für meine Mutter waren Mädchen minderwertig, das habe ich immer so empfunden. Sie hat noch heute eine Affenliebe für meine Brüder.

Ich hatte immer Minderwertigkeitskomplexe, kriegte auch immer zu hören, dass ich nichts tauge. Man kann besser einen Sack Flöhe hüten als ein Mädchen, hieß es. Ich würde schon sehen, was aus mir würde. Oft hat meine Mutter mit dem Erziehungsheim gedroht oder auch, dass ich ja später doch keinen Mann mitkriegen würde. Ich hätte ja kein Interesse für den Haushalt und würde nur rumsitzen und lesen. Ich fing an, die Männer zu hassen.«

Dorothea hat als Mädchen vor allem Jungenspiele gespielt, weil »die spannender waren«.

»Ich habe sehr viel geflötet und so und dachte gleichzeitig schuldbewusst: Das ist nicht richtig, das tut ein Mädchen nicht. Mein Vater hatte immer so einen Spruch: Mädchen, die pfeifen, und Hühnern, die krähen, denen muss man beizeiten die Hälse umdrehen. Ich begriff, dass ich mich umstellen musste, dass es so nicht weiterging.«

Ich fragte sie nach ihrem Vater.

»Ja, mein Vater, der war gar nicht so. Das war ein Angestellter, der 40 Jahre im gleichen Betrieb gearbeitet hat. Er hatte eine angegriffene Gesundheit und war oft krank und bettlägerig. Meine Mutter musste alles, was in der Familie passierte, allein lösen.«

Aufgeklärt wurde Dorothea überhaupt nicht. Sexualität war

»Schweinerei«. Ihre Neigung zu Frauen war ihr schon sehr früh bewusst, sie verdrängte sie aber, weil sie »Angst hatte, dass meine Andersartigkeit entdeckt würde und dass ich ausgelacht werde. Und ich wusste ja auch gar nicht, was ich davon zu halten hatte, ob es das wirklich gab. Ich hatte noch nie eine Lesbierin getroffen«. Mit 18 fangen die ersten Flirts an. Mit Männern.
»Meine Studienkolleginnen hatten alle einen Freund, und ich wollte auch einen haben, ich wollte nicht abseits stehen. Ich fand auch aufregend, dass ich auch jemanden hatte, der sich für mich interessierte. Außerdem dachte ich: jetzt bin ich doch normal. Das vorher war nur ein Entwicklungsprozess, war nur die Pubertät.«
Einige Jahre später lernt sie ihren Mann kennen. Er verhält sich sexuell ihr gegenüber ein wenig »zurückhaltender und vorsichtiger« als andere Männer. Ich frage nach ihren sonstigen Lebensumständen in dieser Zeit, und es stellte sich heraus, dass die sehr schwierig waren. Dorothea hatte ihr Studium beendet, kurz gearbeitet und dann aufgrund einer sehr langen Krankheit ihre Stelle verloren. Sie war mutlos. Zu Hause konnte sie nicht mehr wohnen. Sie hatte materielle Schwierigkeiten und große Ängste. Auch war sie sehr isoliert. Ihr einziger emotionaler Kontakt war ihr Freund, in den sie zunächst »sehr verliebt« war.
Die ganzen Jahre hindurch hatte sie sich aber immer wieder in Frauen verliebt – jedoch nur aus der Ferne, ohne jemals ein Wort mit einem Menschen darüber zu reden. Ihre »zwiespältigen Gefühle«, ihre »Zuneigung zu Männern und Frauen« verwirrten sie.
»Nach einiger Zeit merkte ich, dass meine anfängliche Verliebtheit für meinen Verlobten weg war. Ich dachte: Du lieber Gott, das geht doch gar nicht. Er hat sich doch so um dich bemüht und sich auch immer so nett um dich gekümmert, als es dir schlecht ging … Er liebte mich wahnsinnig. Ich hätte es einfach nicht fertig gebracht, ihm plötzlich zu sagen, dass es nicht mehr so ist. Außerdem – das muss ich zugeben – war das auch ein bisschen egoistisch von mir: Ich hatte ja niemanden mehr, und ich brauchte einen Menschen. Ich kann auch heute noch nicht alleine le-

ben. Ich bin sehr unselbständig. Und die Angst vor der Einsamkeit, die taucht dauernd in meinen Träumen auf: dass ich völlig allein auf der Welt bin, dass mich kein Mensch mehr mag, sich keiner um mich kümmert.
Ich dachte auch, das ist bestimmt ganz normal, dass man nach zwei Jahren nicht mehr verliebt ist, das geht bestimmt allen so. Wir haben dann ein Jahr später geheiratet. Ich muss sagen, dass ich dann viel mehr darauf gedrängt habe als er. Mein Mann wohnte ja zu Hause, aber ich war das Leben in der Dachbude satt.
Wir zogen zusammen, waren ziemlich isoliert, und mein Mann kam auch beruflich nicht so weiter, wie er sich das zunächst vorgestellt hatte. Das Schlimmste aber war, dass nun die ehelichen Beziehungen aufgenommen wurden, die mich völlig frustrierten. Ich empfand überhaupt nichts mehr. Er war auch völlig unerfahren, meinte, dass Petting und so nun aufhört und dass man als Mann nun gleich drauflosgeht. Er drang direkt in mich ein. Das war furchtbar. Ich empfand nur noch Schmerzen.
Später hab' ich es ihm gesagt. Da war er völlig schockiert, hat wohl gedacht: Was ist denn mit der Frau los? Die ist wohl nicht normal!? Er hat mir dann Szenen gemacht: Ich sei noch zu unreif und keine richtige Frau. Na, und ich hab' geglaubt, das ist halt so, da wirst du dich wohl mit abfinden müssen. Wahrscheinlich geht es anderen auch so. Ich habe also gelernt, es zu überspielen. Heute zum Beispiel merkt er gar nicht mehr, wie schrecklich es für mich ist.
Wenige Monate nach der Hochzeit merkte ich, dass ich schwanger war. Eigentlich konnten wir das gar nicht gebrauchen. Wir hatten gerade angefangen, und er verdiente auch nicht viel. Trotzdem freute ich mich auf das Kind. Ich dachte, dass ich nun meine ganze Liebe auf das Kind konzentrieren könnte. Ich war im vierten Monat, als ich plötzlich sehr starke Blutungen bekam. Das Bett war schon voller Blut, und es floss immer weiter. Später habe ich erfahren, dass ich fast verblutet wäre. Im Krankenhaus kam ich dann gleich in den Operationssaal.
Ich war zunächst sehr unglücklich darüber, dass ich nun doch kein Kind bekam.

Dann ging dieser, man kann fast sagen ›eheliche Kampf‹ im Bett weiter. Ich empfand nur noch Schmerzen. Eines Tages habe ich dann doch gesagt: So geht das nicht weiter. Ich kann nicht mehr. Ich glaube, du machst was falsch. Er hat dann mit einem Arzt gesprochen und sich ein wenig umgestellt. Ich vermute, der hat ihm gesagt, er müsste mich doch ein wenig stimulieren vorher.
Nach einem Jahr war ich wieder schwanger. Wir haben das Kind gewollt. Ich hatte nun etwas, was mich auch von meiner eigenen Person ablenkte. Das Kind, ein Mädchen, war sehr zart und nicht ganz gesund. Ich hatte immer die schlimmsten Ängste und habe mich völlig auf das Kind konzentriert. Das war nachher so schlimm, dass ich eigentlich nur noch in Ängsten um das Kind lebte, wenn es mal krank war oder Schlafstörungen hatte.
Nach vier Jahren kam das zweite, ein Junge. Wir führten eine ganz normale Ehe. Mein Mann hat sich nur manchmal beklagt, ich sei keine richtige Frau, er brauche mehr mütterliche Zuwendung. Aber ansonsten lief alles normal. Er half mir auch schon mal im Haushalt, aber nicht, ohne zu bemerken, dass das blöd von ihm sei, dass er das ja eigentlich gar nicht nötig hätte und dass andere Männer das auch nicht täten.
Die ganze Zeit über hatte ich mich eigentlich immer wieder in Frauen verliebt. Aber ich habe mit niemandem darüber geredet, sodass ich manchmal dachte, ich ersticke daran. Ich wusste ja auch immer noch nicht, dass es das gab. Ich wusste nur von männlichen Homosexuellen, und dass das irgendwas Schmutziges ist. Ich dachte, dass ich mal mit einem Arzt darüber reden müsste, und hatte in meiner Phantasie dieses Gespräch schon hundertmal geprobt. Aber dann bekam ich immer wieder Angst, dachte, dass ich bestimmt nicht drüber reden könnte, dass man darüber gar nicht reden kann, dass das so unmöglich sei.
Eines Tages stand ich an einem Kiosk und sah eine Zeitschrift, »Twen«, da stand auf dem Titel: Wenn Frauen Frauen lieben. Das war vor sechs Jahren. Ich habe sie sehr aufgeregt gekauft und zum ersten Mal überhaupt darüber gelesen. Da wurden Beziehungen beschrieben, Simone de Beauvoir wurde zitiert und verschiedene Psychiater. Das hat mich sehr aufgewühlt. Wenig spä-

ter habe ich mich, nach sieben Jahren Ehe, ganz schrecklich in eine Frau verliebt. Das war die Klassenlehrerin meiner Tochter. Ich hatte mit ihr eine Besprechung, und ich weiß nicht mehr wie, jedenfalls ist das Thema drauf gekommen, und ich habe ihr alles erzählt.«

Es folgt die detaillierte Beschreibung der Begegnungen mit dieser Studienrätin, die sie in den kommenden Monaten öfter sieht, und der sie dann auch gesteht, dass sie sich in sie verliebt hat. Vieles bleibt unausgesprochen, alles unausgelebt. Aus Dorotheas Schilderungen ist nur schwer zu erraten, was die andere Frau denkt und fühlt. Dorothea ist im Rückblick sicher, dass auch sie in sie verliebt war, und dass die Studienrätin, als sie sich endgültig von ihr abwandte, nur dem existentiellen sozialen Druck gehorchte. Qualvolle Lügen und unerreichbar scheinende Träume treiben Dorothea in diesen Monaten bis an den Rand des Selbstmordes. Eine Nachbarin, der sie in ihrer Not alles gesteht, versucht sie zu beruhigen, sagt, das sei doch alles gar nicht so schlimm, das passiere doch jeder Frau mal, dass sie sich in eine Frau verliebt. Ihr selbst sei es auch schon so gegangen.

Ihr Mann, dem sie es endlich gesteht, reagiert fassungslos: Ja, aber ich liebe dich doch! Als es weiter eskaliert, trinkt er vermehrt und fängt an, sie zu schlagen.

»Einmal hat er derart auf mich eingeschlagen, mit einer leeren Bierflasche, dass ich dachte, er bringt mich um. Ich habe in meiner Angst einen Freund von ihm angerufen, der mich abgeholt hat. Anschließend war mein Mann natürlich sehr unglücklich über sich selbst, aber er fühlte sich im Recht: Ich hatte ihm das Ungeheuerliche angetan, ihn nicht mehr zu lieben.«

Inzwischen hatte ihr die Studienrätin empfohlen, sich bei einem Therapeuten behandeln zu lassen. Der rät, sie solle »das alles verdrängen« (»das tun ja andere auch«), und will ihre »Sucht« mit Tabletten bekämpfen. Dorothea wehrt sich: Sie will nicht als Kranke behandelt werden.

Zu Hause gehen die Szenen weiter. Ihr Mann sagt zu den Kindern: Wisst ihr überhaupt, was eure Mutter für eine ist?!

In diesen Wochen tauchen Dorothea, die eine Unterleibsopera-

tion mit langwieriger Behandlung hinter sich hat, Phänomene auf, die sie sich nicht erklären kann: Die Haare auf der Oberlippe werden dunkler und stärker. Anstatt das in Zusammenhang mit der Operation und den Hormonschwankungen zu bringen, plagen Dorothea plötzlich dumpfe Ängste. Dorothea wörtlich:
»Ich dachte, das ist ja grauenhaft, was da mit dir jetzt körperlich passiert. Du veränderst dich, nur weil du jetzt endlich wenigstens deine Gefühle auslebst, passiert so was.«
Im Laufe des Gesprächs hatte sie schon einmal gesagt, dass das »Lesbisch-Sein« doch auch vielleicht etwas mit dem Körperbau zu tun haben könnte (sie selbst ist übrigens eine völlig »normal« gebaute, schmalgliedrige junge Frau). Das heißt, trotz ihrer sehr bewussten und oft wütenden Schilderungen ihrer Benachteiligung als Mädchen und ihrer Zurückweisung der einengenden Frauenrolle (was ihre Neigungen hinreichend erklären würde) und trotz der von ihr selbst wiederholt als ganz »selbstverständlich und natürlich« geschilderten Zuneigung zu Frauen hat sie selbst den auf sie einstürmenden Zwängen zur Normalität nicht standgehalten: Sie steht zwar weiter zu ihrer Homosexualität, will sich auch nicht »heilen« lassen, ist aber bereit, sich für abartig zu halten.
Ein zweiter Therapeut, zu dem sie geschickt wird, droht mit Sicherheitsverwahrung in der Landesnervenklinik, wenn sie sich »nicht endlich besinnt«. Dorothea bekommt noch mehr Angst und landet bei einem dritten Therapeuten – vielleicht inzwischen doch ein wenig bereiter zur »Normalität«.
»Es hat sich dann etwas ganz Schlimmes ergeben. Ich habe Angst, das aufs Tonband zu sprechen ... Nach einigen Wochen Sitzungen hat der Therapeut plötzlich zu mir gesagt, ob er mich schon neurologisch untersucht hätte? Ich war erstaunt. Ob das denn notwendig sei? Ja, das müsste sein. Ziehen Sie sich aus. Ziehen Sie sich sofort aus! Ganz! Legen Sie sich da hin.
Dann hat er mich ganz abgetastet und gefragt, ob ich immer so zittern würde. Ich habe ihm geantwortet: Nein, ich hätte eben eine solche Situation noch nie erlebt. Auch beim Frauenarzt wür-

de man ja nicht völlig nackt untersucht. Das war ja auch wahrscheinlich gar nicht notwendig, oder?
Ich weiß auch nicht, warum ich trotzdem wieder hingegangen bin. Ich war damals so ratlos. Ich wusste ja nicht mehr ein noch aus. Ich weiß nur noch, dass ich es nicht wollte, aber – es ist dann zu einer sexuellen Beziehung mit dem Arzt gekommen.«
Während der Therapie-Stunde?
»Ja, klar! Die Kasse hat übrigens die Behandlung bezahlt.«
In der Hoffnung, einen Rat zu finden, geht Dorothea zum Psychologischen Institut der Universität in der benachbarten Stadt. Sie erzählt, was in der Therapie passiert ist. Spontan wird sie gefragt: »Etwa bei Dr. X? – Ach, da sind Sie nicht die Einzige. Wir haben hier viele Frauen, die nervlich völlig fertig sind, Examensprobleme haben – oder so und die dahin gegangen sind, um sich helfen zu lassen – denen ist das dann auch passiert. Wir raten Ihnen: Tun Sie sich zusammen und zeigen Sie den endlich an!«
»Aber ich habe mich nicht getraut. Der hätte ja alles abstreiten können, hätte sagen können, das wären alles meine Projektionen ... Und dann auch noch meine Geschichte ... Ich hätte ja glatt im Irrenhaus landen können.«
In dieser Zeit ging das Eheleben wie gewohnt weiter. »In der ganzen Zeit meiner größten Verwirrtheit hat mein Mann weiter mit mir geschlafen – das war für mich das Schrecklichste.«
Dann bleibt ihr Mann abends immer öfter weg.
»Zunächst habe ich nichts gemerkt, weil er ja öfters abends schon mal einen trinken ging mit Freunden. Aber schließlich kam er fast jede Nacht erst gegen drei nach Hause. Gesagt hat er nichts. Auch auf meine Fragen hat er nicht geantwortet. Nur: Lass mich in Ruhe, es hat keinen Zweck mehr mit uns!
Schließlich habe ich einen Anwalt aufgesucht. Der hat sich meine Geschichte angehört, alles, und mir strikt abgeraten, mich scheiden zu lassen. Unter den Umständen, hat er gesagt, bekäme ich kaum einen Pfennig von ihm.
Ich bin also wieder nach Hause. Nachts schlief ich kaum noch. Er fing dann an, mir von meinem Haushaltsgeld – 120 Mark die Woche – die 40 Mark Taschengeld, die er mir seit einiger Zeit

monatlich gegeben hatte, wieder abzuziehen. Mit dem Argument, er esse ja kaum noch zu Hause, und da würde ich ja dann was einsparen.

Ich durfte nur noch seine Hemden waschen. Eines Tages war ein Brief von seinem Anwalt im Briefkasten. In dieser Zeit saß ich jeden Abend allein vor dem Fernseher und dachte: Du wirst verrückt, wenn das so weitergeht. Die Kinder waren noch relativ klein – drei, fünf und acht –, arbeiten gehen konnte ich nicht, und ich hätte auch gar nicht gewusst wie. Ich hatte ja gar kein Selbstvertrauen mehr. Ich selbst habe dann darauf gedrängt, dass er die Scheidung zurückzieht. Es ist eben doch eine Bindung da, wenn man so lange verheiratet ist. Ich war anscheinend eifersüchtig.

Außerdem sind da die Kinder. Wegen der Kinder sind wir dann zusammengeblieben, denn wir lieben beide die Kinder sehr und können ja eigentlich sonst ganz gut miteinander leben.«

Alle drei Kinder sind heute verhaltensgestört, der Jüngste stottert. Als ihr Mann die Scheidung zurückzieht, macht er zur Bedingung, dass sie sich »die ganzen emanzipatorischen Ideen abgewöhnt«.

Denn da hatte sie, wie ihr Mann sagt, »immer schon einen Tick«: sie interessiert sich für die Frauenfrage.

Dorothea hat heute die Flucht in eine Traumwelt angetreten. Sie träumt von ihrer unerreichbaren Studienrätin. Einmal hat sie sich ein Herz gefasst und eine Lesbierinnen-Gruppe in der Nachbarstadt kontaktiert, ist aber dann – aus Angst, entdeckt zu werden – gleich wieder weggeblieben.

Etwas hat sich jedoch auch in ihrer Realität verändert. Etwas sehr Wichtiges sogar. Sie hat zu schreiben begonnen. Eine Agentur verkauft ihre Kurzgeschichten an Zeitungen. Sie verdient heute etwa 800 Mark im Monat damit. Die steuert sie bei zum noch nicht ganz bezahlten Eigenheim.

Sie schreibt vormittags, wenn die Kinder in der Schule sind, in der Küche. Um kochen zu können, muss sie jeden Mittag alles wieder wegräumen. Einen eigenen Raum hat sie nicht. Ab und zu flackert es noch mal matt auf. Sie findet »nicht gerecht, dass

wir Frauen darauf festgelegt sind, Kinder und Männer großzuziehen«.
Sie ist heute 38, er ein paar Jahre älter, die Kinder sind acht, zehn und zwölf. Auf die Frage, wie das in den nächsten 30 Jahren weitergehen soll, antwortet sie:
»Genauso.«
Er trinkt zunehmend, sie nimmt wieder die Pille, obwohl sie sie gesundheitlich nicht verträgt.
Als sie am Nachmittag noch einmal zurückkommt, sprechen wir über ihre Situation. Ich versuche zu begreifen, warum sie nicht wagt, etwas zu verändern. Ein Abgrund von Minderwertigkeitsgefühlen, Ängsten und Schuldgefühlen tut sich auf. Sie sagt:
»Ich habe ständig ein schlechtes Gewissen. Bei allem, was passiert, sage ich mir: das ist, weil ich ›so bin‹. Mein Mann ist auch sehr impulsiv – manchmal denke ich, ich habe ihn zu sehr gereizt. Er hat mich ja von Anfang an geschlagen, auch früher schon, wenn ich schwanger war. Ja, und damals, als ich ihm die Geschichte mit der Frau gestanden habe, da hat er getobt: Du machst mir alles kaputt!, und mich grün und blau geschlagen. Ich könnte mich ja wehren, ich hab' das auch schon mal getan, hab' ihm ein blaues Auge geschlagen. Aber er schlägt dann noch mehr zurück. Und bei der Scheidung hat er dann angegeben, ich hätte ihn ja auch geschlagen. Darum tu' ich das nicht mehr. Heute hat das ein bisschen nachgelassen. Er sagt: ›Ich schlag' dich nicht mehr, darauf kannst du dich nicht mehr berufen.‹ Trotz allem habe ich in der Ehe eine relative Sicherheit. Ich habe Angst, allein zu sein. Oft träume ich, ich gehe auf einer Straße, wo ich keinem Menschen begegne … Ich hab' auch Angst, Entscheidungen zu treffen. Wenn man immer nur zu hören kriegt, dass man nichts kann und nichts taugt … Ich hab' das Gefühl, dass die ganze Misere meine Schuld ist.
Damals, als ich mich in die Studienrätin verliebt habe, da wussten das ja eine Menge Leute. Denen hab' ich dann immer gesagt, das hätte sich wegen meiner Ehe so entwickelt – was ja gar nicht stimmt. Aber alle haben das geglaubt. Vor allem die Frauen. Die fanden das auch ganz verständlich und haben ge-

sagt: ›Die Männer sind eben so, da muss man sich mit abfinden.‹ Nur das mit den täglichen ehelichen Pflichten fanden sie übertrieben.
Aber ich muss ja mit ihm schlafen. Eigentlich will er das jeden Tag. Er sagt, dass er das braucht. Vor einem Jahr hat es deswegen Theater gegeben, weil ich es körperlich einfach nicht mehr schaffe. Es gab fürchterliche Szenen. Er macht Krach, und die Kinder werden wach. Die erfahren dann, was los ist. Und da ich das nicht will, gebe ich klein bei. Er sagt dann immer, ich sei nicht normal, weil ich nicht jeden Tag will. Jetzt hat es sich bei zwei-, dreimal wöchentlich eingependelt.«
Wie hält sie das aus?
»Ich stelle mir dabei was anderes vor. Wenn ich Lust habe, komme ich dann selbst auch zum Orgasmus. Wenn nicht, mache ich es so, dass es für ihn so schnell und angenehm wie möglich ist. Ich habe es so weit gebracht, dass wir beide eine Stellung vorziehen – ich drehe ihm halb den Rücken zu –, bei der ich allein mit mir sein kann. Für ihn ist das das Schönste. Er sagt, ich wäre jetzt endlich normal.«

Worin unterscheidet sich Dorothea, die sich als lesbisch begreift, von den so genannten »normalen« Frauen? In fast nichts. Äußerlich stellt sich ihre Ehe dar wie die meisten Ehen: Nachbarn und Bekannte werden von der übereifrig gespielten »Normalität« überzeugt sein. Ihre Beziehung zu ihrem Mann ist ähnlich desolat wie die vieler Frauen zu ihren Männern. Ihr Lebensweg ist typisch: Konflikt mit der einengenden Mädchenrolle in der Kindheit, Begreifen der »weiblichen Minderwertigkeit«, Perspektivlosigkeit, Resignation, eheliche Prostitution.
Aber Dorothea hat sich zwar äußerlich der Norm gebeugt, sie jedoch innerlich abgelehnt. Ihre Reaktion auf die verlangte Frauenrolle ist die emotionale Ablehnung der Heterosexualität und damit der Männer. Dennoch hat sie ihre Flucht vor der gehassten Frauenrolle so geschwächt, dass ihr keine »typisch weibliche« Etappe erspart bleibt: Sie flirtet, um zu sein wie die

anderen; sie heiratet, weil sie allein ist; sie bekommt Kinder, weil sie allein bleibt und hofft, so ihrem sinnlosen Leben einen Sinn geben zu können; sie bleibt in einer ungewünschten Ehe, weil sie ökonomisch abhängig und sozial hilflos ist.

Ihre schizophrene Situation, die Lüge mit dem Mann und die Träume von Frauen, schwächt sie noch weitgehender. Ihr Leben ist beherrscht von dem Terror der Norm. Ihre Ausbruchsversuche werden schwer gestraft: Das geht von der Erpressung des Ehemanns (»Wisst ihr überhaupt, was eure Mutter für eine ist?«) über die Drohung mit der Irrenanstalt bis zur Vergewaltigung durch den Therapeuten, der sie »heilen« soll.

Wie realistisch Dorotheas Angst vor einem Gegenangriff des sie vergewaltigenden Arztes auf sie ist, wenn sie sich wehren würde, beweist der abgebildete Zeitungsausschnitt.

Die Bemerkung in der Universitätsklinik zeigt, dass auch in der Bundesrepublik der sexuelle Missbrauch von Patientinnen durch Therapeuten keine Ausnahme zu sein scheint (für Amerika berichtet Phyllis Chesler in »Frauen – das verrückte Geschlecht?« darüber).

Die Machtbeziehungen in dieser Ehe sind klar: Als er auf ihr Drängen die Scheidungsklage zurückzieht, stellt er die Bedingung, dass sie sich die »ganzen emanzipatorischen Ideen« abzugewöhnen habe. Warum sie die Ehe aufrechterhalten will, ist auch klar: aus Angst. Sie hat kein Selbstbewusstsein, kein Geld, keinen Menschen, mit dem sie reden könnte. Trotzdem begründet sie selbst absurderweise ihr Sichklammern an die Ehe mit »Eifersucht« – das ist das Wort, das die herrschende Ideologie ihr für diesen Zustand anbietet.

Obwohl ihre eigenen Schilderungen den Zusammenhang zwischen ihrer Homosexualität und ihrer Verweigerung der Frauenrolle überdeutlich machen, hat sie selbst sich diesen Zusammenhang ausreden lassen. In einer Gesellschaft, in der die weibliche Homosexualität offiziell einfach nicht existiert und in der die Heterosexualität zur einzig »natürlichen« Sexualität überhaupt erhoben wurde, scheint auch Dorothea zu guter Letzt ihre Neigung zu Frauen nicht eine psychische Reaktion, sondern eine biologische Verwirrung. Sie glaubt, die Liebe zu einer Frau verändere sie körperlich, lasse sie sichtbar »vermännlichen«.

Daran sehen wir, wie stark der Druck der Geschlechterrollen ist: entweder wir sind sichtbar Frau oder wir sind sichtbar Mann (mit allem, was heute dazugehört) – oder wir kommen, im besten Fall, auf die Therapeutencouch und, im schlechteren, in die Gummizelle. Menschen haben »weiblich« oder »männlich« zu sein, sonst sind sie verrückt. Es gibt keinen dritten Weg.

Kein Wunder, dass Dorothea bei diesem Druck und in ihrer tiefen Isolation in Verwirrung gerät. Ihre ökonomische Abhängigkeit als Hausfrau verschärft ihre Situation. Sie flüchtet in eine Traumwelt und tut damit aber weder sich noch ihrer Familie einen Gefallen. Die Kinder sind verhaltensgestört, der Mann trinkt, sie ist in einer erbarmungswürdigen Angst und Abhängigkeit. Das ist das Resultat des Terrors der Rollen und Normen.

Alexandra K., 33 Jahre, Lektorin, ledig

Vieles ist bei Alexandra anders als bei anderen Frauen. Sie ist tüchtig und erfolgreich im Beruf, sie ist jung und attraktiv (auch nach herrschenden Männernormen). Aber sie ist nicht entkommen. Hinter sich hat sie lange Phasen der Frigidität, einmal sogar bis zum Vaginismus. Heute steckt sie wieder in einer solchen Phase, ein Ende ist nicht abzusehen. Die Beziehung zu ihrem Freund engt sie ein (»Ich kann nur einen kleinen Teil von mir einbringen«), trotzdem braucht sie ihn, sagt: »Ich habe ihn gern.« Sie mag Zärtlichkeit und Hautkontakt, erlebt jedoch den Koitus äußerst lustlos. Trotzdem schläft sie mit ihm, macht ihm etwas vor, denkt währenddessen – genau wie die Prostituierte Cornelia M. – »an das, was ich morgen zu erledigen und einzukaufen habe«. Die Mechanismen, die sie in diese Situation gebracht haben, sind ihr bewusst (»Im Grunde ist das, was ich mache, ein Sich-zur-Verfügung-Stellen für die Onanie des Mannes.«) – was nicht zwangsläufig heißt, dass sie etwas daran ändern kann.
Ich möchte bei Alexandra vor allem die Passagen aufzeichnen, in denen die Schizophrenie zwischen spontanem Bedürfnis und normativen Zwängen zum ersten Mal offenkundig wurde – nämlich in der Jungmädchenzeit –, und die, in denen sie ihre heutige Situation beschreibt. Aufgrund ihrer relativ großen Bewegungsfreiheit sind Alexandra die subtilen Abhängigkeitsmechanismen besonders bewusst, vor allem auch die soziale Funktion eines Mannes an ihrer Seite, an der Seite einer Karriere-Frau.
Alexandra wohnt in einem Münchener Vorort. Wir reden zwei Abende lang miteinander in ihrem Appartement, wo ich auch übernachte. Wir kennen uns seit einigen Jahren und freuen uns,

wenn wir uns sehen: unsere Probleme und Interessen sind oft ähnlich. Wir lachen meist viel miteinander, auch bei diesem Gespräch.

»Meine erste Periode hab' ich gekriegt, als ich gerade für einige Tage zu Besuch bei einer Freundin war. Die hat das ihrer Mutter gesagt, und dann lag kurz darauf wortlos ein Paket Camelia auf dem Bett, mit Gürtel. Ich bin dann aufs Klo gegangen und hab' mir das irgendwie hingewurschtelt. Später lag genauso wortlos eine Broschüre da, auf der stand irgendwas von Befruchtung und Tieren und Äpfeln und so. Ich hab' mich kaum getraut, das zu lesen. Zu Hause hat niemand ein Wort darüber verloren. Das Ganze war ein richtiger Albtraum: Ich weiß noch, dass ich meine Unterhosen immer versteckt hab', die Camelia auch selbst heimlich gekauft habe.

Irgendwann habe ich dann auch mit Freundinnen darüber geredet – aber die wussten da auch nicht viel mehr darüber. Auch das mit meinem Busen war mir irgendwie peinlich. Ich bin immer ganz krumm gegangen, damit es keiner sieht. Ich merkte, dass erwachsene Männer, Onkel und so, anfingen zu gucken und Bemerkungen zu machen. Irgendwie habe ich damals versucht, mein Frauwerden zu verbergen. Ich hatte Angst davor.

Meine besten Vertrauten waren in der Zeit meine besten Freundinnen, das heißt, die eine, das war so meine beste Freundin. Bei der habe ich auch immer am Wochenende gewohnt. Wir haben dann zusammen Musik gehört und uns alles erzählt – wie das so ist.

Damals fingen auch die ersten Flirts an. Das waren Jungen, die man auf den Tanztees traf und mit denen man am Wochenende rumknutschte. Und dann gab's noch die Feten zu Hause mit den dunklen Ecken und die Baustellen … Ich weiß noch genau, dass es mir dabei nicht um die Knutscherei an sich ging, sondern um die Anerkennung. Das war eben ein Beweis, dass ich's geschafft hatte! Einmal zum Beispiel, in der Turnstunde, da hab' ich, während wir uns umzogen, den anderen Mädchen erklärt: Morgen werde ich mir den und den unter den Nagel reißen! – Das war irgend so ein Junge, den fanden alle besonders hübsch. Es war

also klar, dass diese Flirterei gar nichts mit den Jungen selbst zu tun hatte, sondern nur dazu benutzt wurde, auch innerhalb der Mädchen Rangordnungen zu schaffen. Wer die besten Typen hatte, der wurde anerkannt.
Ich erinnere mich, dass ich mich anschließend eigentlich viel besser amüsiert habe, wenn ich nämlich meiner Freundin von den Knutschereien erzählt hab'. Meistens ließen wir uns ja nach den Tanztees von den Jungen nach Hause bringen: ich mit meinem, sie mit ihrem in gebührendem Abstand. Unterwegs wurde dann geknutscht in besagten Baustellen, und vor der Tür haben die Typen sich verabschiedet, und dann sind wir in ihr kleines Zimmer gerast – da haben wir uns auf die Betten geschmissen und uns immer haarklein alles erzählt! Auch, wie doof wir die eigentlich fanden!
Sonst hatte ich mit Jungen eigentlich gar nichts gemein. Ich kann mich überhaupt nicht erinnern, mit denen mal außerhalb der Tanztees oder der Schule was unternommen zu haben. Wenn ich an Szenen von Einverständnis und Einklang in dieser Zeit denke, dann denke ich immer nur an meine Freundinnen.«
Mit 17 verliebt Alexandra sich zum ersten Mal. Sie ist noch Schülerin, er Student, und das Ganze ist sehr romantisch. Sie ist so tief von ihm beeindruckt, dass sie in seiner Gegenwart verstummt: sie kann dann einfach nicht mehr reden. Als er ihr den Abschiedsbrief schreibt, ist sie zutiefst überzeugt, dass nun nie mehr in ihrem Leben jemand sie mögen wird. Sie vergräbt sich noch mehr als zuvor in ihre Bücher und studiert Theaterwissenschaft, weil die Heldin irgendeines Romans, der ihr sehr gefiel, Schauspielerin war. Eine Vorstellung von sich selbst, von einem Beruf, von ihrem Leben, ihren Wünschen und Fähigkeiten hat sie nicht. Sie träumt von einem »sanften Intellektuellen, der sie heiraten wird«.
An der Heidelberger Uni, wo sie ihr Studium beginnt, fühlt sie sich »hässlich und nicht besonders schlau«. Sie kennt zunächst niemanden in der fremden Stadt. Ihre Freundinnen von früher sind weg, neue sucht sie nicht. Ziemlich rasch gerät sie in eine Clique, die an der Uni zur intellektuellen Avantgarde gehört, die

forsch ist und in der sie, das hübsche Mädchen, mit offenen Armen aufgenommen wird.

»Irgendwann kriegten die dann raus, dass ich noch nie mit einem Mann geschlafen hatte. Damals war ich 19. Ich weiß noch, wie ich einmal in einen Raum reinkam, in dem die Leute da gerade irgendwelche Studentenlieder hörten und ich genau in den Refrain platzte: Sie soll sogar noch Jungfrau sein … Daraufhin fingen alle brüllend an zu lachen und guckten mich an.

Na, ich dachte, jetzt bist du wohl reif. Jetzt musst du wohl mal mit irgendjemandem schlafen. Ich hab' mir dann einen Jungen ausgesucht, der im Schwimmbad immer der hübscheste war … Eigentlich hatte ich mit dem überhaupt nichts zu tun, wir waren halt zusammen im Schwimmbad und fuhren auch schon mal in so ein Lokal, wo es heurigen Wein gab – sonst hatte ich eigentlich nichts mit dem gemein.

Ich muss dazu sagen, dass ich mich damals gar nicht getraut habe, ich selber zu sein. Ich war nichts. Ich wartete eigentlich nur darauf, was die Typen machten. Ich habe nur reagiert. Ich war völlig passiv abwartend. Von mir kam nichts. Ich war ziemlich verängstigt.

Na, und dann sind wir eines Tages in seine trostlose Studentenbude gegangen, wo wir uns auf höchst sachliche Weise in dieses Bett gelegt haben. Ich hab' gedacht: Irgendwann muss das ja mal passieren mit mir. Ich hab' mich also in das Bett gelegt und gedacht: O.K. Von mir kam keine Aktivität oder gar Lust – nur das Erleiden. Weil es ja sein musste. Weil alle anderen es auch taten.

Dann hat er auf sehr beiläufige Art mit mir geschlafen. Ich weiß gar nicht mehr, ob er einen Interruptus gemacht hat … Ich hatte auch gar nicht mit ihm über Verhütung gesprochen, auch gar nicht darüber nachgedacht. Nichts. Wie ein Opfer hab' ich die Beine breit gemacht und auch dem Mann nichts gegeben.

Ich glaube, er war auch unglücklich dabei, er machte das nicht so gern, hat es aber trotzdem getan, weil das ja für einen Mann auch immer eine Bestätigung ist: der erste zu sein. Er hat dann also mit mir geschlafen. Ich kann nicht sagen, WIR haben miteinander geschlafen – stimmt ja nicht. Er hat das absolviert, und ich weiß noch genau, dass er sich sofort danach umgedreht hat. Ich hab' unheimlich geheult. Es war so klar, dass es nichts war. Irgendwann sind wir dann aufgestanden. Das Laken war ganz blutig. Da hat er gesagt, ich soll das Laken auswaschen, weil er die Wäsche immer zu seiner Mutter schickte, und die durfte das nicht sehen. Ja, und da hab' ich mich angezogen und das Laken ausgewaschen.

Das hat sich dann noch ein paar Mal genauso triste wiederholt. Ich hab' auch niemanden gehabt, mit dem ich hätte darüber reden können. Ich war allein. Freundinnen hatte ich nicht, ich hatte nur Kontakt zu Männern, und das war es auch, was ich gesucht habe. Ich brauchte ja Bestätigung.«

Alexandra hat wenig später ihre erste längere Beziehung zu einem Mann. Er ist sanft, zurückhaltend und impotent. Sie ist zwar irgendwie erleichtert, nicht mit Dingen konfrontiert zu sein, die sie nicht bewältigt, gleichzeitig aber ist sie frustriert: Impotenz passt nicht in ihr Männerbild. Alexandra masturbiert während dieser ganzen Zeit, ohne dass er es weiß, kommt dabei auch zum Orgasmus, käme jedoch nie auf den Gedanken, ähnliche Zärtlichkeiten von ihrem Partner zu erwarten (sie berührt sich beim Masturbieren an der Klitoris). Mit einem Mann, dessen Penis nicht erigiert, kann eine Frau – das ist auch für sie akzeptiert – keine Liebe machen. Seine Impotenz ist letztlich einer der Gründe, warum sie ihn verlässt. Alexandra wartet auf den Mann ihres Lebens, auf ihren Prinzen.

Und der taucht auf. Er hat zwar nicht – wie Alexandra inzwischen – Marx und Marcuse gelesen und passt auch nicht so ganz in das linke Milieu, in dem sie jetzt verkehrt, aber er sieht wirklich sehr gut aus, scheint sicher, steht am Anfang einer blendenden Karriere, und impotent ist er auch nicht. Im Gegenteil! Er hat den Männlichkeitswahn und muss immer und sofort und täglich mit den Frauen schlafen, auch mit Alexandra: »Er schlief einen zuschanden und kriegte dann Ekel vor der Frau.«

Alexandra, die heute rückblickend von sich sagt, sie habe sich in dieser Beziehung »weiblich kalkulierend« verhalten, sie habe diesen Mann gewollt, ohne mit ihm als Person sehr viel anfangen zu können, macht seinen Don-Juanismus mit:

»Ich wusste, das war ein Tribut, den ich zu zahlen hatte. Sonst kommst du zu nix. Ich hatte auch keine Probleme zu haben. Die hatte er. Er erzählte mir immer von seinen Ängsten und dies und das, ich war diejenige, die alles schaffte. Ich hatte verfügbar zu sein und stark, aber nicht zu schwierig – und frigide schon gar nicht. Auch in der Sexualität hatte ich eben zur Verfügung zu stehen und selbst keine Ansprüche zu haben. Ich hätte mich auch gar nicht getraut.

Es war meine Aufgabe, ihn zu bestätigen, das habe ich auch getan. Meine Probleme hatten da keinen Platz. Am Anfang habe ich mich auch nicht getraut, nicht mit ihm zu schlafen. Irgendwo war ich trotz meiner Stärke sehr beeindruckt von ihm und hatte auch körperliche Angst vor ihm. Er nahm sich sein Recht immer mit einer sehr selbstverständlichen Brutalität. Ich weiß noch, dass ich damals überall blaue Flecken hatte, am ganzen Körper, wahrscheinlich weil er mich gestoßen und gequetscht hat.«

Nach einem Studienjahr in Rom zieht Alexandra nach Berlin, wo sie weiterstudiert und in einer linken Wohngemeinschaft lebt. Hier trifft sie mit 26 Jahren zum ersten Mal einen Mann, mit dem sie Sexualität als befriedigend erlebt und auch den ersten Orgasmus hat.

»Das war ein ganz lieber, kleiner, sanfter Junge. Ein bisschen jünger als ich. Den hab' ich regelrecht verführt. Und das war sehr schön, sehr zärtlich. Auch von mir her – ich konnte ja, weil er so schüchtern war. Er hat mich sehr viel gestreichelt, während des Eindringens mit dem Penis hat er gleichzeitig meine Klitoris berührt. Das war wohl die Voraussetzung, anders hätte es bei mir gar nicht geklappt …

Ich war damals sehr froh, es endlich mal gebracht zu haben. Ich fühlte mich so richtig befreit von dem Makel der Frigidität.«

Aber auch mit ihm hat sich Alexandra letztlich nicht viel zu sagen. Sie trennt sich von ihm, wie sie sich von den andern getrennt hat. Zu dieser Zeit kommt die neue »linke Moral« für die, die sich in dem Milieu bewegen, voll zum Tragen.

»Das Gebot der Stunde war nun: Zweierbeziehungen sind Scheiße. Man hat polygam zu sein und auf keinen Fall Besitzansprüche zu haben, das sind Relikte bürgerlichen Denkens. Um mich herum habe ich dann gesehen, was das für die Frauen hieß, die da mitgemacht haben ... Die Männer haben ihre polygamen Neigungen – woher auch immer die kommen und warum auch immer anerzogen sind – hemmungslos ausgelebt, und die Frauen haben sich nicht getraut, dagegen aufzumucken. Entweder haben sie sich zurückgezogen und waren dann allein oder aber sie haben mitgemacht und sind dann emotional meistens schrecklich auf den Bauch gefallen.
Ich selbst hab's dann auch ein bisschen probiert, habe versucht, mir vorzumachen, das sei nun das Glück. Aber da ich nun mal nicht primär das Bedürfnis hatte, mit einem Mann zu schlafen, war ich dann schließlich doch sehr frustriert. Eigentlich hatte ich ja den Wunsch, eine Person zu haben, mit der ich reden konnte, auf die ich mich beziehen und mit der gemeinsam ich etwas tun kann. Und wenn das dann so reduziert wird aufs Bett, dann kann das nichts bedeuten. Das kann ich einfach nicht!«
Alexandra promoviert und fängt an, in einem Frankfurter Verlag zu arbeiten. Sehr schnell beginnt sie dort wieder eine Beziehung zu einem Mann. Er ist Schriftsteller, arbeitet auch für Funk und Fernsehen, sieht blendend aus, mimt nach außen den tollen Mann, hat aber nach innen ziemliche Probleme. Das geht so weit, dass er vor Depressionen arbeitsunfähig ist und Alexandra ihm seine Manuskripte schreibt. Sie ist mal wieder die Starke, die Probleme hat er, die ihren kann sie nicht einbringen. Die Beziehung geht über zwei Jahre. Diesmal geht ihr sexuelles Verstummen und Verweigern bis zur körperlich manifestierten Abwehr: sie bekommt einen Vaginismus, das heißt, die Scheide ist so verkrampft, dass das Eindringen eines Penis unmöglich ist.
Warum hat sie sich auf diese Beziehung, die sie im Nachhinein als »die überflüssigste meines Lebens« schildert, überhaupt eingelassen?
»Weil ich allein war und auch, das glaub' ich ganz sicher, um

mich zu schützen: um diesen Typen im Verlag nicht so ausgeliefert zu sein, um nicht die Frau ohne Mann zu sein.
Wenn man einen Mann im Hintergrund hat, dann wissen die anderen eben: Die hat einen, bei der läuft nichts. Das schützt mich auch vor der sexuellen Aggressivität der Männer. Und ich selbst bin auch viel gelassener in dem Wissen, einen Mann im Hintergrund zu haben. Eine Beziehung zu einer Frau zum Beispiel – an die ich für mich noch nie gedacht habe –, das liegt, ich weiß auch nicht warum, einfach außerhalb meines Vorstellungsbereiches. Also, da würde ich mich sozial nicht so geschützt fühlen. Im Gegenteil, da wäre ich ja den Pöbeleien erst recht ausgeliefert.
Wenn die lieben Kollegen wissen, ich bin allein und habe niemanden, dann brauche ich doch nur einmal unbequem zu sein in meinem Job und schon schreien alle: Die ist frustriert! Die braucht 'nen Mann! Die wird nicht genug gebumst! – Bei einer meiner Kolleginnen zum Beispiel, die lebt allein, da reden alle Typen so. Die sieht gut aus, die macht ihre Arbeit, aber die kann machen, was sie will, da heißt es immer: Die ist wohl hysterisch. Die braucht wohl 'nen Mann. Das ist 'ne ganz frustrierte Tucke.
Gehört man dann noch zu den Frauen, die, wie ich, ab und zu von Emanzipation reden, dann hat man es doppelt nötig! Dann braucht man einen Mann, um zu beweisen: Seht her, ich bring's auch! Ich bin trotzdem 'ne ganz normale Frau.
Ja, und dann ist da noch etwas ganz Wichtiges. Wenn man in so einem Verlag sitzt und den ganzen Tag diesen Intrigen und Unaufrichtigkeiten ausgeliefert ist, dann braucht man einfach eine Person, die für einen da ist, auf die man zählen kann.«
Alexandra hat heute wieder eine solche Person. Im Vergleich zu den anderen ist ihr jetziger Freund ihr menschlich noch am nächsten. Sie hat zumindest in ihn mehr emotionale Kraft investiert als in alle anderen. Trotzdem zeichnet sich unausweichlich dieselbe Struktur ab: verlieben, unterwerfen, verstummen, ausbrechen. Hinzu kommt, dass Alexandra nun auch noch glaubt, dafür büßen zu müssen, dass sie wagt, im Beruf erfolgreich zu sein. Als er ihr »unsinnigen Ehrgeiz« und »Ablehnung der Weib-

lichkeit« vorwarf, hat sie prompt schuldbewusst weniger gearbeitet.

»Das hat allerdings die Rivalitätsprobleme nicht gemildert. Ich weiß nicht, wie das bei anderen Männern ist, aber er kann es nicht ertragen, wenn ich mal stärker oder auch nur gleich stark bin. Er muss einfach in allem der Überlegene sein. Auch in der Sexualität! Einen Orgasmus kriegt er bezeichnenderweise nur oben. Alles, was außerhalb des Koitus läuft, ist nur Ersatz für ihn.

Der schlimmste Terror ist für mich dieses Immer-miteinander-schlafen-Müssen! Jeden Abend! Egal, ob er nun mal grantig ist oder müde oder so, immer muss man miteinander schlafen. Erst Zähne putzen und dann hopp! Inzwischen hat sich das so ein bisschen eingependelt, aber er steht da immer noch unter einem unheimlichen Leistungsdruck, hat eine wahre Penetrationswut! Das hat ganz sicher auch was damit zu tun, dass er früher Potenzprobleme hatte.«

Alexandra schläft heute mit ihrem Freund ohne irgendein Lustgefühl. Sie »absolviert es« und ist auch über sich selbst nicht sehr glücklich dabei, denn: »Ich bin ja nicht offen ihm gegenüber. Ich sage ihm ja nicht, dass ich nichts dabei empfinde.« Wie aber kommt das? »Das hat ganz sicher was mit der Angst davor zu tun, dass meine Forderungen die Beziehung sprengen würden. Andererseits muss ich zugeben, dass ich es immer nur auf sehr sanfte Weise versucht habe. Indem ich z. B. gesagt habe: Also weißt du, eine Frau ist so und so, die muss auch stimuliert werden und so. Aber da gibt es nach meiner Erfahrung auch eine unsagbare Trägheit bei den Männern. Dieser absolute Egoismus, der so selbstverständlich in denen steckt. Ob die meinen, dass sie sich was vergeben, wenn sie auf eine Frau eingehen? Ich weiß es nicht.

Ich habe auch das Gefühl, dass, wenn ich die Forderungen stelle, mehr gestreichelt zu werden, er das aus Trotz irgendwie lieblos macht. Das merkt man ja an einer Bewegung, ob sie bewusst oder ob sie mechanisch ist. Und das ist dann noch frustrierender. Ich selbst habe jede Hoffnung auf Befriedigung verloren. Das ist so traurig.

Bisher war das in all meinen Männerbeziehungen so, dass ich nach einiger Zeit nicht mehr mit denen schlafen wollte. Dass ich schweige und meine Probleme nicht entschlossen nenne, ist natürlich auch irgendwo Feigheit. Aber auch Angst. Bedingt durch die Isolation und durch die ganze Scheiße im Beruf. Da will man sich einen kleinen Hort bewahren, in dem es relativ konfliktfrei zugeht. Das ist überhaupt das Symptomatische an unserer Beziehung, dass wir die Konflikte ausgespart haben – was natürlich der Beziehung gar nicht bekommt.
Hinzu kommt, dass ich für die Stärken in meinem Beruf sozusagen privat Abbitte leiste durch betont sanftes und weibliches Verhalten. Auch wenn ich mit ihm in der Öffentlichkeit auftrete, mache ich das manchmal – da habe ich mich schon bei ertappt. Ich scheine das auch mir selbst gegenüber nötig zu haben, vermutlich, weil es im Beruf ja so läuft: Wenn man sich als Frau schon das Recht nimmt, tüchtig zu sein, na, dann nehmen sie einem eben einfach das Recht, Frau zu sein – dann wird man zum geschlechtslosen Wesen, zum Neutrum ohne Sexualität. Und das hält man natürlich auch wieder nicht aus, so reduziert zu werden.«
Ist Alexandra jemals auf den Gedanken gekommen, die zentrale Bedeutung der Penetration in Frage zu stellen, das heißt hat sie mit ihrem Freund auch schon Liebe bis zum Höhepunkt gemacht (wie sie es ja bei der Masturbation macht), ohne dass sein Penis in ihre Scheide dringt?
»Nein, auf den Gedanken bin ich noch nie gekommen. Das würde ich auch gar nicht wagen, weil er ja so fixiert ist auf seinen Penis. Wobei, wenn ich das sage, ich merke, dass ich mich im Grunde immer in der Funktion der Therapeutin sehe. Ich würde nie sagen: Schluss, jetzt reicht's!, sondern denke immer nur: Vorsicht, langsam, behutsam, damit IHM nur ja nichts passiert. – Das ist eine ganz verinnerlichte Haltung bei mir.«
Diesen Respekt vor seinem Penis spielt Alexandra sich und ihm vor. Sie selbst hat ihn in keiner Weise. Zehn Minuten später erzählt sie mir nämlich kichernd, wie »komisch« sie das »Ding« im Grunde fände und wie grotesk für sie immer der Anblick »die-

ser lächerlichen Anhängsel« am Nacktstrand sei. – Bei diesem Bild müssen wir beide sehr lachen.
»Wenn du schon mit einem Mann zusammen bist, musst du ihn auch glücklich machen«, hat er jüngst zu ihr gesagt. Was er empfindet, generell und auch speziell in der Sexualität, kann sie nur schwer einschätzen. Da sie selbst nicht aufrichtig ist, vermutet sie, dass er es auch nicht ist. Es fällt ihr nicht leicht, sich ihm mitzuteilen.
»Manchmal denke ich, dass Männer und Frauen wirklich sehr unterschiedlich in der Wahrnehmung sind. Gerade auch auf der psychischen Ebene. Ich denke auch, dass wir Frauen darum zum Beispiel öfter heulen müssen – einfach, weil wir in unserem Elend sonst gar nicht wahrgenommen werden.
Ich merke bei ihm das geringste Zucken seines Mundes. Mir entgeht keine seiner Stimmungen. Ich sehe seine Augen, seinen Mund, alles. Ich kenne seine Haltung, seine Gesten. Wenn sich da was um Millimeter in seinem Gesicht verändert, dann weiß ich, aha, er hat was. Und ich frage ihn auch. Das gibt es nicht umgekehrt ... Das war bei den anderen Typen genauso. Die sehen einfach nichts. Die nehmen nichts wahr. Darum sind wir Frauen auch oft so verzweifelt: Die merken einfach nicht, was läuft.«

Spätestens bei diesem Fall entdeckt man die Systematik in dem, was Alexandra die »Penetrationswut« der Männer nennt: Die meisten Männer wollen täglich mit ihren Frauen oder Freundinnen schlafen, egal, was in der Beziehung emotional oder sinnlich vor sich geht. Es scheint sich dabei um eine zwanghafte Zelebrierung männlicher Potenz zu handeln.
Alexandra ist unverheiratet, hat keine Kinder und trotzdem ganz ähnliche Probleme wie die anderen Frauen. Ihr Beispiel zeigt, dass Berufstätigkeit zwar wichtig ist, aber nicht zwangsläufig auch emanzipiert. Da nutzt der schönste Beruf nichts, wenn er von Männernormen, die uns fremd sind, beherrscht wird, und wenn wir privat und professionell weiter vor allem nach unserer

»Weiblichkeit« beurteilt werden – und uns auch selbst danach beurteilen.
Sehr typisch für diese Kategorie von beruflich tüchtigen Frauen sind die besonderen Formen der Ausbeutung, die Alexandra mit ihrem vorletzten und auch dem jetzigen Freund erlebt hat. Wenn Frauen schon nicht in allen Bereichen kuschen, wenn sie schon wagen, beruflich erfolgreich zu sein, werden sie von ihren Männern nicht selten zur Kasse gebeten: Sie haben diese Männer dann weitgehend mitzuernähren, die belastenden Seiten der »Männerrolle« zu übernehmen, ohne von den negativen Seiten der »Frauenrolle« lassen zu dürfen. (So sagt die Filmerin Helma S., die ihren Freund lange Zeit auch ernährte, in meinem Protokoll-Band »Frauenarbeit – Frauenbefreiung«: »Trotzdem war es schwierig, ihm begreiflich zu machen, dass so was wie Abwasch von beiden gemacht werden muss, dass ich nicht gewillt bin, so etwas alleine zu tun.«) Mir ist das bei »Karrierefrauen« wiederholt aufgefallen, und ich selbst habe solche Erfahrungen in meinem Leben machen müssen.

In dem Lebenslauf von Alexandra habe ich die bei allen ähnlich verlaufende Jungmädchenzeit besonders hervorgehoben, in der sich die aus einer unterschiedlichen Erziehung und Lebensweise resultierende Kluft zwischen Frauen und Männern erstmals unübersehbar auftut. Beide leben auf verschiedenen Sternen. Sie benutzen sich gegenseitig, funktionalisieren sich (»Es ging mir nicht um die Knutscherei an sich, sondern um die Anerkennung«) und können darüber hinaus nichts miteinander anfangen ... Was für alle Beteiligten traurig ist, wirklich tragisch aber nur für Frauen wird, weil ihre gesamte Daseinsberechtigung und Identität über die Beziehung zum Mann läuft. Bei Alexandra wird klar, in welchem Ausmaß die private Beziehung und Sexualität trotz Beruf Richtplatz für weibliches Reüssieren oder Versagen bleiben. Sexualität ist der letzte Hort, wo Männer noch »Männer« sind (auch die impotenten) und Frauen noch »Frauen«.
Alexandra wiederholt in ihren Beziehungen immer denselben

ausweglosen Ablauf: sie unterwirft sich, begibt sich in Abhängigkeit, stumpft darin ab, schweigt, bricht aus – ohne Klärung, ohne die Chance für sich (und andere), zu begreifen und zu verändern. Die Sexualität ist der Ort ihrer größten Niederlage. Dort macht sie mehr Konzessionen als zum Beispiel die Putzfrau Renate A., die sich zumindest das Recht der Verweigerung nimmt. Trotz ihrer reflektierten Sicht der Dinge ist Alexandra nicht in der Lage, mit ihrem Freund darüber zu reden. Die Schizophrenie der Frauenrolle, die sie zwar in Frage stellt, deren Kriterien sie sich aber dennoch nicht entziehen kann, scheint sie zu lähmen.
Das kommt ganz sicherlich auch von ihrer beruflichen Situation, die sie zur Selbstverleugnung zwingt und ihr gleichzeitig privat eine doppelt zwanghafte Demonstration ihrer »Weiblichkeit« auferlegt. Mehr noch aber scheint mir das Verhalten Alexandras (und anderer Frauen in ihrer Situation) eine Frage ihrer eigenen Identität zu sein. Sie ist von Männern so abhängig, weil sie so auf sie angewiesen ist. Noch existiert sie nur als die »Freundin von«, noch ist auch sie im Privatleben ein zur weiblichen Hälfte verstümmelter Mensch.

Anne H., 29 Jahre, Sekretärin, ledig

Anne ist lesbisch. Sie kommt aus einem westfälischen Dorf und lebt seit zehn Jahren in Münster. Seit sechs Jahren teilt sie sich mit ihrer Freundin eine kleine Neubauwohnung. Sie ist eine große Ausnahme unter den ein bis zwei Millionen aktiv homosexuellen Frauen in der Bundesrepublik, denn sie steht offen zu ihrer Homosexualität.

Anne ist Mitbegründerin und Aktivistin der Münsteraner Lesben-Gruppe. Alle – der Chef, die Nachbarn, die Eltern, Bekannte und Freunde – sind auf dem Laufenden über ihre Beziehung zu einer Frau. Aber der Weg dahin war nicht einfach.

»Wenn ich heute so zurückdenke, habe ich mich eigentlich schon als Schulkind in andere Mädchen verliebt. Damals war mir das natürlich nicht bewusst. Das war schon so in der Volksschule. Später auf dem Gymnasium war ich dann auch immer in Mitschülerinnen verliebt oder in Lehrerinnen. Meistens waren das Mädchen oder Frauen, die so was Liebes an sich hatten, so zart und weich.«

Ich frage Anne H. nach ihrem Elternhaus.

»Wir haben zu Hause eine Gaststätte. Ich hänge sehr an meiner Mutter, sie ist ein Typ, den jeder gern mag. Mein Vater – von dem hieß es immer, er sei etwas ›eigen‹ – hat sich zu Tode getrunken. Als ich 15 war, ist er gestorben. Ich habe ihn sehr selten einmal nüchtern gesehen, eigentlich nur als kleines Kind, später war er täglich betrunken. Dann gab's so subtilen Terror: Er schloss alle Türen ab, wollte bestimmen, wann wir aus dem Haus gehen, spielte sich als großer starker Mann auf, obwohl er klein und schwächlich war. Aber ich glaube nicht, dass ich darunter sehr

gelitten habe. Dass wir kein richtiges Familienleben hatten, gehörte, meine ich, irgendwie dazu bei einer Wirtschaft.
Als kleines Mädchen habe ich fast ausschließlich mit Jungen gespielt. In der Nachbarschaft wohnten auch fast nur Jungen. Wir haben Indianer gespielt, Buden gebaut, sind auf Bäume geklettert, haben Fußball gespielt. Das fand ich spannender als Puppen. Mit diesen leblosen Dingern konnte ich nichts anfangen. Aber burschikos war ich eigentlich nicht. In der Klasse war ich immer die Kleinste und ein bisschen ulkig.
Heute begreife ich, dass ich mich eigentlich schon als Kind in der Weibchenrolle nicht wohlgefühlt habe. Als ich 14, 15 war, waren ja die hohen spitzen Absätze modern. Da war es nicht üblich, dass Mädchen Hosen trugen, so wie heute. Ich trug also die hohen Absätze und enge Röcke, in denen ich mich nicht bewegen konnte. Und die Perlonstrümpfe, die warfen immer Falten und hatten Laufmaschen. Alles war eng und unbequem – ich fühlte mich einfach nicht wohl. Trotzdem habe ich mir solche Sachen gekauft. Ich wollte ja erwachsen werden, anerkannt werden, ein ganz normales Mädchen sein, das zur Frau wird. Ich hab' mir auch Dauerwellen legen lassen, obwohl ich mit den Haaren nicht umgehen konnte und mir das auch gar nicht stand. Aber ich dachte: Du musst jetzt eine Frau werden! Ich hab' eben einfach geglaubt, das muss so sein, dagegen kannst du nichts machen.
Erst später, mit 20, habe ich begriffen, dass es nicht unbedingt was mit Weiblichsein zu tun hat, wenn man unbequeme Klamotten trägt. Da hab' ich den Firlefanz gelassen und mich endlich als mich selbst gefühlt. Vorher kam ich mir immer vor wie eine verkleidete Puppe.
Na, und mit den Männern war es ähnlich. Mit denen habe ich die Frauenrolle gespielt. Das gehörte ja dazu. Wenn ein Mann im Raum war, hab' ich mich automatisch anders verhalten. Wenn ich aber mit einer Freundin zusammen war, hab' ich gar nicht darüber nachgedacht, wie ich jetzt dasitze, wie ich rede, ob meine Haare gut liegen – da hab' ich mich einfach wohlgefühlt. Sobald ein Mann auftauchte, hab' ich innerlich dauernd an mir rumgezippelt, ob auch alles richtig saß und gerade war. Ich hab'

mich sehr, sehr unfrei gefühlt, mich aber dagegen nicht aufgelehnt, sondern gedacht: Na ja, so fühlt man sich eben als Frau. Das ist bestimmt natürlich.
Mit 13, 14 hab' ich artig angefangen, mit Jungen zu flirten – so wie alle. Ich wollte ja auch mitreden können. Ich hab' also auch einen Freund gehabt, mit dem ich mich nach dem Kino geknutscht hab, obwohl mir das eigentlich nichts gebracht hat. Ich habe das als lästige Pflichtübung angesehen, die nun mal sein muss. Das Schönste daran war eigentlich immer, wenn ich's dann meiner Freundin erzählt habe und die mir ihre Knutsch-Geschichten erzählt hat. Wir hatten dann ein Geheimnis miteinander, und wenn andere dabei waren, gab's immer was zu flüstern und zu kichern.
Mit 15, 16 fing ich an zu ahnen, dass ich mich nach Zärtlichkeiten mit Frauen sehnte. Aber sobald mir der Gedanke kam, hab' ich ihn wieder weggeschoben, weil ich dachte: Das kann ja nicht sein! Das gibt es doch gar nicht! – Ich hatte davon noch nie gehört. In den Romanen las ich nur von Männern, meine Mutter sprach nur von Männern, um mich rum sah ich nur Mann-Frau-Paare. Ich dachte also: Wenn dir das mit den Jungen keinen Spaß macht, dann liegt das bestimmt daran, dass der Richtige noch nicht gekommen ist.
So ging das ein paar Jahre lang. Immer war ich auf der Suche nach dem Supermann, das heißt, ich hatte alle zwei, drei Monate einen Freund, manchmal auch zwei – und wunderte mich immer wieder neu darüber, dass es mir nichts brachte und ich den Typ nach kurzer Zeit wieder leid war. Ich hab' mir dann eingeredet – oder besser: einreden lassen –, ich sei zu anspruchsvoll. Immer, wenn das Thema zur Sprache kam, hab' ich gewitzelt: ›Der Mann, den ich mal heirate, der muss eben noch geboren werden.‹ Den Krampf habe ich bis 21, 22 aufrechterhalten. Eisern! Bis es dann nicht mehr ging. Immer öfter träumte ich von Mädchen. Nicht so konkret, denn ich konnte mir immer noch nicht vorstellen, was das eigentlich war: lesbisch sein.« Ich frage Anne, ob sie jemals mit einem Mann geschlafen hat.
»Ja, mit 19 zum ersten Mal. Also, dass er immer über mir war und

immer der Aktive, das hat mich unheimlich genervt. Wir haben dann auch darüber gesprochen, und er war auch ganz nett und guten Willens, konnte aber einfach nicht aus seiner Haut heraus. Sexuell habe ich dabei gar nichts empfunden. Die Sache war mir nur unangenehm, und ich dachte: Hoffentlich hast du es bald hinter dir! Mit einem Mann habe ich nie einen Orgasmus gehabt. Aber da ich schon als Kind masturbiert habe, wusste ich schon, was das war.

Das erste, was ich über Lesben hörte, war ein Witz über ›Frauen, die andersrum sind‹. Ich hab' mir dann solche Mannweiber vorgestellt, halb Mann, halb Frau, ganz merkwürdige Gestalten, mit denen ich mich, weiß Gott, nicht identifizieren konnte, denn ich war ja eine völlig normal gewachsene Frau – ich konnte ja nicht lesbisch sein.

Richtig konfrontiert damit wurde ich mit zwanzig. Das waren Kolleginnen im Büro, zwei Frauen, von denen gemunkelt wurde: Das ist keine normale Freundschaft, da steckt mehr dahinter. – Da habe ich zum ersten Mal ganz zaghaft versucht, mir einzugestehen, dass ich auch ›so‹ bin.

Kurz darauf hatte ich mein erstes Erlebnis. Es war nicht sonderlich schön. Die Frau wurde allgemein als ›mannstoll‹ bezeichnet, aber wenn sie betrunken war und gerade kein Mann greifbar, schlief sie eben auch mit Frauen. Wir waren beide betrunken, und da hat sie mich eben ›verführt‹. Die Umstände waren nicht schön – wir haben uns auch nie mehr wiedergesehen – aber trotzdem fühlte ich mich irgendwie angesprochen. Zum ersten Mal in meinem Leben hatten Küsse mich erregt.

Ich war sehr verwirrt und hatte das Gefühl, an einem Wendepunkt zu stehen. Am nächsten Tag dachte ich, alle Leute würden mir ansehen, dass ich mit einer Frau geschlafen habe.

Die darauf folgenden Monate waren schlimm. Ich konnte nicht mehr schlafen, fing an zu trinken, dachte immer nur. Du bist anders! Du bist nicht normal! Du bist lesbisch! Du kennst niemanden, der auch so ist! Du machst nur alle Leute unglücklich! Ich hatte Angst, alle Freunde zu verlieren, und glaubte, wenn meine Mutter das erfahren würde, dürfte ich nie mehr nach Hause

kommen. Und die Männer, mit denen du gehst, dachte ich, machst du auch unglücklich.
Ich habe dann gemeint, es nicht mehr aushalten zu können. Ich sah mich schon als einsame alte Jungfer, die völlig isoliert ist und allen Leuten nur auf den Wecker fällt. Da hab' ich gedacht, jetzt machst du Schluss! Damit tust du dir selbst und allen anderen nur einen Gefallen! Ich hab' mir Schlaftabletten besorgt, mich voll laufen lassen mit Schnaps und alles geschluckt ... Das war ein Sonntagabend. Am Montagmorgen haben die im Büro sich Sorgen gemacht, haben die Tür aufbrechen lassen und mich gefunden.
Im Krankenhaus haben sie mir den Magen ausgepumpt. Da war auch ein Psychologe, der jeden Tag mit mir redete. Er wollte rauskriegen, warum ich das gemacht hatte. Vielleicht hätte ich es ihm erzählen können, aber ich habe es nicht gewagt. Ich hab' ihm also vorgelogen, ich hätte einen verheirateten Freund, in den ich so verliebt sei und der sich aber nicht scheiden lassen wollte und lauter so'n Zeug – nur, um ihn zufrieden zu stellen. Ich hab's einfach nicht übers Herz gebracht, die Wahrheit zu sagen. Das war für mich so was Perverses und Extremes.
Im Krankenhaus hat mich immer eine bestimmte Kollegin besucht. Wir haben uns angefreundet, dieselben Fortbildungskurse belegt – da hat sich dann was ergeben. Wir waren bei mir zu Hause, eine Platte lief, wir haben zusammen getanzt – und dann haben wir uns einen Kuss gegeben. Dann haben wir uns erst mal erstaunt angeguckt und wurden beide verlegen. Sie hatte damals noch keine Erfahrung, und für mich war es ja auch das erste richtige Erlebnis mit einer Frau. Aber trotzdem ging alles ganz natürlich vonstatten, und wir empfanden es dann als ganz normale Sache.
Später sind wir zusammengezogen und haben drei Jahre zusammengelebt. Das war eine eheähnliche Beziehung mit Treue und so. Es gab auch keine Gelegenheit zur Untreue, weil wir ja sonst niemanden kannten, der auch so war. Wir lebten völlig isoliert als Lesben, hatten aber einen normalen Bekanntenkreis, der von nichts wusste oder zumindest so tat. In der Öffentlichkeit waren

wir nie zärtlich miteinander. Den Zwang, dass man das nicht darf, hatten wir schon so verinnerlicht, dass uns das gar nicht mehr bewusst bedrückt hat. Wenn uns jemand gesagt hätte: Ihr seid lesbisch! – wir wären entrüstet gewesen und hätten es abgestritten. Denn wir waren ja nicht bewusst homosexuell, sondern begriffen uns als zwei Freundinnen, die sich lieb hatten. Mehr nicht. Unsere Liebe ist eine ›heimliche Liebe‹, haben wir immer gesagt.

Über unsere Sexualität haben wir kaum gesprochen. Das hat sich so ergeben. Wir waren sehr zärtlich miteinander, hatten immer ein langes Vorspiel und haben den Orgasmus meistens durch manuelle Berührung der Klitoris gekriegt.

Nach drei Jahren lernte ich eine andere Frau kennen, meine jetzige Freundin, mit der ich jetzt seit sechs Jahren zusammenlebe. Die hatte vorher noch nie eine Beziehung gehabt, weder zu einem Mann noch zu einer Frau. Sie hatte, wie sie mir glaubhaft versichert hat, einfach kein Bedürfnis danach, hatte einfach andere Interessen: Musik und Bücher und so.«

Ich frage Anne, wo für sie der Unterschied liegt zwischen einer Beziehung zu einem Mann und einer Beziehung zu einer Frau.

»Mit einer Frau habe ich eine viel größere Chance, wirklich eine gleichberechtigte Beziehung zu haben. Die Arbeit, zum Beispiel auch im Haushalt, wird gerecht aufgeteilt. Ich finde es gut, dass nicht immer der Gedanke da ist: Ich bin der Mann, ich muss das machen, ich bin die Frau, ich bin dafür zuständig. So was fällt in der Beziehung zwischen Frauen völlig weg. Da hat man keine Rolle zu spielen, braucht nicht das Weibchen rauszukehren und auch nicht den starken Mann zu mimen. Man ist man selbst. Bei einer Frau kann ich mich gehen lassen …

Andere Schwierigkeiten in Beziehungen sind natürlich doch vergleichbar. Treue, Eifersucht oder kleine Streitereien. Oft heißt es ja, mit der Eifersucht sei es bei Lesben besonders schlimm. Da ist vielleicht was dran, denn wenn eine Frauenbeziehung auseinander geht, ist die Verlassene ja doch sehr viel einsamer als eine Hetero-Frau. Es ist ja schwierig, überhaupt eine andere Frau zu finden, denn es gibt ja kaum Möglichkeiten,

sich kennen zu lernen, überhaupt voneinander zu wissen. Hier in Münster zum Beispiel gibt es noch nicht einmal ein Lokal, wo man eine Frau kennen lernen könnte. Da müssen wir nach Düsseldorf fahren.
Na ja, und diese Lesbenlokale sind eben auch nicht das Wahre. Häufig sitzen Frauen da sehr verklemmt rum und trauen sich nicht, eine andere anzusprechen. Die Atmosphäre ist nicht viel anders als in Hetero-Pinten. Eine hat Angst vor der anderen. Die wenigsten von uns trauen sich, eine fremde Frau zum Tanzen aufzufordern. Und was mich auch stört, ist, dass in den meisten Frauenlokalen auch Männer reingelassen werden. Oft ältere mit Geld, Voyeure, denen es genügt, den Frauen zuzusehen, oder die welche abschleppen wollen für ein Spielchen zu dritt oder so.«
Was ist für Anne heute das größte Problem bei ihrer Homosexualität?
»Dass sie scheinbar nicht existiert! Ob in Romanen, im Kino, im Fernsehen, auf der Straße – überall nur Hetero-Paare! Als Lesbe kann ich mich überhaupt nicht mit meiner Umwelt identifizieren. Darunter habe ich lange Zeit sehr gelitten, und auch heute noch wird es mir fast täglich bewusst.«
Ich frage sie, wie es zu dem Ausbruch aus ihrer heimlichen Isolation gekommen ist.
»1970 bin ich zum ersten Mal zufällig auf eine Zeitschrift für männliche Homosexuelle gestoßen. Die hatten auch eine Seite ›für die Freundin‹, die mir gar nicht gefiel. Das hab' ich denen geschrieben, und die haben mir geantwortet, ich sollte doch selbst etwas schreiben und ihnen schicken. Das hab' ich dann auch getan. Ein paar Monate später erfuhr ich, dass in Münster eine Homosexuellen-Gruppe existiert. Bei denen bin ich dann prompt Mitglied geworden. Lange war ich die einzige Frau, aber das hat mich gar nicht gestört: Ich hatte mich total mit den Problemen der homosexuellen Männer identifiziert, hab' von mir selbst gesagt: ›Ich bin schwul‹ und dabei ganz vergessen, dass ich eine Frau war und ja ganz andere Probleme hatte als die Typen. Trotzdem war diese Zeit für mich gut und wichtig. Wir haben sehr viel diskutiert, und ich kriegte dadurch überhaupt erst mal

ein Problembewusstsein. Ich hatte ein Aha-Erlebnis nach dem anderen, und mir wurde auch immer klarer, in welches Getto ich selbst und die anderen mich gesperrt hatten.
Jetzt wollte ich raus! Am liebsten hätte ich mir ein Schild um den Hals gehängt: Ich bin lesbisch! Das war so eine richtige Trotzphase. Was jahrelang unterdrückt worden war, brach jetzt auf. Ich habe also meine Mutter eingeweiht. Die hat ziemlich gut reagiert. Sie hat gesagt, es wäre ihr zwar lieber, wenn ich mal mit einem netten Mann nach Hause käme, ›aber wenn du meinst, das ist für dich das Wahre mit einer Frau, dann musst du eben so leben. Ich kann's ja auch nicht ändern‹. Natürlich hat sie in der ersten Zeit noch immer im Hinterkopf die Hoffnung gehabt, da kommt doch noch mal der Richtige … Na, und die Verwandtschaft, die meinte, ich sei ja immer schon ein bisschen ›eigen‹ gewesen, aber schade wäre es doch, dass ein eigentlich doch ganz nettes Mädchen wie ich nicht heiraten wollte. Sehr verständnisvoll waren unsere meisten Freunde und Bekannten. Die haben gesagt, das hätten sie sich schon lange gedacht, und wir sollten da doch jetzt um Gotteswillen kein Drama draus machen, die würden uns akzeptieren, wie wir sind.
In der Zeit fing ich auch an, mich zu fragen, warum gerade ich lesbisch bin. Ich hab' zwar nie den Wunsch gehabt, ›normal‹ zu sein, denn die Homosexualität ist einfach ein Stück von mir, und ich kann mir nicht vorstellen, einen Mann zu lieben. Aber die Ursache hat mich schon interessiert, und ehrlich gesagt knapse ich da heut' noch dran rum. Sicher, mir ist klar, dass von Natur aus grundsätzlich jeder Mensch bisexuell ist und dass das anerzogen ist. Aber warum habe gerade ich nicht so reagiert wie die Norm?
Mit der Zeit wurde mir auch klar, dass homosexuelle Männer andere Probleme haben als homosexuelle Frauen. Unser Problem ist ja auch das Frausein. Das ist es ja, was man den Lesben am meisten vorwirft: dass sie die traditionelle Frauenrolle verweigern! Ich wollte also mit meiner Freundin zusammen eine Lesbengruppe anregen. Wir haben versucht, hier in der Tageszeitung als ›Homosexuelle Frauengruppe‹ eine Anzeige aufzu-

geben. Die Zeitung hat das aber abgelehnt. Wir haben damals auch nicht gewagt, darauf zu bestehen.
Dann haben wir uns überlegt: Machen wir doch mal 'ne ganz normale Frauengruppe auf. Das war die Zeit mit § 218, wo überall Frauengruppen entstanden, nur hier in Münster war noch keine. Es hat dann auch geklappt, aber es gab ziemliche Schwierigkeiten, weil die so genannten normalen Frauen in der Gruppe vor dem Problem der Homosexualität Angst hatten – die wollten mit so was nicht konfrontiert werden.
Aufgrund verschiedener Zufälligkeiten hat es dann später doch mit einer reinen Lesbengruppe geklappt. Die ist heute hier eine Untergruppe des Frauenzentrums. Wir finden eine Lesbengruppe wichtig, weil wir denken, dass es vielen Frauen so geht, wie es uns früher ging: Dass sie Angst haben, sie könnten lesbisch sein, oder es sich nicht eingestehen und damit völlig allein und hilflos sind. Wir wollen auch Erfahrungen austauschen und in der Gruppe das Gefühl vermitteln, dass man als Lesbe nicht so ein Einzelmonster ist. Wir wollen den betroffenen Frauen zeigen, dass man durchaus glücklich und zufrieden leben kann, obwohl man lesbisch ist – oder gerade, weil man lesbisch ist. Dass man deswegen keine Tabletten schlucken muss ...
Ja, und dann war bei vielen auch einfach der Wunsch da, andere Frauen kennen zu lernen, als Freundin oder auch als mögliche Sexualpartnerin, denn bei heterosexuellen Frauen sind viele Lesben immer sehr verunsichert, wagen nicht, sie anzusprechen. In einer Lesbengruppe aber, da weiß man, woran man ist.
Ich wollte auch endlich mal vor anderen zeigen können, dass ich eine Frau gern habe. Wollte meine Freundin auch mal spontan in den Arm nehmen können oder ihr einen Kuss geben, ohne deswegen gleich wieder denken zu müssen: Jetzt gucken alle blöd. Das kann man sich als ›Normale‹ ja gar nicht vorstellen, was das für ein Terror ist.«
Ich frage Anne, ob sie in den letzten Jahren Nachteile durch ihre offen gelebte Homosexualität hatte. Sie sagt:
»Nein, direkt nicht. Aber vielleicht indirekt. Das weiß ich nicht so genau. Manchmal, wenn zum Beispiel eine Nachbarin schief

guckt, dann denke ich: Aha, das ist bestimmt deswegen. Oder vielleicht deswegen. Aber das kann natürlich Einbildung sein. Viele von uns haben schon so einen richtigen Verfolgungstick, meinen, die Leute hätten nichts anderes zu tun, als über unser Lesbischsein nachzudenken. Das kommt wahrscheinlich daher, dass man selbst so damit beschäftigt ist.«

Anne H. arbeitet seit zwei Jahren in einem Unternehmen, in dem sie die alleinige Sekretärin ist und für den meist abwesenden Boss alles schmeißt. Sie ist nicht sehr zufrieden in ihrem Job, findet ihn aber auch nicht schlecht.

»Vorher, in der großen Firma, da war es schlimmer, da hat mir so einiges gestunken. Alle Frauen dort waren in untergeordneten Positionen. Nach der Lehre wurden die Mädchen automatisch Tipsen und die Jungen Sachbearbeiter – obwohl beide die gleiche Ausbildung hatten.«

Wie ist heute Annes Beziehung zu Männern?

»Ich habe eine ganz gesunde Einstellung zu Männern. Das heißt, ich komme gut mit ihnen aus. Aber sie interessieren mich einfach nicht sonderlich. Ich kann mich Männern gegenüber mittlerweile ziemlich frei verhalten, merke aber oft, dass sie sehr verunsichert sind, sobald eine Frau nicht das Weibchen spielt. Manchmal fällt das auf mich zurück, und ich fühle mich dann auch unfrei denen gegenüber. Deshalb finde ich Mann-Frau-Beziehungen, so wie sie heute laufen, so verkrampft und unnatürlich.

Annes Jungmädchenzeit verläuft ähnlich wie die von Alexandra: intime emotionale Beziehungen zu Freundinnen, Funktionalisierung der Jungen. Aber sie zieht andere Konsequenzen. Sie verweigert zunächst durchgängig die Frauenrolle, spielt (wie viele Mädchen) lieber Jungenspiele, »weil die spannender sind«, und bricht ihre Versuche der Anpassung nach einigen Jahren ab.

Welche Faktoren Anne die Verweigerung der heterosexuellen Norm möglich machten, lässt sich nicht verbindlich sagen. Sicher ist, dass ihre atypisch freie Kindheit sowie die Identifikation mit ihrer Mutter als starker Persönlichkeit dazu beigetragen haben. Welche Sanktionen Frauen bei der Aussperrung der Männer aus ihrem Privatbereich zu erwarten haben, beschreibt Anne konkret. Ihr Beispiel zeigt auch, dass die Reaktionen der Umwelt zum Teil von der Einstellung der Frau selbst zu ihrer Homosexualität bestimmt sind.

Weibliche Homosexualität ist in einem viel stärkeren Ausmaß tabuisiert als männliche. Sie existiert einfach nicht: der Gesetzgeber hielt sie früher noch nicht einmal für würdig, bestraft zu werden. Da, wo sie auftaucht, versucht eine voyeuristische Männergesellschaft, sie als exotisches Anhängsel in die männerdominierende Sexualität zu integrieren. Nur jede zehnte wissenschaftliche Untersuchung der Homosexualität beschäftigt sich bezeichnenderweise mit der weiblichen (obwohl ihre Ursachen und Formen nicht mit der männlichen zu vergleichen sind).

Schätzungen sprechen von ein bis zwei Millionen lesbischer Frauen in der BRD. Dazu gibt es nur eine einzige aktuelle Untersuchung, nämlich die von Dr. Siegfried Schäfer am Hamburger Institut für Sexualforschung. Sie zeigt, wie typisch Annes Lebensweg ist. Jede vierte aktiv homosexuelle Frau unternimmt einen Selbstmordversuch. Jede vierte ist in therapeutischer oder psychiatrischer Behandlung.

Vor einem Jahr erst erklärte ein internationaler Psychiater-Kongress, Homosexualität sei »keine Krankheit« – bis dahin galt sie als »Perversion«. Wie Lesbierinnen heute behandelt werden, hängt weitgehend von der persönlichen Einstellung des jeweiligen Experten ab, meist Freudianer, für die die klitorale Sexualität Ausdruck von Unreife und Homosexualität Perversion bleibt. Die Skala geht vom wohlmeinenden Rat, alles zu vergessen und zu heiraten, über Elektroschocks bis – sehr rar! – zu einem freundlichen Schulterzucken und der Bemerkung: »Hauptsache Sie fühlen sich wohl, dann ist es egal, ob es eine Frau oder ein Mann ist.«

Auch Annes Streben nach einer gleichberechtigten Beziehung ist, so untermauert die Schäfer-Untersuchung, bezeichnend für Lesbierinnen. Auf die Frage, welche Eigenschaft sie am meisten an ihrer Freundin schätzen, antworteten 94 % der Frauen mit homosexueller Erfahrung: »Selbständigkeit und Selbstbewusstsein.« Wer sich Selbständigkeit der Partnerin wünscht, will nicht ihre Abhängigkeit. Homosexuelle Frauen verweigern also nicht nur die Frauenrolle, sondern auch die heterosexuelle Macht-Ohnmacht-Hierarchie – bisher oft unbewusst, heute zunehmend bewusster, vor allem auch in den politischen Frauengruppen. Verweigerung der »Weiblichkeit« ist also nicht gleichzusetzen mit Identifikation mit der »Männerwelt« (wie es Lesbierinnen oft unterstellt wird). Die partielle Übernahme von heute nur Männern reservierten Verhaltensweisen – wie Aktivität und Aggressivität – hat nicht zwangsläufig etwas mit Männerimitation zu tun. Sie könnte im Gegenteil eine Erweiterung der weiblichen Persönlichkeit bedeuten, die bisher an ihre Rolle gefesselt war. Das gilt für Frauen mit homosexuellen Beziehungen ebenso wie für Frauen mit heterosexuellen Beziehungen. Annes berufliche Sackgassen-Situation, ihre typische Frauenfunktion in diesem Bereich zum Beispiel zeigt, dass die private Verweigerung allein noch nicht automatisch auch vor der gesellschaftlichen Frauenrolle schützt.

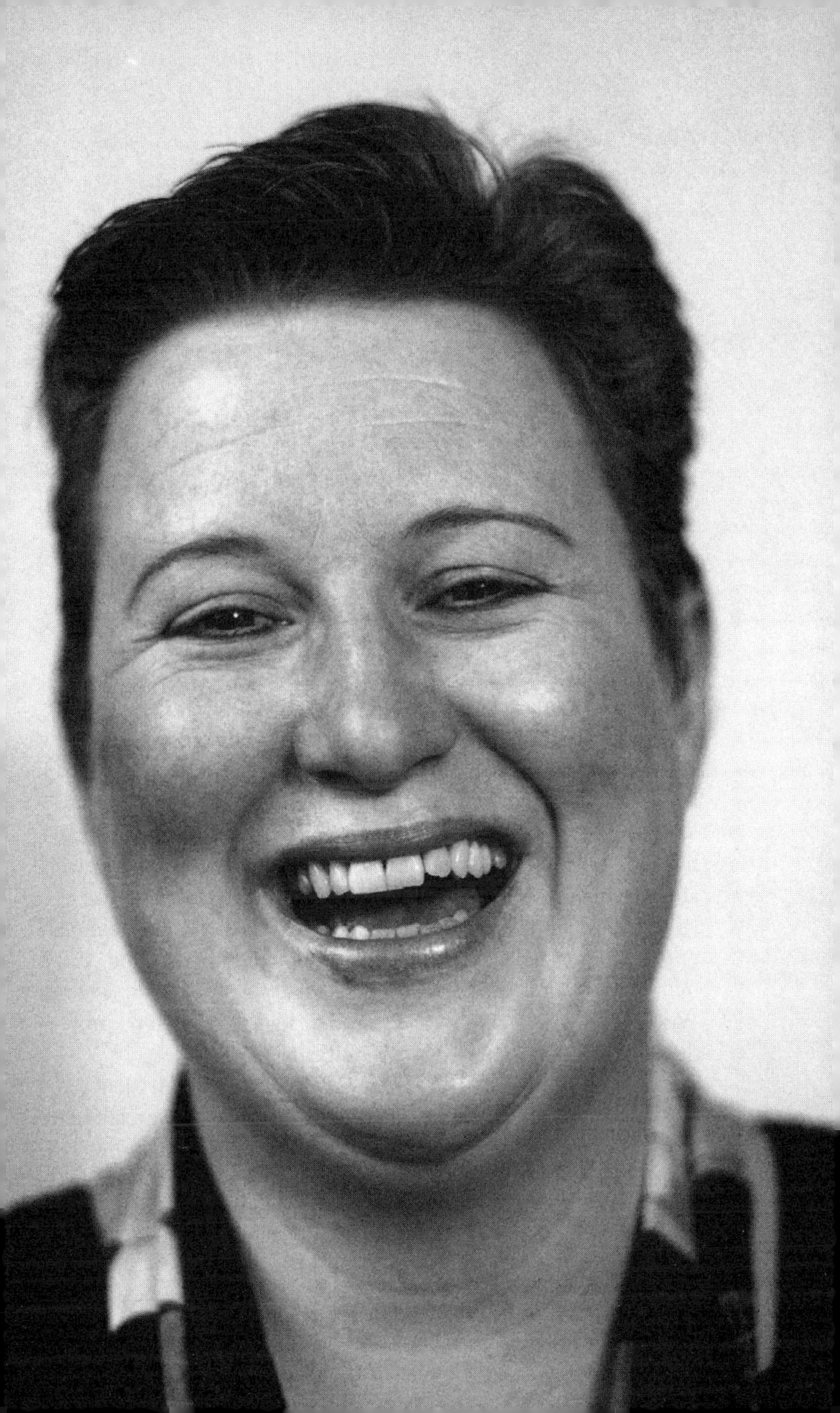

Anke L., 24 Jahre, Studentin, ledig

Ich kenne Anke seit einigen Monaten. Wir haben manchmal beruflich miteinander zu tun und haben uns dabei ein wenig angefreundet. Sie lebt in einer konservativen Universitätsstadt. Anke macht einen sehr selbständigen, sicheren und auch sinnlichen Eindruck – sie gehört ohne Zweifel zu der Sorte Frau, der »die Männer hinterherlaufen«. Ich weiß von ihr, dass sie mit zwei Männern zusammenwohnt und zu beiden eine Beziehung hat (die Männer haben beide nur mit ihr eine sexuelle Beziehung). Sie ist die einzige Frau, die ich kenne, die eine solche Konstellation, und das auch noch in ein und derselben Wohnung, zu bewältigen scheint.

Unser Gespräch entstand zufällig. Wir saßen zusammen im Auto, ich erzählte von meiner Arbeit und fragte sie, mehr beiläufig, wie das denn bei ihr sei. Ankes Antwort: »Ich bin da total atypisch. Mich darfst du nicht fragen. Ich konnte lange überhaupt nicht mit Männern schlafen – es war eine einzige Katastrophe.« – Ich sage Anke, dass ihre Erfahrung so atypisch nicht zu sein scheint. Ich bin neugierig geworden: Auch ihre Realität entspricht ganz offensichtlich überhaupt nicht dem Bild, das man sich von ihr macht.

Wir sehen uns in den darauf folgenden Tagen zweimal mehrere Stunden lang, in denen sie mir viel über sich erzählt.

Vorweg ist zu sagen, dass Ankes atypische Aktivität sich aus ihrer Kindheit erklärt, in der sie einfach gezwungen war, ihr Leben in die Hand zu nehmen: Sie ist unehelich geboren. Ihre Mutter, die später heiratete (und neben mehreren Geburten neunmal abgetrieben hat!) weiß nicht, wohin mit dem Kind, und gibt es in ein Heim. Der Großvater holt sie da wieder weg und bringt sie bei Pflegeeltern unter.

»Die waren sehr arm. Er war Maurer, sie Putzfrau. Ich hatte noch nicht mal mein eigenes Bett und schlief bei denen auf der Ritze. Aber sie waren sehr lieb zu mir, und ich habe da eigentlich nur gute Erinnerungen.«

Mit zehn kommt sie in ein katholisches Waisenheim. Da bleibt sie ein paar Jahre, hat aber – so sieht sie im Rückblick – innerhalb der Kinder eine privilegierte Stellung, da der Großvater sich weiter um sie kümmert »und den Nonnen auch ab und zu Äpfel mitbringt«.

Mit 13 wird sie von ihrem biologischen Vater, der immer den Kontakt zu ihr gehalten und sie auch oft besucht hat, aus dem Heim geholt. Der Vater ist Rechtsanwalt. Als er heiratet, ist die Bedingung an seine Frau – die bis dahin selbständig gelebt und einen Beruf ausgeübt hat –, dass sie zu Hause bleibt, damit er das Kind aus dem Heim holen kann. So geschieht es.

Anke hat Glück. Die neue Mutter – nun die dritte, zu der sie Mutti sagt – ist sehr verständnisvoll mit ihr. Das Kind lebt sich nach Anfangsschwierigkeiten in das neue Milieu ein.

Ihre Tage bekommt sie mit 13. »Wenn du 14 bist«, sagt die Mutter, »erzähl ich dir, was das ist.«

Als Mädchen gilt Anke als »burschikos«. Sie erinnert sich:

»Bis ich 15/16 war, haben die Lehrer mich immer unheimlich fertig gemacht. Eine Handarbeitslehrerin hat mir mal gesagt: ›Ich kann mir gar keinen Mann vorstellen, der dich zufrieden stellen könnte. Du bist viel zu anspruchsvoll.‹ Sie hat es vielleicht sogar positiv gemeint, aber ich fand das damals sehr negativ. Ich begriff, dass ich an meinem Verhalten etwas ändern musste.«

Sie hat eine »beste Freundin«, mit der sie eine enge emotionale Beziehung hat. Jungen sind für sie mehr »Bestätigung«: »Das lief einfach auf einer anderen Ebene mit denen.« Ab 16 passt sie sich zunehmend dem von ihr erwarteten Bild an, sie schickt sich in die Mädchenrolle. Ihre Zukunftsperspektive:

»Entweder Krankengymnastin oder Lehrerin. Später dann Hausfrau mit drei Kindern. Heiraten war wichtig für mich, und

auch, dass der Mann erfolgreich ist – aber auch, dass ich ihm bei diesem Erfolg helfe. Denn das hatte ich ja schon mitgekriegt, dass ich Fähigkeiten hatte, und die wollte ich auch anwenden – aber immer nur für den Partner, nicht für mich selbst.
Am liebsten hab ich mir vorgestellt, dass er eine Praxis hat, wo ich dann Sekretärin spielen kann, nett zu den Leuten bin und Werbung für ihn mache. Etwas für ihn mit aufbauen, das habe ich mir ideal vorgestellt.«
Seit der Tanzstunde hat Anke einen Freund, der auf derselben Schule ist wie sie. Sie findet ihn »unheimlich dufte« und denkt auch, dass er sie »intellektuell weiterbringen« wird. Über die Sexualität mit ihm erzählt sie:
»Die ersten vier Jahre haben wir nicht zusammen geschlafen, sondern immer nur so rumgeschmust. Und das war auch sehr schön, das hat einen ganz wesentlichen Teil unserer Beziehung ausgemacht. Da hab' ich mich schon vorher immer drauf gefreut, auch wenn's anschließend immer ein bisschen peinlich war, und ich mit hochrotem Kopf nach Hause kam.
Warum wir zunächst nicht miteinander geschlafen haben? Wir sind beide so erzogen worden, dass wir das unmoralisch fanden. Und ich hatte natürlich auch Angst vor einem Kind. Er kam aus einer Familie, wo zwar über diese Dinge gesprochen wurde, aber doch in einer bestimmten Weise: Der Vater war Gynäkologe und katholisch und machte auch so eine Art Eheberatung.
Wir haben uns also immer viel gestreichelt, auch nackt. Ich war ziemlich fixiert auf meinen Busen. Stundenlang haben wir im Bett gelegen oder auf irgendwelchen Wiesen und uns angefasst – ich war immer ganz weg. Das hat mir sehr gefallen.«
Die präzise Beschreibung von Sexualität – und dann auch noch der eigenen – fällt Anke, wie uns allen, schwer: Worte, Wissen und Unbefangenheit fehlen. Ich frage, wann sie defloriert wurde.
»Das ist sehr schwer zu sagen … Also, mit 18 oder 19 habe ich zum ersten Mal seinen Penis wahrgenommen, das heißt, den erigierten Penis. Ich muss wohl ziemlich gestört gewesen sein, aber ich hab' das vorher einfach nicht gemerkt, dass das so riesig ist.

Als er dann zum ersten Mal meine Hand an seinen Penis führt, habe ich mich zu Tode erschrocken. Ich hab aufgeschrien und gesagt: Ich kann nicht! Das ist ja ganz entsetzlich! Das ist ja wie eine Schlange! Das hab ich ja gar nicht gewusst …
Jürgen hat sich dann sehr nett benommen. Er hat mir gesagt, das gehört nun mal zu mir und das musst du auch akzeptieren. Mit der Zeit hat meine Panik sich ein wenig gelegt.
So richtig miteinander geschlafen haben wir dann aber erst wesentlich später, so anderthalb Jahre danach. Wir studierten beide schon, und ich habe es auch sehr gewollt, weil ich dachte: Wir heiraten ja doch mal, und wir sind jetzt schon vier Jahre zusammen – irgendwann muss man es ja mal bringen. Also, das Bedürfnis hatte ich eigentlich nicht. Das heißt, sexuelle Bedürfnisse hatte ich schon, nur waren die nicht darauf konzentriert. Das konnte ja auch gar nicht mein Bedürfnis sein! Wenn du vier Jahre lang andere Praktiken hattest, dann ist das ganz merkwürdig und kaum einzusehen, warum du nun plötzlich von heut' auf morgen was anderes machen sollst.
Wir haben es dann doch ein paar Mal versucht, es war schrecklich. Es tat mir weh. Er kam einfach nicht durch. Ich fand das eigentlich gar nicht so schlimm, denn für mich war es ja genauso befriedigend, wenn er mich streichelte. Und meine Mutter hatte mir ja auch gesagt: Als Frau hat man eigentlich da erst viel später was von. Deswegen habe ich das eigentlich als normal aufgefasst und hätte mich eher gewundert, wenn es geklappt hätte. Außerdem hatte ich die ganze Prozedur vorher schon mal mit 'ner Freundin erlebt. Der war es genauso gegangen, und die hatte mir alles haarklein erzählt. Zu einem Problem wurde die Geschichte erst, als ich beim Gynäkologen gewesen war. Zu dem bin ich hin, weil ich endlich mal wissen wollte, ob es nun geklappt hatte oder nicht – also, ob ich das Jungfernhäutchen noch hatte oder nicht. Außerdem wollte ich mir die Pille verschreiben lassen. Eigentlich hatte ich ziemlich viel Vertrauen zu dem Arzt, das war nämlich der Arzt meiner Mutter, der ich alles erzählt hatte, und die mich dann dahin geschickt hatte. Wohl, weil sie gedacht hat, ich wäre da besser aufgehoben als bei einem fremden Arzt.

Sie war da ein bisschen misstrauisch, hatte wohl nicht so gute Erfahrungen gemacht mit Gynäkologen.
Ja, und das war dann ganz entsetzlich! Es war das erste Mal, dass ich mich da hab' untersuchen lassen. Ich wusste auch gar nicht, dass es da so einen Stuhl gibt. Als er versuchte, da reinzufassen, hab' ich mich verkrampft, total verkrampft. Er kam gar nicht rein. Und da hat der zu mir gesagt: ›Mädchen, du verhältst dich ja wie im Mittelalter. Da kommt ja kein Eisenglied durch!‹ – Mir wird jetzt noch ganz übel, wenn ich dran denke. Worte wie Glied hab ich zu diesem Zeitpunkt überhaupt nicht in den Mund genommen, und dann auch noch Eisenglied … ja, und dann hat er noch gesagt: ›Deinem Freund müsste man eigentlich eine Freundin besorgen, das muss ja eine Tortur für den sein.‹
Ich hab mir nichts anmerken lassen, aber draußen bin ich heulend nach Hause gelaufen.
Diese Erfahrung war – so schätze ich das im Nachhinein ein – eine grundlegende Veränderung meiner Einstellung zu meiner eigenen Sexualität. Mein Freund war zwar nett zu mir, hat mir gesagt: das ist doch ein ganz blödes Schwein! Nimm dir das nicht so zu Herzen! – nur war er natürlich nicht der Betroffene. Er konnte nicht verhindern, dass ich nun total verängstigt war und – wenn das nicht klappte – mir allein die Schuld gab. Schuld sind da eben immer die Frauen.
Auf ihn hat das alles bestimmt auch nicht seine Wirkung verfehlt. Dabei hatte er – wie ich später begriffen habe – keine Ahnung und hat wirklich ziemlich viel falsch gemacht. Er wollt' immer mit seinem Penis so total ungeschickt durchstoßen – so, als ob das nun mit einem Stoß klappen müsste. So geht das natürlich nicht. Ich habe später erlebt, dass einer das dann auch mal mit der Zunge befeuchtet hat, wenn ich ein wenig trocken war, dass einfach eine ganz andere Intimität vorhanden war! Das sind Dinge, die kann man lernen.
Nur hab' ich damals nach dem Besuch bei dem Arzt immer gedacht: Ich bin es, die sich so blöd anstellt. Ich bin total unnormal und verkrampft! – Das hat zwei Jahre gedauert … Ich hab gedacht, ich lern' das nie.

Durch diese Geschichte klappte dann mit der Zeit gar nichts mehr. Ich konnte mich nicht mehr anfassen lassen, hatte immer Busenschmerzen, weil ich die Pille nahm, fand alles furchtbar. Mir wurde alles zuwider.«
Anke steigert in dieser Zeit ihre Abwehr bis zum körperlichen Phänomen und bekommt einen Vaginismus.
Ich frage sie, ob sie masturbiert hat.
»Ja, immer ziemlich viel und immer bis zum Orgasmus. Ich habe mich dabei mit der Hand an der Klitoris angefasst, immer nur außen, nie in der Vagina.«
Ist sie jemals auf den Gedanken gekommen, ihm zu sagen, er solle sie so berühren, wie sie sich selbst berührt?
»Nein. Ich hätte auch gar nicht gewagt, ihm zu sagen, dass ich mich selbst befriedige.«
Ist sie also auch nie auf den Gedanken gekommen, dass man diese Quälerei auch lassen könnte und sich einfach so, ohne Koitus, gegenseitig bis zum Orgasmus befriedigen könnte? Wie sie es früher ja auch gemacht hatte?
»Undenkbar! Der Penis, das war für mich einfach die Form des Geschlechtsverkehrs. Das musste so sein. So schlief ja nun jeder miteinander. Es war für mich eine unheimliche Belastung, dass das nicht so klappte. Alles andere wäre nur eine Notlösung für mich gewesen – obwohl ich das vorher ja so schön gefunden hatte.
Mit der Zeit hab' ich auch mitgekriegt, dass ich generell auf Männer eine erotisierende Wirkung habe. Ob das nun mit meinem großen Busen zusammenhängt oder was – ich weiß nicht. Jedenfalls war das für mich sehr belastend. Ich hab' mir immer vorgestellt, was wäre, wenn die mit mir schlafen wollten, und ich denen dann sagen müsste, dass das nicht geht … Deswegen war ich froh, dass ich in einer ganz festen Zweierbeziehung war, aus der ich gar nicht ausbrechen konnte. So hatte ich meine Bestätigung einerseits, ohne mich andererseits der Gefahr aussetzen zu müssen.«
Ich frage Anke, wie damals die Beziehung zu ihrem Freund außerhalb der Sexualität aussah?

»Ich bin temperamentvoll, er ist ruhig. Er hat also bei mir genau die Eigenschaften gesehen, die er nicht hat. Es hat mich sehr bestätigt, dass er mich gut fand. Na, und bei ihm fand ich dufte, was er dachte und wie er die Dinge einschätzte. Eigentlich hatten wir typische Mann-Frau-Rollen: er war intellektuell, ich war emotional. Und ich hab' das auch absichtlich noch gefördert. Ich hab' mir mächtig Gedanken gemacht, was er studieren könnte, hab' mich für ihn eingesetzt, ihm einen Studienplatz besorgt – für mich selbst hätte ich nie so einen Wirbel gemacht! Er studierte dann Psychologie, und ich ging, klar, zur Pädagogischen Hochschule, wollte Lehrerin werden. Für die Zukunft hab' ich mir damals, also noch vor zwei Jahren, immer nur vorgestellt, dass wir eine gesicherte Existenz haben werden, er seine Karriere macht und ich für ihn da bin. Lehrerin ist ganz günstig, dachte ich, wenn der Mann mal stirbt oder so, dann ist man abgesichert. Außerdem kann man dann besser die eigenen Kinder erziehen. Aber es wäre für mich zum Beispiel untragbar gewesen, wenn er PH gemacht hätte, und ich hätte Psychologie studiert. Dann hätte ich ihn bestimmt bequatscht: Das geht doch nicht! Das ist doch kein Studium …

Ich habe damals auch für ihn mitgejobt, damit wir mehr Geld hatten. Ich wollte nicht, dass er arbeitet. Er sollte sich seinem Studium widmen. Er selbst fand das unsinnig, aber ich hab' drauf bestanden. Und in der ganzen Zeit habe ich überhaupt keine eigenen Interessen entwickelt. Das Tragische ist, dass es mir auch noch Spaß gemacht hat!«

Anke wird – obwohl sie immer noch nicht weiß, was das ist, ein Koitus, und sie oft wegen der »Quälerei« Rückenschmerzen vorschiebt – schwanger. »Das muss da irgendwie reingegluckert sein.« Sie ist ziemlich verzweifelt, weiß nicht, was sie machen soll, und entdeckt in diesen Wochen, dass sie mit ihrem Problem allein ist. Tagsüber ist Jürgen nicht da, abends ist er zu müde, um mit ihr darüber zu reden. Er überlässt ihr die Entscheidung, möchte aber eigentlich lieber noch kein Kind. Sie entschließt sich, abzutreiben. In der holländischen Klinik, in der sie landet, taucht das Problem mit ihrem Scheidenkrampf wieder auf. Sie kann kaum untersucht werden. »Das hat sich in der Klinik schnell rumgesprochen, dass ich da Probleme habe. Zwei Ärzte kamen und haben sehr lieb mit mir gesprochen. Als ein Arzt mich dann untersuchen wollte, setzte der drei-, viermal an und es klappte immer nicht. Ich konnte mich einfach nicht lockern. Ich dachte, ich schaff' das nie.

Dann kam eine Ärztin, und die versuchte es auch. Mit ihr hat es irgendwie geklappt. Sie war ganz behutsam und verständnisvoll. Während sie die Sonde einführte, hat sie immer zu mir gesagt: ›Sie machen das ja ganz toll! Das geht ja viel besser, als ich dachte.‹ – Was natürlich überhaupt nicht stimmte. Die mussten mir zwischendurch – während der Absaugung – nochmal zwei Spritzen geben, weil es so lange dauerte. Aber das hat mich so unheimlich ermutigt, dass sie das gesagt hat. Anschließend hat sie mich in den Arm genommen und zwei Krankenschwestern haben mich gestreichelt und mir die Hand gehalten. Ich kann gar nicht sagen, wie mich das gestärkt hat. Obwohl das doch eigentlich ein trauriger Anlass war, ist die Geschichte dadurch für mich zu einem sehr wichtigen und letztlich positiven Erlebnis geworden! Die Berührungen und auch, dass die so verständnisvoll waren – ich habe da so ein ganz neues Zutrauen zu mir selbst gefasst.

Aber wie ich dann zurückkam, wurde es gleich wieder schlimmer. Einmal dadurch, dass der Vater meines Freundes mit mir gesprochen hat. Das ist ja ein katholischer Gynäkologe. Der hat mir dann gesagt, das sei alles eine reine Einstellungssache. Frauen müssten sich offen machen, müssten hingebungsvoll sein und den Penis akzeptieren, den Mann annehmen, wie er nun einmal ist. Das war vielleicht lieb gemeint, aber dadurch wurde mir nur immer wieder deutlich gemacht, dass ich diejenige war, die alles falsch machte. Schlimm war für mich auch, dass ich ja früher sexuell empfinden konnte und nun alles kaputt war …«

Anke gerät bei der Nachuntersuchung zum Schwangerschaftsabbruch an einen jungen Gynäkologen an der Universitätsklinik, der, als sie zurückzuckt bei der Untersuchung – nicht ohne ihn vorher über »ihr Problem« informiert zu haben – zu ihr sagt:

»Na, wenn Sie schon 'ne Abtreibung gemacht haben, müssten Sie doch anderes gewöhnt sein. Sind Sie denn überhaupt sicher, dass Sie schwanger waren? Vielleicht haben Sie sich das alles nur eingebildet?«
Anke ist inzwischen schon sicherer als bei ihrem ersten Gynäkologen-Besuch. Sie wird ärgerlich. Schließlich hat sie leichtes Fieber und Angst vor Komplikationen als Folge der Abtreibung. Sie bittet ihn also, ihr zu glauben, dass sie eine Abtreibung hinter sich hat, und sie jetzt endlich zu untersuchen. Und sie fragt noch, ob er seine Patientinnen immer so verunsichern würde? – Das ist zu viel. Der Arzt erklärt ihr, er habe das gar nicht nötig, sich so etwas sagen zu lassen, und schickt sie nach Hause. Ohne Untersuchung. Den Krankenschein behält er.
»Ich war total durchgedreht, weil ich mich als Frau wieder so total in Frage gestellt fühlte, weil der mir noch nicht einmal glaubte, dass ich schwanger gewesen war ...
Dass ich mit Männern nicht normal schlafen konnte, wurde nun zu meinem größten Problem. Ich fühlte mich als Mensch zweiter Klasse. Ich dachte, du kannst durch alle Examen fallen, überall versagen, aber das musst du jetzt bringen!«
Anke gerät an eine Gynäkologin, die zwar konservativ und katholisch ist, die aber sehr lieb mit ihr spricht, ihr sagt, dass viele Frauen dieses Problem haben. Sie versucht, es auf der technischen Ebene zu lösen, rät ihr, Nivea zu benutzen und eine andere Haltung einzunehmen: »Sie haben ja eine Haltung wie bei einer sportlichen Übung. Machen Sie nicht so ein Hohlkreuz!«
Allein der Gedanke, dass sie nicht die Einzige ist und dass es vielleicht eine Lösung gibt, ermutigt Anke.
In dieser Zeit beschäftigt sie sich zunehmend mit einem gemeinsamen Freund, Klaus, den sie beschreibt als »nett und schüchtern, ein Junge, der unheimliche Schwierigkeiten hatte«. Anfangs mochte sie diesen Klaus gar nicht. Er war das ganze Gegenteil ihres langjährigen Freundes Jürgen, war eben nicht so überlegen, so klug, so sicher, so männlich. Kein Prestigemann. Auf einer gemeinsamen Reise lernen sie sich ein wenig besser kennen. Sie findet seine scheue Zurückhaltung und seine verhaltene

Zärtlichkeit »erotisierend«: »Außerdem brauchte ich ja keine Angst vor ihm zu haben, weil ich ja wusste, dass er mir schon wegen Jürgen nie etwas tun würde, sich nicht trauen würde, von mir was zu wollen.« Sie erzählt Klaus von ihren Schwierigkeiten, und eines Tages schlafen die beiden miteinander – ohne sich gegenseitig etwas vorzumachen und im Wissen um ihrer beider Ängste und Verklemmungen. Anke hat zum ersten Mal in ihrem Leben einen Orgasmus mit einem Mann.

»Als ich den Penis in mich eindringen spürte, war das für mich ein wahrer Triumph! Ich hatte es endlich geschafft! Ich fand es auch irre schön. Ich glaube, ich bin da jetzt ziemlich penisfixiert. Er hat das auch ganz toll gemacht. Die Bewegungen waren viel zärtlicher, er tat mir nicht so weh wie Jürgen.«

Als ich sie bitte, mir das Gefühl beim Orgasmus genau zu beschreiben, herrscht einen Augenblick lang Verwirrung. Dann stellt sich heraus, dass sie die Sexualität mit Klaus, mit dem sie jetzt seit zwei Jahren schläft, zwar als beglückend empfindet, dass sie aber das, was den Orgasmus ausmacht, negativ findet.

»Gegen dieses psychische Ausgeliefertsein kämpfe ich immer an. Ich fühle mich dann so offen, so passiv. Ich dachte immer, das ist typisch weiblich. Das muss ich überwinden! Ich habe versucht, dagegen anzukommen, es aber nicht geschafft.«

Anke hat diese Angst nicht analysieren können und dachte wieder einmal, es handele sich hier um ihre ganz persönliche Macke.

Heute lebt sie mit beiden Männern zusammen: mit ihrem alten Freund Jürgen und dem neuen Freund Klaus. Die gemeinsamen Wohnpläne hatten alle drei schon, noch bevor Anke das Verhältnis mit Klaus anfing. Es sieht so aus, als sei die Beziehung zu Jürgen in der Endphase, nur die zu Klaus scheint Gegenwart und vielleicht auch Zukunft zu haben. Anke beschreibt, wie es zu der Bewusstwerdung ihrer Entfremdung zu Jürgen kam:

»Früher war das so: Ich selbst habe leider von Anfang an, schon in der Schule, so eine richtige Arbeitsteilung mit ihm praktiziert – er hat gedacht, ich habe gefühlt. Ich habe ihn zum Beispiel oft meine Arbeiten schreiben lassen. Ich selbst habe stagniert. Das ging bis vor etwa einem Jahr so.

Eines Tages habe ich dann im Zuge meiner Diplomarbeit – die schreibe ich über die Frauenbewegung – Studentinnen getroffen, die auch hier im Frauenzentrum aktiv sind. Mit denen habe ich öfter diskutiert. Und da hat sich mit einer ziemlichen Geschwindigkeit einiges bei mir verändert. Das fing so an, dass ich plötzlich in einigen Fragen einen anderen Standpunkt hatte als Jürgen. Ich fing an zu merken, dass unsere frühere scheinbare Übereinstimmung nur dadurch entstehen konnte, dass ich mich ihm ganz selbstverständlich angepasst hatte, dass ich selbst gar nicht existierte.
Jürgen scheint sich angegriffen zu fühlen. Vielleicht zu Recht. Unsere Rollenverteilung ändert sich. Ich bin nicht mehr bereit, ihn für mich denken zu lassen, und wir haben zunehmend unterschiedliche Ansichten. Ich fange auch an, politisch selbständiger zu werden, kritisiere ihn auch. Ich finde ihn zu konservativ und teile seine Vorstellungen von seiner Arbeit, die Art, wie er Verhaltenstherapie macht, überhaupt nicht mehr. Ich denke, dass man mit einer Therapie die Leute nicht nur so oberflächlich wieder flottmachen darf, sondern dass man nach den Gründen für ihre Schwierigkeiten fragen muss. Na, und wenn ich die Flirts sehe, die er jetzt manchmal hat … So total angepasste Weibchen, die ihn anhimmeln. Das sagt natürlich auch was über sein Frauenbild!
Ich fange auch an, mich mit mir selbst zu befassen. Seine Probleme rangieren für mich nicht mehr vor allem anderen, sie interessieren mich nicht mehr sonderlich.
Schlafen kann ich überhaupt nicht mehr mit ihm. Ich wagte aber auch noch nicht so richtig, ihm zu sagen, wie gut es mit Klaus klappt.«
Ihre Beziehung zu Klaus ist inniger. Mit ihm kann sie über vieles reden, wenn auch nicht über alles. Er ist Jurist, und manchmal hat sie Angst, dass er »zu sehr versacken wird in seinen Paragraphen und seiner Karriere«. Sie hat nicht mehr die Absicht zu heiraten und auch nicht mehr die furchtbare Angst, die sie früher immer vor dem Ende ihrer Beziehung hatte. »Ich kann mir das heute vorstellen, dass das mal zu Ende geht – mit Jürgen und auch mit Klaus.«

Anke ist heute im Frauenzentrum aktiv. Sie sagt, dass die Freundschaften, die sie da zu einigen Frauen entwickelt hat, für sie sehr wichtig sind. Erst im Gespräch mit ihnen hat sie wieder entdeckt, dass ja die meisten Frauen ähnliche Probleme haben wie sie.
Sie ist auch konfrontiert mit den homosexuellen Frauen im Zentrum. Früher ist sie vor Berührungen von Mädchen richtig »zurückgezuckt«, heute sagt sie, dass für sie eine sexuelle Beziehung mit einer Frau durchaus vorstellbar sei. Sie ist angstfreier geworden und arbeitet mit Elan an ihrer Diplomarbeit. Und sie hat ihre alte Spontanität und Sicherheit wiedergefunden:
»Ich fühle mich heute einfach wohler. Ich mag auch diese blöden Flapsereien mit Männern nicht mehr mitmachen, weil es mir einfach nichts bringt. Früher hab' ich mich ja auch selber so verhalten, hab' die förmlich dazu animiert. Heute habe ich das nicht mehr nötig. Ich merke das zum Beispiel daran, dass ich in diesem Semester keine neuen Männer kennen gelernt habe – was früher undenkbar gewesen wäre. Das war richtig zwanghaft: immer musste ich ein, zwei Eroberungen haben, die auf irgendwelchen Gebieten große Asse waren und die mir dann den Hof machten. Wenn das nicht lief, hab ich mich richtig minderwertig gefühlt …
So was interessiert mich jetzt nicht mehr. Das hab' ich nicht mehr nötig. In diesem Semester habe ich eigentlich mehr neue Frauen kennen gelernt. Es macht mir jetzt Spaß, mit Frauen zu reden, und ich lerne eine Menge dabei.«

Bei Anke, geboren 1951, sehen wir, dass sich in der neuen Generation in der Beziehung der Geschlechter nichts Grundlegendes geändert hat. Auch sie war zunächst in der totalen Unwissenheit und Unsicherheit und bereit zur weiblichen Anpassung und Unterwerfung. Die moderne Variante ist, dass Frauen zwar einen Beruf haben (man weiß ja nie), dass sie aber ihn und all ihre Interessen weiterhin ganz ihrer Funktion als Frau und Mutter unterordnen wollen – so ist es ihnen beigebracht worden. Anke wusste um ihre Fähigkeiten und wollte sie auch einsetzen

– doch immer nur für ihn. Sie begriff sich nicht als eigenständiges Wesen, sondern nur in Bezug auf ihn, sah ihre Existenzberechtigung nur in ihrer Rolle als seine Frau.
Angelpunkt ihrer Selbstbestätigung blieb die Sexualität. Hier akzeptierte sie voll die ihr fremden Normen, hier entschied sich, was sie wert war. (»Dass ich mit Männern nicht normal schlafen konnte, wurde zu meinem größten Problem. Ich dachte, du kannst durch alle Examen fallen, überall versagen, aber das musst du jetzt bringen.«)
Gerade bei Anke wird deutlich, wie aufgesetzt die Norm vom vaginalen Orgasmus ist und welchen Schaden sie anrichten kann. Vorher war sie glücklich und auch sinnlich befriedigt, nach dem ersten »richtigen« Beischlaf war »alles kaputt«. Endgültig niedergeschmettert hat sie jedoch nicht ihr subjektives Leid, sondern die objektive Norm, der sie nicht gerecht werden konnte: Zum Drama wurde ihre Geschichte erst, als Ärzte und Väter ihr beibrachten, dass sie sich nicht »normal« verhält, dass alles ihre Schuld ist. Von da an wurde die Sexualität auch ein Instrument zu ihrer Unterdrückung.
Ankes atypische Kindheit, in der sie stark sein musste, um zu überleben, erleichtert ihr die heutige Konsequenz. Es fällt mir bei ihr wieder auf, dass die Mehrheit der Frauen, die heute die offene Auflehnung gegen bestehende Klischees wagen, »Bastarde« zu sein scheinen: Sie hängen zwischen Klassen, Rassen und Familien; sie sind unehelich, haben nur einen Elternteil oder kommen aus sozialen Randgruppen. Das heißt, sie sind freier, da ihre Gebundenheit an gesellschaftliche Normen gelockert ist. Ihre eigenen Erfahrungen widersprechen oft zu offensichtlich diesen Normen, und der soziale Raum um sie herum ist nicht ganz so erstickend, lässt Platz zum Atmen. (Ich selbst hatte solche Bedingungen, bin unehelich und komme aus einer sozialen Absteigerfamilie.)
Schon die geringsten Anstöße setzten Ankes Bewusstseinsprozess in Gang. Eine Ärztin, die sich menschlich verhält; ein Freund, der Schwächen eingesteht; Gespräche mit anderen Frauen, die ihr klar machen, dass es anderen ähnlich geht.

Dass Anke bisher Angst haben musste, ihren Freund zu verlieren, hatte ganz realistische Gründe. Schließlich riskierte sie damit den Verlust ihrer emotionalen, ökonomischen und intellektuellen Investitionen. Erst jetzt, wo sie für sich selbst arbeitet, selbst beginnt zu existieren, eigene Interessen und Perspektiven entwickelt, erst jetzt könnte sie sich diesen Verlust erlauben – ohne sich dabei selbst zu verlieren.

Cornelia M., 53 Jahre, Prostituierte, geschieden, ein erwachsenes Kind

Am Telefon ist Cornelia M. sehr misstrauisch. Woher ich denn ihren Namen kenne? Ich wäre doch bestimmt die Freundin von ihrem Ehemaligen! Ich kann ihre Bedenken ein wenig zerstreuen und schlage ihr vor, dass sie zu mir in die Wohnung kommt, um sich selbst zu überzeugen. Sie kommt von der Arbeit, nachmittags um vier. Abends um elf ist sie immer noch da. Ihr Bedürfnis, mit einem Menschen zu reden, ist groß.

Frau M. sieht jünger aus, als sie ist. Nur beim näheren Hinschauen sieht man ihre völlig abgearbeiteten Hände und die Müdigkeit in ihrem Gesicht. Sie arbeitet seit 25 Jahren als Prostituierte auf dem Straßenstrich, immer an derselben Stelle, Potsdamer Straße. Sie hat noch nie in ihrem Leben mit einem Mann einen Orgasmus gehabt. »Den kriege ich beim normalen Verkehr überhaupt nicht, sondern nur, wenn ich's mir selber mache.« Für sie ist Prostitution ein Job wie jeder andere.

»Meist geh' ich kurz nach sieben aus dem Haus. Vorher geh' ich nochmal mit den Hunden runter. Gegen Morgen komme ich wieder nach Hause. Manchmal steht es mir jetzt allerdings zum Halse raus. Jetzt geht es wieder los, denk ich dann. Am besten, du heiratest einen ollen Rentner ...«

Über Männer spricht sie zunächst relativ freundlich: »Ich habe viele Stammkunden, manche schon seit 20 Jahren. Die sind wirklich nett.« Dann aber bricht es aus ihr heraus, in immer kürzeren Abständen:

»Die meisten sind wie die Tiere. So, wie die mit uns umgehen, so gehen die auch zu Hause mit ihrer Frau um. 80 Prozent zerbrechen sich nicht den Kopf. Die meisten Männer, die bilden sich bloß darauf so viel ein, eben auf das Ding, das sie da zwischen den Beinen haben – ob das nun größer oder kleiner ist, dicker oder dünner. Aufgrund dessen halten die sich für die Krone der Schöpfung. Das starke Geschlecht!«

Als junges Mädchen hat sie von einem netten Mann, von Kindern und einem Häuschen im Grünen geträumt. Mit 16 hat sie noch geglaubt, dass man vom Küssen Kinder kriegt. Ihre Mutter starb an einer Abtreibung, als sie vier Jahre alt war. Der Vater, ein Artist, war immer unterwegs, und sie kam zur Großmutter. Da ist sie ziemlich frei aufgewachsen. Am liebsten hat sie mit Jungen gespielt, Mädchen waren ihr zu »zimperlich« und zu langweilig.

Als sie zehn war, starb der Vater und hinterließ das Sorgerecht für die kleine Cornelia dem Staat, weil sie, so im Testament wörtlich, »so ein schwieriges Kind« sei. Mit 14 kam sie dann aufs Land.

»Da schickte die Wuppertaler Vormundschaft all ihre Schutzbefohlenen hin. Arbeiten mussten wir von morgens sechs bis in die Nacht. Alle vier Wochen gab's einen freien Tag, und wenn dann Ernte war, fiel der aus. Wir haben geschuftet wie die 30-jährigen Knechte, gearbeitet wie Erwachsene, aber Rechte hatten wir keine.«

Cornelia war in den letzten 30 Jahren zweimal verheiratet und hatte außerdem vier längere Beziehungen zu Männern, die sich im Nachhinein alle als Zuhälter entpuppten. Der letzte wohnte bis vor ein paar Wochen mit in ihrer Zwei-Zimmer-Wohnung in einem Kreuzberger Hinterhaus, für die sie 80 Mark im Monat zahlt und Hof und Gemeinschaftstoilette putzt. Er war zwanzig Jahre jünger und hatte ihr zwei Jahre lang erzählt, er wolle sie heiraten und mit ihr ein Geschäft aufbauen. »In Wirklichkeit hat er aber nur auf meinen mühsam ersparten Bungalow in Spanien spekuliert«, weiß Cornelia M. heute. Und auch, dass er mehreren Frauen gleichzeitig die Ehe versprochen hatte und jetzt eine 15-Jährige heiraten will, die er dann auf den Strich schickt. Cornelia M. hat ihn angezeigt: »Damit hat er bestimmt nicht gerechnet. Die spekulieren dann ja darauf, dass es einer älteren Frau wie mir peinlich ist, zur Polizei zu gehen und zuzugeben, dass sie auf einen jungen Kerl reingefallen ist.«

Er verließ sie von einem Tag auf den anderen.

In ihre Stimme mischt sich oft ein Ton von bitterer Selbstironie. Sie spricht sehr lebhaft.

»Mit 18 hatte ich den ersten Verkehr mit einem Mann. Ich kann mich noch sehr gut erinnern, ich war ja so verliebt. Das war auf einem Dorfball. Er war der schönste Mann. Zwei Tage später stand ich dann am Tor – er musste immer bei uns vorbei, wenn er von der Arbeit kam – und hab' mich gefreut, dass ich ihn nun wiedersehen würde. Da ist der an mir vorbeigegangen und hat so getan, als ob er mich überhaupt nicht kennt. Das war meine erste große Liebe ...«

Sie lacht. Ich frage, ob ihr das nicht wehgetan hat?

»Nee. Und jetzt sage ich Ihnen das, was ich vor zwanzig Jahren, als mich schon mal ein Arzt, der eine Untersuchung über Prostituierte machte, interviewt hat, erzählt habe. Der hat nämlich versucht, herauszufinden, warum ich so eine Abneigung dagegen habe, dass Männer mich anfassen. ›Da hat Ihnen bestimmt mal einer was getan. Da haben Sie sicher ein traumatisches Erlebnis gehabt‹, hat er gesagt. Ich habe dann lange überlegt. Erst ist mir nichts eingefallen. Und dann hab' ich mich plötzlich erinnert. Ich war drei, da hat mich mal ein Mann ins Gebüsch gezogen, hat mir den Finger unten reingesteckt und gesagt: Wenn du schreist, schmeiß ich dich in den Bach! Die haben den dann später gekriegt, und meine Mutter muss ihn auf der Wache halb totgeschlagen haben.

›Sehen Sie‹, hat mir der Arzt gesagt, ›den Schock werden Sie nie verwinden, auch wenn Ihr Leben noch so harmonisch verlaufen wird.‹ Und ich muss sagen, der Mann hat Recht behalten.«

Ich sage ihr, dass mir diese Erklärung allein ein wenig simpel scheint für ihre Allergie gegen männliche Berührungen und dass ihr Leben ja allem Anschein nach auch alles andere als harmonisch verlaufen ist. Sie erzählt weiter. 1943 erlebt sie in einem brennenden Haus der Wuppertaler Innenstadt die Bombardierung und den ersten Phosphorangriff des Zweiten Weltkrieges.

Sie wird evakuiert, verlobt sich – »Er sah aus wie Adolph Wohlbrück und war mein Typ« – und wird ungewollt schwanger.
»Im Sommer 44 habe ich entbunden. Als ich rauskam, hab' ich erfahren, dass er sich in der Zeit mit einer anderen Frau ins Bett gelegt hat. Und da hab' ich ihm den Verlobungsring vor die Füße geschmissen. Großes Geschrei. Meine Schwiegermutter jammerte: Das kannst du doch nicht machen. Alles ist schon bestellt. Das Hochzeitsessen, das Gasthaus. Da hab' ich gesagt: Das könnt ihr alle ohne mich essen! Ich war zu enttäuscht. Das war ja eine große Liebe von mir gewesen.«
Was hat sie sich damals unter Liebe vorgestellt?
»Einen Mann, der gut zu mir ist. Mit dem ich mich verstehe. Der ehrlich ist und treu. So 'ne blöden Gedanken hat man, wenn man jung ist. Da glaubt man, dass das alles stimmt, dass Männer so sind ... Man glaubt das auch später noch. Nur ab und zu, wenn man älter wird, kommen einem die Zweifel. Und die Zeiträume, bis man sich wieder mit jemandem liiert, die werden dann immer größer.«
Und warum gehen Frauen dann doch immer wieder Beziehungen ein?
»Die Gründe sind bestimmt bei jeder Frau anders. Bei der einen ist es die reine Sexualität. Bei der anderen ist es das Gefühl der Zweisamkeit. Bei mir ist es so, dass ich eine erotische Beziehung zu einem Mann nur haben kann, wenn ich auch eine seelische Beziehung zu ihm habe.«
Cornelia M. geht mit ihrem Kind zurück nach Wuppertal, lebt da zunächst in einem Bunker, dann in einem Barackenlager. Zweimal in der Woche fährt sie über Nacht mit einer Freundin nach Vörde, damals »Klein Belgrad« genannt. Da sind Jugoslawen, ehemalige Kriegsgefangene mit amerikanischer Verpflegung. Morgens kommt sie mit einer Tasche Lebensmittel für sich und das Kind zurück. Erst ist es ein fester Freund. Später sind es jedes Mal andere und auch mehrere in einer Nacht.
Als ihr die Fürsorge das Kind wegnimmt (»Wir haben gehört, dass Sie nachts manchmal nicht zu Hause sind«), entführt sie es aus dem Heim und geht zurück in das Dorf, in dem sie evaku-

iert gewesen war, jetzt DDR. Sie entführt ihren Jungen später noch zweimal. Das zweite Mal, als die Eltern des Vaters ihn nicht mehr hergeben wollen, und ein drittes Mal, als er in dem Westberliner Kinderheim, in dem er untergebracht ist, geschlagen wird. Zuletzt landet das Kind doch wieder im Heim – so wie sie früher.

Zunächst aber heiratet sie. Ebenfalls wegen des Kindes. In der DDR nämlich sind inzwischen die Unterlagen der Wuppertaler Polizei angelangt, die auf Auslieferung des entführten Kindes dringt. Als Ledige hätte sie diesen Kampf wahrscheinlich verloren. Sie heiratet also – »Er war ganz sympathisch, und das Kind hätte ja sonst wieder ins Heim gemusst« –, und der ordentlichen Ehefrau lassen die Behörden den Sohn.

Die Ehe hält nicht lange. Eine Pflichtversetzung ärgert Cornelia, sie setzt sich ab nach Westberlin. Das ist 1950. Die Stadt liegt in Trümmern und die Menschen hungern. Cornelia M. ist es leid, sie hat »genug Kohldampf geschoben«. An ihrem 30. Geburtstag holt sie sich die Kontrollkarte für erwerbsmäßige Prostitution.

»Beim ersten Mann, der mir vorher das Geld auf den Tisch gelegt hat, bin ich rot geworden.«

Sie lacht wieder. Seither steht sie auf der Potsdamer Straße. Mit zunehmendem Alter sinken ihre Tarife. Heute bekommt sie nicht mehr als ein Drittel von dem, was junge Frauen verlangen können. Aber die Kosten steigen: Einst bezahlte sie für die Privatabsteige – »Bei so 'ner ollen Frau, die sich ein bisschen nebenher verdient hat« – zwei Mark. Heute nehmen die offiziellen Absteigen, die steuerpflichtigen Hotels, für das einmalige Benutzen eines Raumes 12 bis 15 Mark. (Ein Raum wird innerhalb von 24 Stunden im Schnitt 30- bis 50-mal benutzt.) Cornelia: »Früher hatten die alten Damen immer die Polizei auf dem Hals. ›Kuppelei‹, hieß es dann. Heute sieht man keine Polizei mehr.«

Das Geld in der Prostitution machen Männer: Stundenhotel- und Barbesitzer, Zuhälter und Staat. Die Arbeit machen Frauen. Warum sind Prostituierte auf Stundenhotels angewiesen? »Weil es sonst, allein mit einem Mann, zu gefährlich wäre. Da muss man ja immer damit rechnen, dass die einem die Handtasche wegnehmen oder einem eins vor den Kopf hauen.« Cornelia M. sagt, Bordelle mit festen Zimmertarifen wären ihr lieber.

Und warum brauchen Prostituierte Zuhälter? Aus denselben Gründen, aus denen die meisten Frauen in dieser Gesellschaft auf Männer angewiesen sind, nämlich als emotionalen Bezugspunkt, als sozialen Halt und Schutz. Die Legende vom Zuhälter, der sein ›Pferdchen‹ vor schlagwütiger Kundschaft schützt, trifft nicht zu. Während die Prostituierten draußen anschaffen, spielen ihre Liebhaber drinnen Billard oder Skat und vertrinken ihr Geld. Zuhälter schützen Prostituierte nicht, sondern Prostituierte müssten eher vor Zuhältern geschützt werden, denn zu den gängigen Abhängigkeiten einer Frau vom Mann kommt für die Prostituierte der massive Druck und fast immer auch die organisierte Gewalt. Cornelia M.:

»1951 hatte ich meinen ersten Zuhälter. Man denkt, das ist ein netter Mann, und findet den sympathisch. Wir sparen, heißt es, und bauen uns eine Existenz auf. Aber die geben das Geld alle aus. Und die Frau muss arbeiten wie ein Ochse, bis sie vor Müdigkeit manchmal zusammenbricht. Oft sind mir während der Arbeit die Augen zugefallen, so müde war ich. Na, und die meisten Frauen sind dann so blöd wie ich und denken: Je mehr ich ihm gebe, umso mehr liebt er mich.

Damals, beim Ersten, da musste ich mich morgens, nachdem ich die ganze Nacht gearbeitet hatte, nochmal auf die Straße stellen, um überhaupt Geld für Brötchen zu haben – er hatte in der Nacht alles verspielt und versoffen.

Als ich mich trennen wollte, wollt' er nicht. Und dann wurde er gemein. Männer werden ja meistens gewalttätig. Wenn sie merken, dass ihnen ihr Pferdchen ausreißen will, gibt's eins vor den Kopf.

In unseren Kreisen gehört es sich auch nicht, einen Mann ›verschütt gehen zu lassen‹, wie man sagt. Und wenn der Mann die Frau halb tot schlägt, das ist nicht schlimm. Aber wenn sie hingeht und ihn anzeigt, das ist schlimm. Dann ist sie 'ne schlechte Frau.

Aber umgekehrt, wenn er eine bessere Partie gefunden hat, wo

er noch mehr rausschlagen kann, dann kann die Frau nicht sagen: Hör mal, wir sind doch so lange zusammen, ich liebe dich doch ... Wenn der sagt, er geht, dann geht der.
Ich pfeife auf diese Ehre. Als er mich wieder mal zusammengeschlagen hat, da hab' ich ihn angezeigt. Dann hat er mich erpresst, und ich habe die Anzeige wieder zurückgezogen. Er hat nämlich damals einem so genannten Ringverein angehört ... Damals gab's zwei solcher Unterweltsvereine in Westberlin: der eine, das war der Sparverein Südosten und der andere der Sparverein West – mit denen war nicht gut Kirschen essen. Die haben mich sehr massiv bedroht.
Die sind ja nicht blöd, die Männer, die lassen ihren Dukatenesel nicht so leicht laufen. Ja, und da hab' ich mich wieder mit ihm eingelassen. Aus Angst und wohl auch, weil ich nicht konsequent genug war ... Einmal hab' ich mich ja sogar zur Ehe prügeln lassen. Das war 1964. Er war Alkoholiker und hatte massig Vorstrafen – was ich zunächst natürlich alles nicht wusste. Als es rauskam, hat er mir erzählt, das wird sich jetzt alles ändern und lauter so'n Schmus. Nichts war. Er ging nicht arbeiten, gewalttätig wurde er auch, und er wollte mich partout heiraten. Er hat den Tag der Trauung festgesetzt und wollte mich aufs Standesamt schleifen, wo schon seine Mutter und seine Schwester als Trauzeugen warteten. Und wie ich mich gewehrt habe, hat er mich auf offener Straße zusammengeschlagen. Zwei Tage später bin ich aus nackter Angst dann doch mit ihm aufs Standesamt gegangen. Ich hatte noch ein ganz zerschundenes und blaues Gesicht. Was dann kam, war die Hölle. Ich war oft am ganzen Körper blau. Ein Schlüsselbein hat er mir auch gebrochen. Als ich von Scheidung sprach, hat er versucht, mich zu erwürgen. Als ich mich dann am Tag darauf zur Kripo stehlen konnte – den Hals voller Würgemale! –, da sagt der Beamte: Ja, da hätten Sie gleich gestern kommen müssen. Jetzt machen wir nichts mehr.
Zu meinem Glück wurde er dann wegen einer anderen Sache verhaftet und kam mehrere Jahre ins Gefängnis. 1967 war die Scheidung. 1972 tauchte er morgens um acht vor meiner Wohnungstür auf und trat die Türe ein. Aus Angst bin ich im Nacht-

hemd auf den Hof gelaufen. Er mir nach. Da hat er mich dann zu Boden geschmissen, mir mit den Schuhen in den Unterleib getreten und geschrien: Warum hast du mir im Knast kein Geld gegeben?! Und dann hat er mir noch gedroht: Ich bring' dich um!«
Frau M. nennt mir den Polizeibeamten, dem sie das damals alles gemeldet hat, sagt, dass er heute noch im Amt in der Keithstraße sitzt und dass ich mich bei ihm überzeugen könne, dass das, was sie erzählt, alles stimmt. Sie resümiert:
»Für alle Männer, die ich in den 25 Jahren gekannt habe, durfte ich Anwaltskosten, Gerichtskosten, Mietschulden und den Lebensunterhalt bezahlen. Und wenn man sich trennen wollte, dann kam die übliche Tour: Gemeinheit und Gewalt. Ich wundere mich selber, dass ich dabei noch so gut über die Runden gekommen bin.«
Ich frage sie, wie denn ihr alltägliches Zusammenleben mit diesen Männern gelaufen ist.
»Es gibt Frauen, die meistern ihren Beruf, die meistern ihren Haushalt und die meistern ihr Eheleben. Aber früher oder später geht das sowieso in die Brüche, alles zusammen kann man nämlich nicht. In unserem Job ist das genauso. Ich bin einkaufen gegangen, hab' gekocht, hab' die Wäsche gewaschen, nachts ging ich schuften – und dann soll ich zu Hause noch 'ne feurige Geliebte sein ... Es gibt Männer, die sagen, ich sei ein kühler Typ, ich hätte nie viel Lust. Aber das liegt auch einfach daran, dass ich nie viel Zeit hatte.
Ich brauch' als Frau eine ganze Zeit, wo ich mit einem Mann im Bett liegen muss, nebeneinander, rumalbern oder erzählen, sich ankuscheln. Nicht dass der gleich – mal ganz krass gesagt – mit dem stehenden Ding in das Bett kommt und sich auf mich stürzt wie ein Hund auf den Knochen. Das stößt mich ab. Das kann ich nicht haben.
Die meisten Männer sind grob. Ich bin da furchtbar empfindlich. Wenn ich einen Freund im Bett gehabt hab', hab' ich mein Leben lang immer nur gedacht: wenn er nur schon wieder raus wäre ... Ich hab' das alles für die Männer gemacht: gewaschen, gekocht, gearbeitet, aber das – nee, da bin ich komisch.

Ich hab' auch schon zu manchem Freier, der mir sein Leid geklagt hat: ›Die Alte zu Hause, die lässt mich nicht mehr ran, die hat keine Lust‹, zu dem hab' ich gesagt: Pass mal auf, wenn ich deine Frau wäre und du würdest mich so anpacken, wie du mich hier anpackst, so grob, dass einem das wehtut – ich würde dich auch nicht mehr an meinen Körper ranlassen. Hier muss ich das ja ertragen, weil du mir Geld dafür gibst.

Da wundern die Kerle sich, wenn die Frauen zu Hause sagen: Ach nein, ich hab' Rückenschmerzen, mir ist nicht gut und dies und jenes …

Wir Frauen müssen uns auf die Männer ja auch einstellen. Auf jeden. Auch wenn sie einen bezahlen, dann erwarten sie, dass man mit ihnen redet, übers Wetter oder über die Wahlen, dass man ihnen zuhört. Vor allem darf man ihnen nicht sagen, dass es schnell gehen soll, das ist ganz wichtig – sonst könn'se nämlich nicht mehr. Aber wir, wir müssen immer können. Dieses Immer-drauf-einstellen-Müssen, das ist eigentlich das Schlimmste – darum saufen so viele von uns. Das ertragen die nur noch im Suff.

So manche Ehefrau macht es ja wie wir. Die gibt ihrem Mann auch nur die Illusion. Aber die muss sich von ihrem Mann, mit dem sie per Trauschein verheiratet ist, mehr gefallen lassen als wir. Wenn der freitags besoffen nach Hause kommt – also, was manche Ehefrau sich gefallen lässt für das bisschen finanzielle Sicherheit! Die Socken muss sie ihm waschen, den Haushalt machen, und wenn er nach Hause kommt, dann rutscht er noch auf ihr rum wie ein Ochse. Genau wie bei uns. Wenn mir einer grob kommt, dann kann ich wenigstens noch sagen: Nimm dein Geld und hau ab! Das können Ehefrauen nicht.

Auf der anderen Seite müssen bei der natürlich auch die Kröten stimmen. Als mir mal wieder einer gesagt hat, ach, ihr Nutten, immer mit eurem Geld, da hab ich dem geantwortet: Versuch doch mal zu Hause deiner Frau freitags oder am Monatsende kein Geld zu geben! Und wenn du dann auch noch besoffen bist und sagst, du willst jetzt mit ihr ins Bett gehen – unter Garantie wird sie dir antworten: Was denkst du, warum ich dich geheiratet

habe?! Damit du freitags ohne Geld und besoffen kommst und dann auch noch mit mir ins Bett gehen willst?! Nichts da! So läuft nichts! Schaff erst mal Geld ran.
Recht könntest du haben, hat da der Typ zu mir gesagt. Siehste, hab' ich ihm geantwortet, und so ist es auch hier. Wenn wir das hier machen würden ohne Geld, dann wären wir alles nette Mädchen. Aber weil wir euch Geld dafür abnehmen, nennt ihr uns Huren. Zu Hause musste schließlich auch dein Geld abgeben, sonst lässt sie dich nicht ran.
Überhaupt diese ganze Verlogenheit in den Ehen! Neulich kam ein alter Stammkunde zu mir, ein netter Herr, ein Beamter. Ob ich mal mit ihm nach Hause kommen könnte, seine Frau würde so gern mal zu dritt und auch so gern mal mit 'ner Frau. Ich dürfte aber nicht sagen, wer ich bin, sondern sollte erzählen, ich wär' Serviererin in der Kantine, in der er immer essen geht. Na, hab' ich alles brav gemacht. Und als er dann mal kurz im Bad war, hat sie sich zu mir gebeugt und mir ins Ohr geflüstert: ›Bei mir brauchen Sie nur so zu tun als ob. Ich mach' mir da nichts draus. Aber Sie wissen ja, wie das ist. Er wollte so gern mal ...‹«
Heute ist Frau M. 53 Jahre alt. Sie hat nie geklebt, bekommt also keine Rente. Ihr einziger finanzieller Rückhalt ist der noch nicht ganz bezahlte Bungalow in Spanien. Dahin flüchtet sie ab und zu, pflegt ihre Hobbys:
»Ich mache Figuren aus Ton und Wurzeln, sammle alte Sachen, schreibe auch gern. Ich kann alles: Ich mach' den Garten selbst, tapeziere, mache Maurerarbeiten und Zimmererarbeiten. Früher wollte ich ja immer Tänzerin werden, einmal bin ich auch ein paar Wochen lang in einer Truppe aufgetreten ...«
Den Schlag mit dem letzten Freund hat sie noch lange nicht überwunden. Auch wenn sie es forsch überspielt, ist ihre zunehmende Angst schmerzlich spürbar. Angst vor dem Alleinsein. Angst vor der materiellen Not. Sie sinniert:
»Vielleicht gewinne ich ja auch sechs Richtige im Lotto. Dann kauf' ich mir einen großen Bauernhof mit Garten, nehme arme Katzen und Hunde und Waisenkinder auf und stelle ein großes Schild an den Zaun: Menschen ist der Zutritt verboten!«

Und ohne Lottogewinn?
»Tja, da werde ich wohl doch bald einen ollen Rentner heiraten müssen ...«

Frappierend fand ich, wie sehr ihr Leben dem der »normalen« Frauen gleicht. Und dass für sie nach einem Leben der Prostitution und erbarmungslosen Ausbeutung durch Männer eine Ehe vielleicht die resignierteste und letzte Etappe sein wird. In einer von Männern beherrschten Gesellschaft sind Frauen zu Prostitution und Gewalt (wenn sie nicht zur Prostitution bereit sind) verurteilt. Aber weniger die professionelle Prostitution hat Cornelia fertig gemacht, sondern mehr die private. Kein »Freier« hat sie so erniedrigt, wie ihre Ehemänner und Freunde es getan haben.
Ihre größere soziale Verletzlichkeit prädestiniert die geächtete Prostituierte mehr noch als jede andere Frau für die wehrlose Ausbeutung und die zwanghafte Anpassung an die geltenden Normen. Sie kocht und putzt für Männer, schläft auch frigide mit ihnen und geht dann noch für sie »anschaffen«. Symptomatisch scheint mir allerdings der von zuständigen Dezernaten seit einigen Jahren bemerkte Trend zur Homosexualität bei Prostituierten, die aus ihrer emotionalen Ablehnung der Männer resultiert. Es wäre sicherlich aufschlussreich, zu untersuchen, welche Rolle dabei weibliche Zuhälter einnehmen; wie weit eine Frau es also schafft, Zuhälter zu spielen, das heißt die bei Männern objektive gesellschaftliche Überlegenheit subjektiv vorzutäuschen.
Sehr bezeichnend fand ich die Rolle des Psychologen, der Cornelias Abneigung, von Männern angefasst zu werden, nicht als Resultat ihres Frauenelends begreift, sondern als unglücklichen Zufall interpretiert. Wenn alle Frauen, die als kleine Mädchen von Männern missbraucht wurden, gewerbsmäßige Prostituierte würden, dann hätten wir nur noch Bordelle ... Cornelias Lebensweg hat allerdings auch etwas mit ihrer sozialen Herkunft zu tun: ein sehr hoher Prozentsatz aller Prostituierten rekrutiert sich aus Heimkindern.

Prostitution ist nicht nur die Kehrseite erzwungener Monogamie, sondern auch der Ausdruck des Objektstatus aller Frauen: Männer sind so pervertiert, dass ihnen der Gedanke, sich das Recht auf einen menschlichen Körper kaufen zu können, noch nicht einmal obszön zu sein scheint, sondern selbstverständlich. Die Ärmsten sind so kaputt, dass sie diese fünf Minuten mechanischer Reibung für Sexualität halten ... Wenn nicht selbst für diese Wracks wieder einmal Frauen herhalten müssten, könnten sie uns Leid tun.

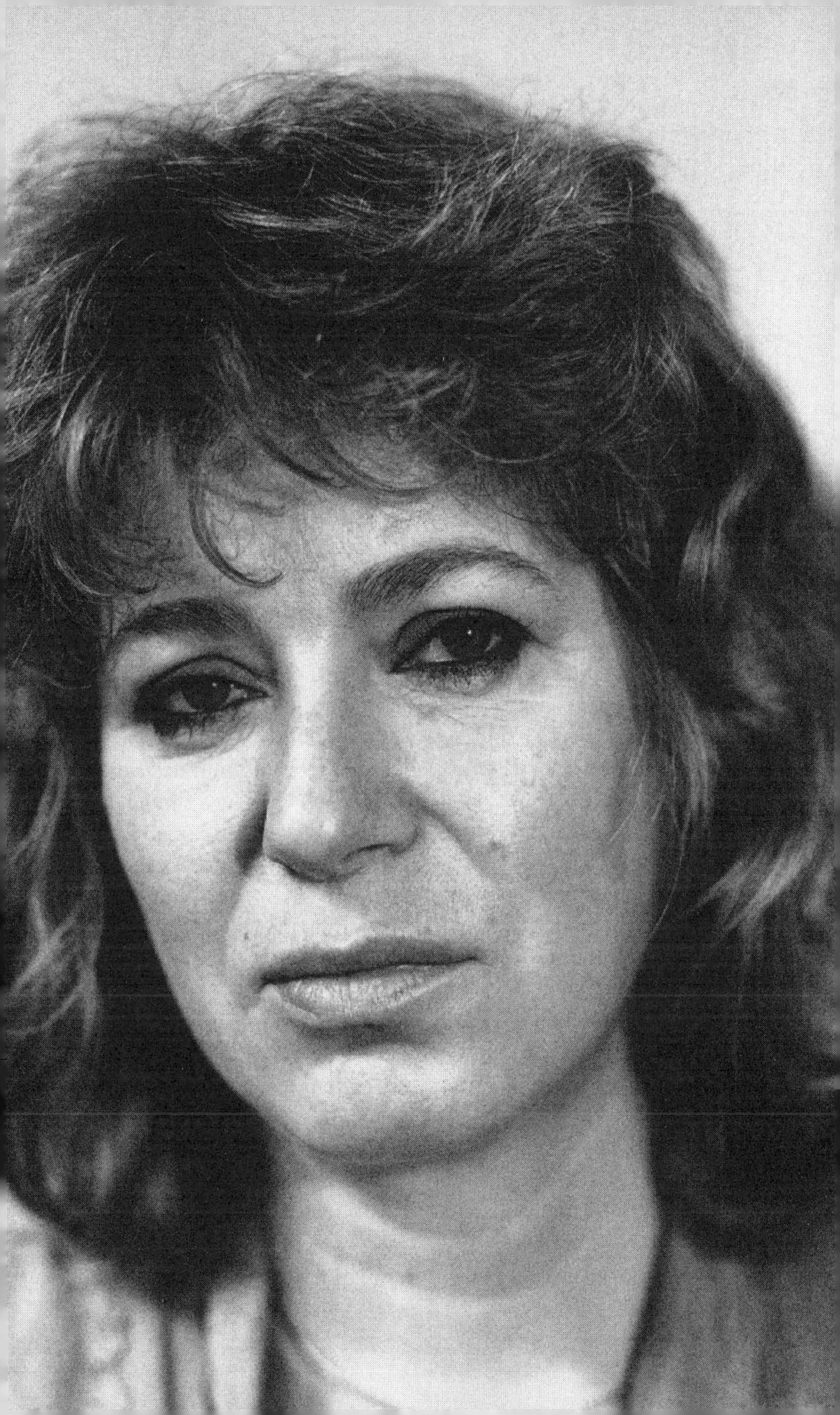

Irmgard S., 42 Jahre, verheiratet, Hausfrau, vier Kinder, Ehemann Ingenieur

Die Adresse von Frau S. habe ich vom Berliner Müttergenesungswerk. Sie gehörte 1973 zu den 60000 Frauen, die in der BRD und Berlin jährlich für ein paar Wochen in Kur geschickt werden. Das Müttergenesungswerk schätzt, dass eine Million im Jahr es nötig hätten. Für Frau S. war das der erste Urlaub seit 15 Jahren, denn die Familienferien finden in einem Ferienhaus statt, da gehen die Hausfrauenpflichten voll weiter. Irmgard S. wohnt in einem Berliner Vororthaus mit Garten. Vom Zentrum aus fahre ich etwa 40 Minuten mit dem Auto.
Frau S. leidet am Hausfrauensyndrom, ohne dieses Wort jemals selbst gehört zu haben. Sie ist 42 Jahre alt, ihr Mann ist erfolgreich im Beruf, sie selbst war früher Krankenschwester, hat dann zehn Jahre lang als Küchenhilfe gejobbt und ihm das Studium finanziert, hatte drei Fehlgeburten und eine Abtreibung, nahm vier Kinder an und widmet sich seit 15 Jahren ausschließlich dem Haushalt. Sie wirkt offen und resolut. Wir trinken zusammen Kaffee und verstehen uns auf Anhieb gut.
Frau S. liebt ihre Kinder, hat ein gemütliches Haus und versteht sich gut mit ihrem Mann. Im Müttergenesungsheim hat sie entdeckt, wie gut es ihr geht – gemessen an dem Leid der anderen. Frau S. ist ganz ohne Zweifel eine der Hausfrauen, die in Enqueten à la Helge Pross auf die schlichte Frage: »Sind Sie zufrieden?« aus tiefstem Herzen mit einem ebenso schlichten »Ja« antworten.
»Ich konnte es überhaupt nicht fassen, was manche Frauen so ertragen! Ich hatte echt 'ne Woche zu tun! Ich hab' mir immer gesagt: Das glaub' ich nicht. Was die alles erzählt haben! Ich hab'

gesagt: Das ist einfach nicht möglich! Zum Beispiel eine Berlinerin, die hatte den zweiten Selbstmordversuch mit 30 Jahren. Die kam vom Krankenhaus gleich dahin. Wir hatten mehrere Frauen mit Selbstmordversuchen, die gleich aus dem Krankenhaus dahin kamen. Ich habe meinem Mann gleich einen Brief geschrieben, ihm gesagt, dass ich ja vorher gar nicht wusste, wie gut mir das geht. Das habe ich erst gemerkt, nachdem ich mich mit den anderen Frauen unterhalten habe.

Die eine war dreißig, heiratete, und nach ’nem halben Jahr ging das vollkommen schief. Die kriegte Schläge, durfte nie weggehen, wurde eingesperrt. Der Mann kontrollierte die Aschenbecher, wenn er kam – ob da vielleicht jemand gewesen wäre. Sie hatte ’nen unehelichen Sohn, und den nahm man ihr dann aus diesen ganzen Verhältnissen weg. Der kam dann nach Hamburg in ein Kinderheim, und da muss sie irgendwie durchgedreht haben.

Ich hab’ in dem Heim oft Telefondienst gemacht. Viele Frauen wollten gar nicht ans Telefon, wenn die Männer abends anriefen. Ich hab’ die dann auch nicht verbunden. Manche waren nach den Gesprächen immer ganz durchgedreht. Einmal hat eine so einen Schock gekriegt, dass wir die unter die kalte Dusche stecken mussten, um sie wieder zur Besinnung zu bringen – der Mann hatte sie am Telefon so zusammengeschissen. Na, und die Frau, die mit mir im Zimmer war, die hatte den ganzen Körper, aber wirklich den ganzen Körper, voller schwarzblauer Flecken. Ich hab’ mich erst gar nicht getraut zu fragen … Die wurde auch von ihrem Mann geprügelt.

Ich muss sagen, dass die Heimleiterin unheimlich nett war. Wir haben da sehr viel über unsere Probleme gesprochen. Die meisten wollten gern wieder in einen Beruf zurück, denen fiel, wie mir, zu Hause die Decke auf’n Kopf. Das war da das Hauptthema: die Berufstätigkeit. Ja, und dann die Probleme mit der Kindererziehung, die standen gleich an zweiter Stelle.

Am schlimmsten waren aber eigentlich die Probleme mit den Ehemännern und die Gewalttätigkeiten. Oft hat dann auch die Heimleiterin in der Diskussion gesagt, dass es unsinnig ist, eine

Ehe um jeden Preis zu retten, und dass die Frauen sich wieder auf die eigenen Füße stellen sollen, sich scheiden lassen sollen.«
Die Probleme von Frau S. sind ein wenig subtiler. Ihr Mann schlägt sie nicht, und sie würde das ganz sicher auch nicht dulden. Wie hat ihre Krise angefangen?
»Na, ich hab' das daran gemerkt, dass ich zum Beispiel nicht mehr so viel geschafft habe wie vorher, dass ich an meinem Haushalt bis zweie gearbeitet habe und immer noch nicht so weit war wie sonst schon um elfe. Ja, und dann hab' ich bei jeder Gelegenheit angefangen zu heulen. Wenn irgendwas war, dann brach ich in Tränen aus – über jede Kleinigkeit. Ich bin bei jeder Gelegenheit explodiert, ob das mit den Kindern war, oder ob mein Mann mal ein Wort gesagt hat. Also, ich hatte 'ne ganz trübe Stimmung.
Und abends um acht war ich so müde, so ausgelaugt. Also, das kannte ich eigentlich gar nicht die ganzen Jahre. Ich kann sonst immer ganz kräftig arbeiten. Ich hatte so'n Gefühl, dass ich total am Ende bin. Irgendwo muss ich mal raus. Ich bin sonst sehr für die Familie und auch gar nicht so fürs Alleinsein, aber auf einmal, als die beim Müttergenesungswerk dann sagten, ich könnte fahren ...
Erst hatte ich mir immer überlegt: Mensch, wie machst du das bloß mit den Kindern? Das musst du doch irgendwie regeln. Die können doch nicht hier im Haus allein bleiben. Ich hab' gedacht, das geht gar nicht, wenn du wegfährst. Aber wie das dann so weit war, wie es hieß: Sie können fahren – da hab' ich da überhaupt nicht mehr dran gedacht! Ich hab' meinen Koffer zusammengepackt und ... Das war mir egal, ob das hier läuft oder nicht. Und es ist dann auch sehr gut gelaufen. Wir hatten 'ne Oma hier im Haus, und mein Mann und die Kinder haben sich ein bisschen angestrengt – und alle haben überlebt, auch ohne mich.
Ich hatte einfach das Gefühl, ich muss hier mal raus! Manchmal hatte ich ja abends um neun noch keinen Feierabend. Also, mir sind die Kinder – das ist sonst gar nicht meine Art – mir ist alles, einfach alles auf die Nerven gegangen. Die Fliege an der Wand störte mich. Sehr unzufrieden bin ich geworden. Mit allem. Ich

hatte doch gar keinen Grund … Ständig hatte ich das Gefühl, ich bin fürchterlich benachteiligt. Mein Mann hat auch mit mir darüber gesprochen, hat gesagt: ›Was willste denn? Kauf dir doch mal ein schönes Kleid. Geh mal zum Frisör!‹ – Nee, das wollte ich alles gar nicht. Was ich wollte, wusste ich nicht.«

Wie ist es dazu gekommen?

»Ich hab' vor zwei Jahren schon einmal versucht – seit ich hier draußen wohne –, hab' ich mal versucht, ein paar Stunden irgendwas zu machen. Als Serviererin zu gehen oder so, hier draußen ist ja ein kleines Café. Aber mein Mann erlaubt es mir nicht, und wahrscheinlich würde ich es auch gar nicht schaffen.

Ich wollte ein paar Stunden arbeiten gehen. Sie sehen ja selber; ich wohne hier sehr weit draußen. Ich habe keine Nachbarin. Die gehen alle arbeiten, die Frauen. Ich bin hier weit und breit praktisch die Einzige. Um hier mal ein bisschen rauszukommen … Ich hab' gedacht, wenn ich mir das gut einteile, schaff' ich das auf jeden Fall. Ich war ja Krankenschwester, das ist inzwischen 20 Jahre her. Da wollte ich auch sehr gern mal wieder was machen. Da hab' ich gedacht, ich geh' mal zum Roten Kreuz, mach' da 'nen Lehrgang, und dann geh' ich eben wieder ein paar Stunden arbeiten. Um mal vor die Tür zu kommen … Um mal die Tapeten zu wechseln.

Wenn mein Mann abends nach Hause kommt, ist er natürlich auch nicht mehr so munter, dass er die Probleme, die ich hier habe – vom Kaufmann oder was weiß ich – also, da hat er dann kein Ohr mehr für. Und da ich hier so gar keinen hab', mit dem ich mal reden kann, hab' ich gedacht, gehste mal wieder ein paar Stunden raus. Dass man mal wieder unter die Leute kommt. Das hab' ich auch gemerkt, als ich verreist war, dass sehr viele Frauen in ihrem Haushalt so isoliert sind.

Ich hab' also mit meinem Mann drüber gesprochen. Na, und der hat erst mal gemeint: Das schaffste nicht. Da ich mich sehr intensiv um die Kinder kümmre, meint er, das schaff' ich nicht mehr. Und unsere beiden Jungen, das sind nicht solche Leuchten in der Schule, da muss ich dann immer hinterherhaken. Und da meint er, dass ich mich dann übernehme … Denn ich kann im

Haushalt nichts liegen lassen. Ich würde meinen Haushalt genauso machen, wie wenn ich nun nicht arbeiten würde. Außerdem meint er, ich hätte das finanziell gar nicht nötig, arbeiten zu gehen. Ich sollte mich lieber zwei Stunden in die Sonne setzen: Ich hab' aber nicht lockergelassen. Da hat er mir erklärt, dass er mir das verbieten könne. Ich war entsetzt! Wie ist das überhaupt möglich? Wenn ich mal für ein paar Stunden arbeiten gehen will, bloß um mal unter die Leute zu kommen, da kann der sagen: Ne, kommt nicht in Frage! Du musst zu Hause bleiben!
Ich halte zwar nicht so sehr viel von Emanzipation, weil ich mich nicht unterdrückt fühle. Ich behaupte mich immer, wenn irgendwas ist. Aber ich hab' hin und her überlegt: Das kann doch nicht sein! Wie kommt ein Mann dazu, einer Frau zu verbieten, wenn sie arbeiten gehen will?! Und da hab' ich mich dann erkundigt, auf dem Rathaus – und der hat Recht. Das kann er! Der kann mir verbieten, arbeiten zu gehen! Wussten Sie das, dass der das kann?«
Irmgard S., die zwischendurch immer wieder versichert, dass ihr Mann ganz nett sei und dass die anderen da ganz anders seien, Irmgard S. ist hell empört. Ich frage sie, wie das kommt, dass sie sich das verbieten lässt, wo sie doch so einen energischen Eindruck macht? Und was seine Motive sein könnten?
»Na, ich hab' schon gedacht, dass er vielleicht auch so'n bisschen an seine Bequemlichkeit denkt. Hab' ich ihm auch gesagt. Dann musst du dir ja vielleicht mal selber die Schuhe putzen, und das widerstrebt dir vielleicht! (Bisher hab' ich's ja immer gemacht.) Klar, wenn ich arbeiten ginge, dann ist natürlich ein Teil seiner Bequemlichkeit futsch – und das will er sicher nicht.«
Irmgard S. hatte früher einen Beruf und war 13 Jahre berufstätig. Sie ist ohne Vater aufgewachsen, der war lange im Krieg. Ihre Mutter ging putzen, und sie hatte als ältestes von fünf Kindern von Anfang an viel Arbeit und viele Pflichten. Die Mutter war »sehr streng, der Vater sanfter«. Mit 14 geht sie von zu Hause weg in ein Krankenhaus, wo sie eine Ausbildung als Krankenschwester beginnt. Den Beruf wählt sie, weil ihre »beste Freundin auch Krankenschwester geworden ist«.

In dieser Zeit lernt sie ihren zukünftigen Mann kennen. Er ist Bauarbeiter und geht zur Abendschule, um sein Abitur nachzumachen. Darüber entzweit sie sich mit ihrer Freundin, die sich eigentlich auch für ihren Mann interessierte. Sie trifft sich regelmäßig mit ihrem Freund, die beiden mögen sich ganz gut leiden und schlafen dann irgendwann miteinander.
»Ich kann mich nur noch daran erinnern, dass es wehgetan hat«, sagt Irmgard S., und: »Weil ich gedacht hab, es ist was Festes, darum hab' ich mit ihm geschlafen. Nee, das Bedürfnis hatte ich eigentlich nicht.« Nach dem Examen muss sie aus dem Schwesternheim ausziehen, weiß nicht recht, wohin, und geht zunächst wieder nach Hause. Aber da kann sie sich nach den Jahren relativer Selbständigkeit nicht mehr in die elterliche Bevormundung und Abhängigkeit schicken. Das ist die Zeit, in der sie auf den Gedanken kommt zu heiraten. Warum?
»Na, erst mal, weil ich ihn geliebt habe. Und zum anderen war das bei uns sehr schwierig: Ich saß in Ostberlin, er in Westberlin. Wir wussten nie so recht, wohin, hatten kein Zimmer und nichts. Mir passte das Zuhause nicht und meinem Mann auch nicht. Er hatte seine Mutter verloren, das war für ihn sehr schwierig. Das erste Mal ohne Mutter – sein Vater kümmerte sich überhaupt nicht um ihn – zu existieren. Er war damals 20. Ich hatte praktisch schon mit 17 alle Pflichten. Ich musste ihm seine Oberhemden waschen und alles, denn er hatte ja niemanden, der sich um ihn kümmerte. Er hat damals noch als Maurer gearbeitet, und dann hab' ich ihn immer abgeholt – er sah ganz fürchterlich verpennert aus – und hab' ihm immer die ganzen Knöpfe angenäht und so.«
Irmgard S. war zu der Zeit genauso berufstätig wie ihr Verlobter. Ganz sicher hatte sie auch für sich Berufskleidung, Kittel zu waschen. Konnte er da nicht selbst für seine Sachen sorgen?
»Ja, natürlich, hat er auch gemacht. Aber dann war das nicht so richtig, wie ich mir das vorgestellt habe. Dann haben wir uns das überlegt. Ich hab' gesagt: Wenn ich sowieso alles mache, dann können wir auch heiraten. Wir suchen uns irgendwo ein Zimmer, ich geh arbeiten und du studierst. Das haben wir dann auch ge-

tan. In Westberlin bin ich dann nicht mehr als Krankenschwester gegangen. Erst mal konnten wir von dem, was eine Krankenschwester damals verdiente, nicht leben. Und dann galt ja im Westen auch mein Examen nicht, das hätte ich noch mal machen müssen. Ich bin also in eine Betriebskantine gegangen, da konnt' ich hin laufen, wir wohnten damals in der Uhlandstraße. Wir mussten ja alles kalkulieren. Er kriegte nur 100 Mark von seinem Vater und das Studiengeld. Und ich hab' ja auch nicht so viel verdient, so ungefähr 500 Mark im Monat. Ich hab' da in der Betriebskantine Essen servieren müssen, mittags, und vormittags Frühstück und so für die Direktion. Da war ich acht Stunden auf den Beinen, von morgens sieben bis nachmittags drei, und hab' die schweren Tabletts geschleppt. Ja, und dann hab' ich immer noch Essen mit nach Hause gebracht. Na, und er saß dann da mit Freunden, die diskutierten oder spielten Tischtennis auf unserem einzigen Tisch. Die wussten ja, dass ich immer mit Essen kam, und da haben die dann alle schon drauf gewartet.
Er hat oft das ganze Semester über nix getan und hat immer nur für die Prüfungen geackert. Nach drei Jahren war er mit dem Studium fertig. Ich hätte ja gern noch gehabt, dass er auch seinen Diplom-Ingenieur macht, aber ihm hat's gelangt. Das kann ich auch ohne Diplom machen, was ich da später arbeite, hat er gesagt. Er hat sich dann gleich 'ne Stelle gesucht. Ich hab' weiter in der Kantine gearbeitet. Wir hatten ja noch Möbel anzuschaffen und alles. Insgesamt bin ich da acht Jahre lang hingegangen.«
War Irmgard S. da nicht manchmal sauer, wenn sie schuften musste und er spielte mit seinen Kommilitonen Tischtennis?
»Ja klar war ich sauer. Erstens musste ich ja immer morgens um sechse aufstehen. Mein Mann guckte dann auf die Uhr, er hatte ja noch Zeit. Er ging heute mal nicht um neune, sondern erst um elfe zur Vorlesung … Dann kam ich um vier nach Hause, da hockten dann vier oder sechs Studenten in unserem Zimmer rum, qualmten und blieben manchmal bis nachts um zwölf. Und ich konnte nicht ins Bett gehen, wir hatten ja nur ein Zimmer …«

Wie lief das damals mit der Sexualität?
»Wie das für meinen Mann war, weiß ich nicht. Der war auf jeden Fall besser dran als ich, der hat sich ja nicht übernommen. Der hat ja körperlich nicht gearbeitet. Der Einzige, der immer müde war, das war ich. Ich musste ja auch den ganzen Tag ackern. Wenn ich dann müde war oder keine Lust hatte, dann lief auch nichts. Dann hab' ich mich umgedreht und geschlafen. Ich brauche auch Zeit dazu: So schnell und lieblos – das kann ich einfach nicht. Das weiß er auch und danach richtet er sich.
Ich kann heute auch gut mit ihm darüber reden. Da freut er sich, wenn ich ihm sage, was ich gerne möchte. Die meisten Männer sind ja anders, die zwingen ja oft ihre Frauen, aber mein Mann ist nicht so, ich hab' da nur gute Erfahrungen gemacht.«
Ganz sicher hat ihr das eine gewisse Stärke gegeben, dass sie die Geldverdienerin war. Aber das allein genügt nicht. Wir überlegen zusammen, woher es kommt, dass auch ihr Mann trotz allem relativ aufgeschlossen scheint. Frau S. erzählt, dass ihre Schwiegermutter an »seelischem Herzasthma« erstickt sei, das sie immer bekam, »wenn ihr Mann Wutanfälle kriegte«. »Der hat seine Frau regelrecht umgebracht. Darunter hat mein Mann als Kind sehr gelitten. Ich glaube, das ist einer der Gründe, warum er so friedlich und nett ist.«
Bei der ersten Fehlgeburt stellt sich heraus, dass Irmgard S. eine Toxoplasmose hat, die es unmöglich macht, den Fötus zu halten. Sie versucht es noch zweimal – ohne Erfolg. Beide entschließen sich jetzt, ein Kind zu adoptieren. Sie nehmen einen Jungen, »weil der Schwiegervater so versessen ist auf einen männlichen Stammhalter«. Die Umstände – ein durch eine befreundete Sozialarbeiterin für einige Wochen übernommenes Baby, das von seinen Eltern verlassen worden war; ein kleines Mädchen im Waisenhaus, das dann noch eine Schwester hat … – diese Umstände haben dazu geführt, dass Frau S. heute vier Kinder hat. Das erste ist adoptiert, die anderen drei sind Pflegekinder. »Ganz bewusst«, sagt sie. »Wir sehen ja nicht ein, dass wir das alles ganz allein zahlen sollen. So gibt uns der Staat wenigstens 300 Mark pro Kind im Monat dazu.«

Als sie die vier Kinder schon haben, wird Irmgard S. von der Toxoplasmose geheilt. Sie wird schwanger und – treibt ab. »Wir wollten nicht, dass unsere anderen Kinder darunter leiden. Wir hätten zwar ein eigenes nicht bewusst vorgezogen, aber man weiß ja nie. Also, da haben wir uns gesagt, nee, wir haben unsere Kinder gern, vier genügen, Schluss.« Sie findet einen befreundeten Arzt und alles läuft relativ komplikationslos. Seither – seit zehn Jahren – nimmt sie die Pille. »Die hat bestimmt was mit meinem Gewicht zu tun! Aber mein Mann meint immer, ich spinne. Du bist voreingenommen, sagt er.« Frau S. ist ziemlich korpulent und wirkt dadurch auch älter als 42.

An ihren Kindern hängt sie sehr. Über den »Mutterinstinkt«, kann sie nur lachen. »Ich hab' meine ja auch nicht auf die Welt gebracht und hab' sie genauso gern.« Jahrelang geht alles gut – bis zur Krise. Nach dem Aufenthalt im Müttergenesungsheim kommt Frau S. zurück – entschlossen, ihre vier Wände zu erweitern, wieder berufstätig zu werden: »Etwas zu machen, was mir Spaß macht!« In dem bayrischen Heim, in dem sie war, waren allein sechs Frauen aus Berlin. Einmal zurück, sehen die sechs sich regelmäßig weiter. Sie reden miteinander, bestärken sich ein wenig.

Im Herbst 74 geht Frau S. zur Berufsberatung. Sie weiß inzwischen, dass Hausfrauen, die sich wieder in ihren alten Beruf integrieren oder einen neuen lernen wollen, für die Zeit des Übergangs vom Arbeitsamt einen Teil ihres alten oder den eines fiktiven neuen Gehalts bekommen – maximal 800 DM.

»Ich hatte schon einen Umschulungsvertrag und auch schon eine Stelle im Christopherus-Krankenhaus. Da hätte ich allerdings ganztags arbeiten müssen, Halbtagsstellen gibt es da nicht – die haben da ja nicht auf mich gewartet. Trotzdem hätte es mich interessiert, denn ich wollte ja keinen Job, sondern was, wo ich nachher, wenn die Kinder aus dem Haus sind, nicht allein dastehe. Einen Beruf, der mich interessiert. Mit dem Christopherus war schon alles perfekt. Ich hab' keine Ruhe gelassen, da hat mein Mann gesagt: Ist gut, kannste machen, aber dann musste von dem Geld, das du kriegst, eine Haushaltshilfe nehmen –

sodass du deinen ganzen Haushaltskram hier nicht mehr um die Ohren hast.
Also, ich hätt' sogar schon 'ne Frau gehabt, die das macht. Nicht so gut wie ich, ist 'ne alte Dame, aber immerhin. Aber dann ging das mit unserer Alexandra los. Das gab den Ausschlag. Die kam auf einmal andauernd mit Sechsen nach Hause. Da hab' ich mir gesagt: Ich muss das mit meinem Beruf verschieben. Denn ich hab' mich ja wirklich über jedes Kind gefreut und will auch jedem eine Chance geben. Na, und der Große, der hat auch Schwierigkeiten. Und dann die ganzen Schularbeiten! Ich muss da nicht immer helfen, aber wenn ich nur dabei sitze, eine Tasse Kaffee trinke und lese, dann sehen die Schularbeiten gleich viel besser aus.
Als ich meine Pläne wieder aufgeben musste, habe ich erst noch ein Kind in Pflege nehmen wollen. Das hat mein Mann mir dann ausgeredet, und da hat er wahrscheinlich Recht. Nun werde ich was anderes machen. Im nächsten Jahr, wenn Alexandra aus dem Gröbsten raus ist, dann gehe ich in die Strafanstalt. Das interessiert mich. Ich möchte als Bewährungshelfer arbeiten oder so, irgendwie helfen. Da interessiert mich weniger, was ich dafür kriege, das brauche ich nicht. Aber ich möchte mir was aufbauen, was sinnvoll ist und mir auch Spaß macht. Dann hätte ich vielleicht auch nicht den Acht-Stunden-Dienst. Der ist mit meiner Familie nicht zu vereinbaren. Da mach' ich mich auch kaputt … Wenn es so wäre, dass ich müsste, da würde er ja wahrscheinlich auch im Haushalt helfen, aber so sagt er: Ich arbeite schon genug, ich ackre für zwei! – Tut er ja auch.«
Aber das Sichschicken der Frau S. läuft nicht komplikationslos.
»Also am Sonntag bin ich ja mal wieder explodiert. Das passiert so alle paar Wochen mal. Ich hätte das Haus in die Luft jagen können. Also meine Mutter war für eine Woche hier, und ich hatte am Samstag keine Zeit, für Sonntag vorzukochen, was ich sonst immer mache. Ich hatte am Samstag zwar sauber gemacht (ich mach' jeden Tag sauber), aber am Sonntag hab' ich länger geschlafen. Alle haben wir länger geschlafen. Und als ich dann als Erste aufstand, ins Wohnzimmer kam, na, da war ich erst mal bedient!

Da lag sein Bademantel, da standen seine Hausschuhe, hier stand seine Flasche Wein – er bleibt oft länger auf als ich –, der Aschenbecher getürmt voll, die Zigarettenasche überall verteilt. Seine Socken! Seine Hausschuhe! Ich mach' die Badezimmertür auf: Das Handtuch in der Wanne, die Unterwäsche daneben … Ich geh runter, da sieht's genauso aus. Den ersten Bademantel von meinen Damen finde ich schon auf der Treppe.
Das war um neune. Dann haben wir in aller Ruhe gefrühstückt, da war es zehne. Meine beiden Damen verflüchtigten sich ins Kinderzimmer und wollten die neuen Langspielplatten hören. Die beiden Jungens zogen sich an und gingen Fußball spielen. Und mein Mann musste unbedingt die Pumpe von unserem Schwimmbecken holen, und anschließend musste er zu Bekannten, da ist ein Baby angekommen, da hatte ich eine Kleinigkeit besorgt, da wollte er hin.
Und ich um elf Uhr noch kein Mittag gekocht, das Haus sah aus wie ein Trümmerhaufen – ich mutterseelenalleine. Meine Jungens spielten Fußball, bei den Mädchen im Zimmer trällerte das, mein Mann fuhrwerkte auf'm Hof mit der Pfeife – ich bin explodiert! Ich hab' angefangen zu heulen, ich konnt' gar nichts mehr sehn mit meiner Brille – also, wenn die da gewesen wären, hier wäre was los gewesen! Aber nun musste ich mich natürlich ranhalten. Das Essen musste auf den Tisch, nachmittags kam Besuch … Sonst hätte ich ja sagen können: Ich lass den ganzen Scheißdreck liegen. Aber so …
Nach 'ner Weile kamen meine beiden Töchter, gucken mich an und sagen: Mama, was haste, ist dir nicht gut? Die haben dann natürlich Mitleid gekriegt und mitgeackert. Ich sag': Ich weiß, dass ihr mir helft, ich hätt' euch ja nur fragen brauchen. Aber ist euch schon mal was aufgefallen? Dass immer nur wir sonntags arbeiten!? Papa liest seine Zeitung oder er geht in den Garten, die Jungens verflüchtigen sich – und was machen wir? Wir schuften!
Na, zum Essen stellten sich dann alle ein. Mein Mann hatte auf die Geburt vier Cognac getrunken und war bester Laune. Die

Jungens sahen aus wie die Schweine. Und ich hab' nur geheult. Das reicht mir!, hab' ich gesagt. Was denkt ihr eigentlich, was ich bin? Und die Mädchen mit? Ich hab' keinen Sonnabend, ich hab' keinen Sonntag, fällt euch das nicht auf?
›Mein Gott‹, sagt er, ›hättest doch nur einen Ton sagen können.‹
Wieso, sag' ich, hätte ich einen Ton sagen müssen? Du hast doch Augen im Kopf! Haste nicht gesehen, dass du alles hast liegen lassen?!
Na ja, ich hab' mich dann verzogen. Die haben gespült und die Reuigen gemimt. Nächsten Sonntag soll alles anders werden – bin mal gespannt. Abends hat mein Mann mich dann ins französische Restaurant eingeladen, wo ich so gern hingehe. Und dann hat er mir noch 'nen Hunderter in die Hand gedrückt. Er hat gemerkt, dass ich diesen Monat ein bisschen knapp mit dem Kostgeld bin, weil ich doch diesmal zwei Kindergeburtstage habe, und da wird natürlich immer so etliches außer der Reihe gekauft.«
Ungefragt erzählt mir Irmgard S. noch, wie gerne sie auch außerhalb ihrer Familie ein bisschen aktiv wäre, sozial und politisch. »Mich regt ja so manches so auf! Ich würde da gern was unternehmen; zum Beispiel der Paragraph 218! Das ist ja eine solche Schweinerei! Ich würd' so gern mit auf die Straße gehen und demonstrieren – aber dann hab' ich auch Angst, dass die jungen Mädchen sagen: Was will denn die dicke Olle hier?!
Und dann würd' ich ja auch ganz gern irgendwo mitmachen: SPD oder Frauengruppe oder so. Ich tu's nicht, weil ich schon jetzt weiß, dass da für uns alle nichts bei rauskommt. Denn wenn ich da mal hinterleuchte, dann sehe ich ja, dass das nicht so gerecht ist, dass ich die ganze Hausarbeit mache und er nichts. Das ist doch gemein! Und dann würde ich wahrscheinlich anfangen zu sagen: Mach mal! – mit dem Resultat, dass er's nicht machen will und ja auch gar nicht schaffen kann neben all seiner Arbeit. Der würde sagen: Nee, das haste ja bis jetzt immer gemacht. Und: Du brauchst da ja nicht hinlaufen, kannst ja zu Hause bleiben. – Ja, und dann würde ich unzufrieden werden. Und die Kinder würden auch darunter leiden … Dann gäb's Streitigkeiten.

Da leiden dann ja alle drunter. Das Schlimme ist eben, dass man als Frau immer verantwortlich ist für die Kinder.«
Während unseres Gesprächs, das sich über den ganzen Vormittag zieht, tröpfeln langsam die Kinder ins Haus. Sie kommen ab und zu mit Fragen, verziehen sich aber artig wieder. In der Küche komme ich beim Weggehen noch mit Natascha und Kirstin ins Gespräch. Irmgard S. sagt von sich, dass sie ihre vier Jungen und Mädchen gleich erzieht. Sie findet, dass Mädchen unbedingt einen Beruf haben sollten und dass sie nicht unbedingt heiraten müssen.
Ich frage Natascha und Kirstin, sieben und neun Jahre alt, was sie später einmal tun wollen.
Natascha: »Ich will später vielleicht Arzt werden. Ich will studieren.«
»Und du, Kirstin?«
Kirstin: »Krankenschwester.«
»Und meint ihr, dass ihr später auch mal heiraten werdet?«
Natascha: »Ja, ich möchte später auch heiraten.«
»Warum, was erwartest du von der Heirat?«
Natascha: »Dass ich nicht so alleine bin.«
»Möchtest du auch Kinder?«
Natascha: »Ja.«
»Du siehst doch hier mit der Mutti, dass das viel Arbeit macht, vier Kinder, und du willst trotzdem gleichzeitig Arzt werden. Was meinst du, wie du das hinkriegen kannst?«
Natascha: »Na ja, indem ich nachmittags arbeiten gehe.«
»Und was machst du vormittags?«
Natascha: »Vormittags bin ich im Haus, da muss ich alles fertigmachen.«
»Was meinst du, sollte dein Mann auch im Haus arbeiten, oder wäre das eher deine Aufgabe?«
Natascha: »Das wäre meine Aufgabe.«
»Warum?«
Natascha: »Na, ich muss halt die Kinder verpflegen.«
»Und du, Kirstin?«
Kirstin: »Ich möchte mir keine Kinder anschaffen.«

»Warum nicht?«
Kirstin: »Dann hab ich ja viel zu viel Arbeit.«
»Du möchtest also lieber den ganzen Tag als Krankenschwester arbeiten?«
Kirstin: »Ja.«
»Und was meinst du: Willst du mal heiraten oder wäre das nicht so wichtig?«
Kirstin: »Lieber heiraten.«
»Und warum?«
Kirstin: »Na, wenn ich schon keine Kinder habe, dann kann ich ja sonst nicht mal spazieren gehen. Dann bin ich ja nur allein.«

PS. Einige Wochen nach dem Gespräch ging Irmgard S. von einem Tag zum anderen arbeiten: sie verkauft nachmittags, halbtags, an einer Bude Pommes frites. Sie sagt: »Klar haben mir am ersten Tag die Beine und der Rücken wehgetan, und morgens bin ich schon um sechse aufgestanden, um meinen Haushalt in Ordnung zu bringen. Aber meinem Mann sag ich nix. Da lauert der ja nur drauf ... Den Rest hat mir der Besuch bei einer Freundin gegeben, die elf Kinder hat, immer dicker wird und völlig resigniert zu Hause rumhängt. Nee, so will ich nicht in ein paar Jahren rumsitzen. Ich will mich auf meine eigenen Füße stellen! Und endlich auch mal mein eigenes Geld haben!«

Frauen werden im Namen der Liebe ausgebeutet! Das nennen wir »Liebe«, wenn wir ihm mit 17 die hemdenbügelnde Mutter ersetzen; wenn wir heiraten, weil wir ja doch schon »alle Arbeit tun«; wenn wir schuften, um dem Mann das Studium zu finanzieren und ihm lebenslang die Schuhe putzen. Eine sehr einseitige Sache, diese Liebe von Müttern und Frauen. (Bleiben etwa unsere Blusen ungebügelt liegen, wenn unsere Väter sterben? Waschen Männer unsere Slips? Kellnern sie, damit wir Karriere machen können?)
Und uns läuft noch nicht einmal die Galle über, wenn dann so

ein Mensch, dem wir 20 Jahre lang sklavisch gedient haben, nicht eine Sekunde zögern würde, seinen Gratis-Service mit dem Gesetz zu erzwingen! Wenn er nach all diesen Jahren Gemeinsamkeit nicht den Bruchteil einer Sekunde an ihr Wohl denkt, sondern nur an seines. Oder wenn er uns zum Trost großzügig einen Hunderter in die Hand drückt …

Es hat einer Gehirnwäsche von Jahrtausenden bedurft, damit wir Frauen uns in einer solchen entmündigenden Abhängigkeit und schamlosen Ausbeutung auch noch für »nicht benachteiligt« halten. Und es bedarf der modernen Psychologie, damit auch unwillig gewordene Frauen sich wieder fügen: Wo Männer aufgrund schwindender Macht Frauendienste nicht mehr erzwingen können, werden Mütter mit ihren Kindern erpresst.

So wie Frau S. putzen drei von vier deutschen Hausfrauen ihren Männern regelmäßig die Schuhe. Drei von vier deutschen Hausfrauen halten ihre Männer für klüger. Drei von vier deutschen Hausfrauen erklären aber auch, sie seien »zufrieden« (laut Pross-Untersuchung). Mindestens jede zehnte ist nach der zaghaften Schätzung des Müttergenesungswerkes am Rand der Erschöpfung und kurz vor dem Zusammenbruch …

Die Krise von Irmgard S. und ihre Flucht in die Krankheit sind exemplarisch. Mediziner nennen das das »Hausfrauensyndrom« und erklären es durch »die Unerfülltheit beim Hausfrauendasein und den Rollenkonflikt der Frau in unserer Gesellschaft« (Prof. van der Velde). Hinzu kommt die physische Erschöpfung der Frauen durch Arbeitsüberlastung.

Auch bei Irmgard S. muss der Mann nur in Ausnahmefällen auf direkte Machtdemonstrationen zurückgreifen. Das meiste erledigt Frau S. selbst: Sie hat längst ihre Unterdrückungsmechanismen verinnerlicht, war es ja schon in der Jugend gewohnt, für andere schuften zu müssen. Die Kraft all ihrer verhinderten Interessen hat sie in die Karriere ihres Mannes investiert. Ohne ihn würde sie heute sozial von einem Tag zum anderen zwei Stufen tiefer kippen – daher auch die Unmöglichkeit, ihn auch nur in Ansätzen in Frage zu stellen. Ihre sehr selbstbewusste Klarsicht bleibt immer nur auf einer persönlichen »Motz«-Stufe. Sie kann

Christa Winterfeld mit Ehemann und Kindern

es sich – wie sie es selbst so treffend sagt – gar nicht erlauben, nachzudenken, Schlüsse aus ihren Erkenntnissen zu ziehen. Da steckt sie lieber den Kopf in den Sand.

Der Punkt, an dem Frau S. ins Müttergenesungsheim fuhr, ist der, an dem andere Frauen manchmal Amok laufen. Dann steht am nächsten Tag in der Zeitung: »Mutter brachte sich und ihre Kinder um. Der Ehemann ist ratlos. Er sagte der Polizei: Ich verstehe das nicht. Sie hatte doch alles, was sie brauchte ...«

Zwei Jahre später – Christa W.: Weg einer Befreiung ...

Heute ist Christa Winterfeldt volltags berufstätig. Kinder und Mann haben sich inzwischen nicht nur damit abgefunden, sie sind sogar stolz darauf. Mehr noch: sie sind erleichtert. Die Kinder sind heute selbständiger, weil die Mutter weniger Zeit hat und weniger Grund zum »Beglucken«. Der Mann fühlt sich freier, weil er finanziell nicht mehr allein verantwortlich ist für die Familie.

Nach den ersten Jobs – Würstchenbude und Gemüsestand – hat Christa eine Arbeit gefunden, die ihr sinnvoll erscheint und Spaß macht. Sie ist »Hausmutter« im Berliner »Haus für geschlagene Frauen«, ist sozusagen die »Seele« dieses Hauses, in dem oft über hundert Frauen und Kinder Zuflucht finden.

Seither ist sie ein anderer Mensch. Auch die Beziehung zu ihrem Mann, die nie schlecht war, aber zunehmend belastet wurde durch Christas Frustration, hat sich verändert. »Neulich waren wir abends beim Italiener hier um die Ecke«, erzählt sie. »Da hat mich eine Frau angesprochen und gefragt: ›Sagen Sie mal, was reden Sie da eigentlich immer mit Ihrem Mann? Ich bin seit zehn Jahren verheiratet, und wir sitzen den ganzen Abend am Tisch und haben uns nichts zu sagen. Und Sie sind doch auch schon so lange verheiratet. Aber ich seh' Sie die ganze Zeit reden.‹ – ›Na, klar‹, hab ich geantwortet, ›ich erlebe ja auch viel. Und er auch. Da haben wir uns immer allerhand zu erzählen.‹«

Im Frauenhaus ist Christa eine Allroundkraft. Sie organisiert, verhandelt mit Handwerkern und Ämtern, holt von tobenden Vätern bedrohte Kinder aus der Wohnung und tröstet weinen-

de Frauen. Nicht selten trifft sie dann ein bewundernder Blick. »Du kannst alles«, staunen die Frauen. »Du bist stark, nicht so schwach wie wir.«
Dann muss Christa lachen. »Ausgerechnet ich ... Erinnerst du dich, was ich für eine Huschmaus war?« Ja, ich erinnere mich.
Heute erzählt sie den Frauen im Frauenhaus aus dieser Zeit; sagt, dass es auch jetzt manchmal nicht immer leicht für sie ist; erklärt, dass sie sich erst neuerdings so viel zutraut und früher ebenso mutlos war wie sie jetzt.
Von Anfang an ging ihr selbst verdientes Geld auf ihr eigenes Konto. Nur zum Wirtschaftsgeld steuert sie zu.
Als »Der kleine Unterschied« mit ihrem Protokoll erscheint, schicke ich ihr sofort ein Exemplar. Am nächsten Morgen ruft sie mich an: »Mein Mann spielt verrückt, Frau Schwarzer. Der hört gar nicht mehr auf, zu lesen. Ich hab das Buch noch nicht in der Hand gehabt. Gestern hat er bis tief in die Nacht rein drin geschmökert und mich dann nachts noch aufgeweckt, um mit mir zu diskutieren! Heute Morgen am Frühstückstisch wollt er schon wieder diskutieren. Ich glaube, der hat ein schlechtes Gewissen ...«
Winfried Winterfeldt ist das, was Frauen zu Recht einen »netten Mann« nennen. Er ist kein Monster, war nie eines. Doch hat er sehr selbstverständlich von den ihm als Mann zustehenden Privilegien profitiert (die ihm ja auch sehr selbstverständlich offeriert wurden).
Er hat sie ein Leben lang sich opfern lassen – und als sie nach 20 Jahren anfing, ganz sachte auch einmal an sich selbst zu denken, da hat er versucht, seine bisherigen Bequemlichkeiten weiterhin zu sichern, notfalls durch Zwang. Christa damals: »Klar, wenn ich arbeiten ginge, muss er sich auch mal die Schuhe selber putzen, und das widerstrebt ihm.«
Dass Christa letztlich nicht ganz auf der Strecke blieb und heute ein Stück eigenes Leben leben kann, liegt auch daran, dass er »eigentlich ganz nett« ist. Vor allem aber liegt es daran, dass Christa selbst stark genug geworden ist, ihre Interessen notfalls auch gegen ihn und die Kinder durchzusetzen. Das hat sie ihren

Lieben demonstrieren müssen – erst dann waren sie bereit, auch ihr ein Stück Freiheit einzuräumen!
In der Würstchenbude bleibt sie nur ein paar Wochen, dann verbessert sie sich an den Gemüsestand eines Supermarktes. Trotz Schufterei und Doppelbelastung blüht Christa auf. Mit ihren Kolleginnen versteht sie sich gut, und gegen den herrischen Filialleiter wehrt sie sich kräftig. Sie begreift viel in dieser Zeit. »Ich konnte mich wehren. Ich hatte es einfacher als die meisten Frauen, die ja auf den Verdienst angewiesen waren. Ich konnte sagen: Der Laden passt mir nicht, ich geh'. Inzwischen hatte ich ja auch gewusst, dass ich so eine Arbeit allemal finden würde.«
Einmal gibt sie zu Hause ein Fest und lädt dazu nur Kolleginnen ein. »Die beiden Männer, die hätten uns nur gestört. Der eine, der grabschte immer so, und der andere, der war hinter einer der Kolleginnen her. Also haben wir gesagt: die lassen wir draußen.«
Das Fest war eigentlich nur als »Quatschabend mit Schnittchen und Alkohol« geplant. Christa: »Aber als die erste Flasche Wodka leer war, kamen wir in Stimmung. Wir haben so gelacht und geschwoft, dass die Kinder im unteren Stock dachten, die Lampe fällt von der Decke. Bis nachts um halb drei haben wir getanzt und uns amüsiert. Als Winfried nach Hause kam, war er erst ganz entsetzt: ›Ihr macht so einen Lärm. Die ganze Straße ist wach.‹ – Na, und dann hat er ein paar Gläschen mitgetrunken. – Aber die Kollegen am nächsten Tag ... Die waren vielleicht sauer, als sie hörten, dass wir Frauen uns so amüsiert hatten.«
Christa fängt an, Frauen ernster zu nehmen, und hat nun auch außerhalb der sonst üblichen Freundschaften unter Paaren Kontakte zu Frauen. Als das Projekt für das Frauenhaus entsteht, scheint sie – die bis dahin nur wenig mit aktiven Feministinnen zu tun hatte – allen eine ideale »Hausmutter«. Sie kann zupacken, hat Herz und Verstand und dank ihrer Familie eine Menge Erfahrungen.
Auch Christa selbst ist interessiert. Der Aufenthalt im Müttergenesungswerk hatte ihr die Augen geöffnet über das Problem der

Gewalt in den Ehen. Außerdem wollte sie schon immer eine soziale Arbeit, »etwas, womit man die Welt verbessern kann«. Aber – sie hat auch Angst. Angst, es nicht zu schaffen. Angst, zu dumm zu sein. »Am Anfang hatte ich massig Komplexe, wenn wir uns in der Gruppe trafen«, erzählt sie heute. »Die anderen, die haben ja alle studiert, sind jünger als ich und auch ganz anders angezogen.«

Doch alle, auch ihr Mann, reden ihr zu: Du schaffst das schon. Kein Wunder, dass sie es dann auch schaffte. Ja, dass sie sogar mit zunehmenden Fortschritten ihre Ziele immer weiter steckt. Als nach einigen Wochen im Haus klar ist, wie ungünstig die Halbtagsarbeit ist (man ist weniger integriert und bekommt nicht alles mit) bespricht Christa sich mit ihrer Familie und – fängt an, ganztags zu arbeiten. »Wenn mir das jemand vor einem Jahr prophezeit hätte, dass ich mal ganztags arbeite – ich hätte gesagt, der spinnt!«

Aber wie bewältigt sie das alles? »Als Erstes hab ich meinen ganzen Haushalt rationalisiert. Geplättet wird überhaupt nicht mehr, ich hab nur noch Frotteewäsche. Und Einkaufen tun wir nur noch einmal in der Woche: montags mach ich einen Zettel, den ich im Supermarkt abgebe, samstags holt Winfried die schon gepackten Sachen ab. Mittwochs geht einer der Jungen noch mal Gemüse und Obst einkaufen. Alle werden ein wenig mehr belastet. Ich finde, der Haushalt ist jetzt nicht mehr nur meine Angelegenheit. Ich hab auch gelernt, mal was liegen zu lassen. Ich kann jetzt auch mal über was drüber steigen, räum denen nicht mehr alles hinterher.«

Auch ihre Umwelt sieht Christa jetzt mit anderen Augen: »Meine bisherigen Bekannten reagieren zum Teil komisch. Plötzlich merke ich auch, dass die meisten doof sind. Auch die Frauen. Der ganze Kleinkram, der die bewegt ... Wenn ich die einlade, muss ich vorher in allen Ecken putzen, weil ich genau weiß, dass sie reingucken und lästern. Meine Kolleginnen aus dem Frauenhaus, die kann ich jederzeit reinlassen, denen sind Staubflocken piepegal. Überhaupt sind die alle sehr nett. Da sagt niemand: Kieck mal, wie die aussieht ... Oder: Was hat die denn heute wieder an … Seit ich da arbeite, hab ich auch nicht mehr so 'n großes Minderwertigkeitsgefühl wegen meiner Pfunde. Das ist mir nicht mehr so wichtig. Die nehmen mich, wie ich bin.«

»Ich fühle mich heute jünger, obwohl ich doch älter werde. Ich habe auch Lust, noch dazuzulernen. Schreibmaschine schreiben zum Beispiel. Und Autofahren. Neulich war Winfried im Krankenhaus, da hat es mich richtig geärgert, dass ich mit dem Auto so abhängig von ihm bin.« Im Krankenhaus pflegte Winfried die Magengeschwüre, die ihm seine Arbeit eingebracht hat. Er ist Bauleiter. Vor dem Hintergrund von Christas Berufstätigkeit wagt er jetzt sogar, an einen Wechsel zu denken. Christa: »Notfalls kann ich ja die Familie ernähren.«

Christa Winterfeld 1977

Rita L., 35 Jahre, Sekretärin, geschieden

Wir treffen uns in ihrer Wohnung, einem kleinlich gebauten Zwei-Zimmer-Apartment an einer belebten Kölner Durchgangsstraße. Rita L. war gleich bereit, mich zu sehen. Bei unserem Gespräch bemüht sie sich freundlich, bleibt aber abwesend. Wir sehen uns zum ersten Mal, aber ich weiß von ihrem »Fall« schon seit über einem Jahr. Eine Freundin hat mir davon erzählt. Rita L. hat mehrere Schizophrenie-Schübe hinter sich. Von ihrem Mann, einem erfolgreichen linken Intellektuellen, ist sie seit zwei Jahren geschieden. In den Kliniken gaben die Ärzte wechselnde Ratschläge. Das ging von: »Als Frau haben Sie gehorsam und treu zu sein!« bis: »Sie sind ja wie eine Marionette. Sie sind viel zu fixiert auf Ihren Mann. Lernen Sie eigenständig denken!« Einer der Höhepunkte ihrer Krankheit war die Nacht, in der sie im Nachthemd aus der Wohnung gelaufen war, dann ihren Mann aus dem Bett klingelte und ihn an der Wohnungstür mit den Worten empfing: »Ich muss die Bombe wegwerfen ...« – in der Hand ein blutiges Tampon.

Rita L. hat bei ihren wechselnden Klinikaufenthalten oft Frauen von Bekannten und vor allem auch von bekannten Männern getroffen. So zum Beispiel die Ehefrau des berühmten Dirigenten, die sich einbildete, keine Musik mehr hören zu können. Diagnose: Schizophrenie. Die Frau war früher selbst Pianistin gewesen.

Das ist Ritas Leben. Sie kommt aus einer Arbeiterfamilie, Vater Kellner, Mutter Hausfrau. Sie ist als Kind sehr munter, viel sich selbst überlassen. Sie strolcht auf der Straße herum und hat »massig Freundinnen«. Eigentlich will sie Modezeichnerin wer-

den, aber die Eltern stecken sie ins Büro (»Du heiratest ja doch«). »Die Büroarbeit hasse ich heute noch – aber sie ist ja für mich die einzige Möglichkeit, mich zu ernähren.«
Für Jungen interessiert sie sich zunächst nicht sonderlich. Auf meine Fragen hin stellt sich heraus, dass sie ihre erste erotische Beziehung zu einer Frau hatte:
»Mit 14 hatte ich lesbische Züge. Ich hatte das Bedürfnis, Frauen zu berühren, und habe auch oft mit meiner Freundin geschmust. Wir haben uns dann nackt aufeinander gelegt – eigentlich war das sehr schön. Heute weiß ich, dass das eine vorpubertäre Entwicklung war. – Nein, ich habe das noch nie jemandem erzählt und es auch immer geleugnet.«
Mit 16 trifft sie in einer Milchbar ihre »große Liebe«: »Er trug eine dunkel getönte Brille, was mir damals sehr imponierte, war sieben Jahre älter als ich und Schriftsteller.« Bald darauf schläft sie mit ihm:
»Anfangs machte es mir überhaupt keinen Spaß. Es tat mir nur weh. Warum ich es dann getan habe? Weil ich Angst hatte, ihn zu verlieren. Er drängte mich immer. Ich wollte ihn eben nicht verlieren ... Es hat mir zwar keinen Spaß gemacht, aber ich muss sagen, dass er sehr rücksichtsvoll und verständnisvoll war.«
Zwei Jahre später heirateten sie. »Das war eigentlich über Jahre hinweg eine sehr schöne Zeit«, sagte Rita L. im Rückblick.
Ihre Worte bröckeln zögernd in den Raum. Nur durch mein Insistieren, immer wieder Nachfragen, entsteht langsam das Mosaik ihres Ehealltags.
»Ich habe meine Stelle aufgegeben und nur noch für ihn gearbeitet. Morgens stand er meistens als Erster auf. Er hat mich dann geweckt, und ich hab' das Frühstück gemacht. Dann habe ich für meinen Mann gearbeitet. Meistens schrieb ich Manuskripte, die er vorgeschrieben und redigiert hat und mir dann zum Abtippen gab. Meine Schreibmaschine stand mit auf dem Schreibtisch meines Mannes, da hatte ich eine Ecke für mich.
Nein, einen eigenen Raum hatte ich nicht.
Wie unsere Wohnung aussah? Wir hatten ein Doppelzimmer – Wohn- und Arbeitszimmer – und ein Schlafzimmer.

Wenn ich etwas falsch gemacht habe, hat er mich nicht sehr kritisiert. Er war immer sehr gnädig mit mir.«
Diese letzten Worte sagt Frau L. ohne jegliche Ironie.
Ich frage sie, ob nicht die Frage nach ihrer Bezahlung aufgetaucht sei, als sie für ihren Mann als Sekretärin arbeitete?
»Ich habe nicht daran gedacht. Aber Freunde haben was gesagt. Doch er fand das ganz unsinnig, weil er mir ja Kleider kaufte, mir zu essen gab und auch die Wohnung. Eigenes Geld hatte ich nicht. Ich musste fragen. Aber mein Mann war immer sehr großzügig. Oft habe ich auch Geld vom Einkaufen überbehalten, und er hat nichts gesagt, obwohl er's gewusst hat. Dafür habe ich dann Möbel gekauft oder so. Ich habe nie etwas für mich ausgegeben.
Aber er war wirklich großzügig, hat mich in schicke Kleider gesteckt, in teure Schuhe, immer vom besten Geschäft.«
Herr L., Schriftsteller, arbeitet auch viel fürs Fernsehen. Lieblingsthemen: Revolution, Ausgebeutete und Proletarier. Ich frage Frau L., ob sie sich vorstellen kann, dass er das Gleiche für sie getan hätte: seinen Beruf aufgegeben und für ihre Karriere getippt und gekocht.
Unvorstellbar. Das hätte mein Mann nie getan. Für ihn war immer der Beruf das wichtigste.«
Und warum hat sie es getan?
»Ja wahrscheinlich aus Liebe. Ich liebte ihn ja.«
So geht das zehn Jahre lang. Rita L.:
»Man kann schon sagen, dass wir das, was er heute ist, zusammen aufgebaut haben. Darum habe ich ja bei der Scheidung auch die Hälfte des Zugewinns – 60 000 Mark – zugesprochen bekommen.
Seine Manuskripte hat er immer mit mir diskutiert. Oft hat er auch Ideen von mir verwandt. Ich hab' seine Gäste bewirtet: seine Kollegen und Auftraggeber mochten mich, denn ich war früher ein sehr hübsches Mädchen und hatte, glaube ich, ein gewinnendes Wesen.
Wir sind viel gereist, für mich war es einfach, mich in der Gesellschaft zu bewegen, in die wir gerieten. Das waren meist Kompo-

nisten und Schriftsteller. Wir verkehrten viel mit Adorno und Bloch ...«

Ich frage, ob er seine Probleme mit ihr besprochen hat.

»Nein, wenn er Probleme hatte, hat er sich total zurückgezogen. Er wollte mich nicht damit belasten, hieß es dann. Er hat mich sozusagen wie ein Kind behandelt. So bin ich dann mehr und mehr zu dieser unselbständigen Person geworden, die ich heute bin.

Ich konnte ja auch nichts realisieren, was mir vorschwebte. Das fing an mit dem Ballettkurs, den ich besuchen wollte – der wurde als Unsinn abgetan. Er wollte eben aus mir eine Professorin machen, aber das lag mir nicht.«

Hat er sie denn, wenn er sie zur »Professorin« machen wollte, auf eine Schule geschickt?

»Nein, überhaupt nicht. Daran lag ihm ja nichts. Ich habe mehrmals den Versuch gemacht, einen Beruf zu ergreifen: Alles, was sich so zufällig ergab. Zum Beispiel habe ich eine Zeit lang als Sprechstundenhilfe gearbeitet, für einen Bekannten von uns. Das hat mir einen unheimlichen Spaß gemacht. Mein Mann wollte das aber nicht, sondern wollte lieber, dass ich für ihn arbeite.

Das ist zehn Jahre lang gut gegangen. Bis ich so eine Art Altersangst bekam. Einmal wurde ich krank – aber ich war ja noch nicht einmal versichert. Wir waren beide nicht versichert. Er fand das unnötig, wollte da sparen. Dasselbe bei der Altersversorgung. Ich glaube, er wollte einfach nicht daran erinnert werden, dass er älter wird. Er hat auch eine sehr viel jüngere Freundin.«

Ich frage Rita L. nach dem Verlauf ihrer Krankheit.

»Nach dem Umzug ist das zum ersten Mal aufgetaucht. Wir zogen damals in eine noch größere, noch schönere Wohnung. Das wurde einfach zu viel für mich. Das hat mich so überwältigt, dass ich's gar nicht mehr fassen konnte. Anschließend fuhren wir nach Amerika, um einen Film zu drehen. Und da bin ich krank geworden.

Ich dachte, ich schaff' es nicht mehr und keiner mag mich, keiner akzeptiert mich, keiner findet meine Arbeit gut. Ich hab' mich da immer mehr reingesteigert und bin dann total zusammenge-

brochen. Ich dachte, ich sei nicht im Krankenhaus, sondern im Hotel, redete nur Deutsch in Amerika … Es hat ungefähr zwei Wochen gedauert, dann war der erste Schub vorbei.
Als ich nach Deutschland zurückkam, kam ich gleich nach Bonn in die Klinik. Da hatte ich einen Rückfall. Ich hörte Stimmen und sah Bilder, Zeichen und Symbole. Stimmen aus Lautsprechern oder Geflüster durch die Wand. Alle gaben mir Instruktionen, was ich zu tun hätte. Das lief immer darauf hinaus, dass ich mir das Leben nehmen sollte. Das habe ich dann auch ein paar Mal versucht, aber ich war letztlich immer zu feige, es auch wirklich zu Ende zu führen.
Die Ärzte meinten später, ich hätte damals intuitiv geahnt, dass mein Mann eine andere Frau hatte. Während ich krank wurde, hat er das mit der neuen Frau angefangen. Vorher hatte er nie eine andere Beziehung gehabt. Ich auch nicht.
In Bonn hat zunächst allerdings kaum jemand mit mir geredet. Die haben mich mehr medikamentös behandelt. Erst als ich nach Herborn in die Klinik kam, bin ich auch psychotherapeutisch behandelt worden.
Angefangen hat es 1972. 1973 hatte ich dann einen Rückfall. Dazwischen lag die Scheidung. Damit hängt vieles zusammen.
Ich selbst habe die Scheidung eingereicht, weil ich den Zustand nicht länger ertragen konnte: Mit dem Mädchen wurde ständig telefoniert, und ich bekam alles mit. Er fuhr mit ihr in Urlaub, nach London, und erzählte mir dann alles brühwarm: Wie sie aussieht, wie sie lacht … Alles Dinge, die ich nicht wissen wollte, weil sie mich nur verletzten. Alles an ihr war schön und vollkommen. Ich war plötzlich gar nichts mehr.
Als ich damals vom Anwalt, der mir dringend zur Scheidung riet, zurückkam, hat mein Mann zu mir gesagt: Das war das Dümmste, was du machen konntest. – Ich muss sagen, heute bereue ich es auch. Ich hänge immer noch sehr an meinem Mann.
Erst kam ich mir sehr einsam und verlassen vor, das bin ich eigentlich auch heute noch. Ich kannte ja niemanden, hatte all meine Beziehungen abgebrochen, als ich heiratete. Ich hatte nur noch ihn.«

Ich frage Rita L., wie sie ihrer Meinung nach in diese totale Abhängigkeit hineingeraten ist.
»Weil ich meinen Mann wahrscheinlich viel zu sehr angehimmelt habe. Er wusste alles besser. Er wusste auf jede Frage eine Antwort. Das hat mir so stark imponiert, dass ich mit der Zeit glaubte, ich wüsste immer weniger und er immer mehr. Er bildete sich ja auch ständig weiter, las sehr viel. Ich habe zwar auch gelesen, aber ich brauchte ja sehr viel länger für ein Buch und hab' dann auch eher Romane oder Belletristik gelesen.«
Heute ist Rita L. sehr ratlos. Sie hat Angst. Angst auch vor der Schizophrenie. In Bonn hat ein Arzt ihr gesagt, es sei typisch für die Krankheit, dass sie in den Wechseljahren wiederaufbräche. Später, in Herborn, erklärten ihr Therapeuten, dass ihr Mann ihr keinen Lebensraum mehr gelassen habe und dass sie darum so zur Marionette geworden sei. »Er hat Sie zu sehr kontrolliert. Sie müssen jetzt wieder eigenständig werden.«
Aber wie? Rita L., das einst so muntere Mädchen, sieht das rational alles ein, weiß aber nicht, wie sie es bewältigen soll. Ihre berufliche Situation ist – das kommt hinzu – desolat. Zur Zeit ist sie arbeitslos. Die Rundfunkanstalt, wo sie zuletzt als Sekretärin gearbeitet hat, hat ihr nach der Probezeit ohne Begründung gekündigt. Sie weiß nicht, warum. »Vielleicht«, sagt sie, »bin ich den Leuten unsympathisch – das hat auch etwas mit meinem Krankheitsbild zu tun, ist bezeichnend dafür.«
Befriedigende neue Beziehungen zu Männern hat sie nicht knüpfen können.
»Die meisten Männer, die ich nach der Scheidung kennen gelernt habe, waren verheiratet. Die kommen an mit 'nem kleinen Geschenk, Pralinen oder Schallplatten oder Bücher, und meinen, sich damit das Recht erkauft zu haben, mit einem zu schlafen. Dann wird ein Bier oder ein Wein getrunken, und dann geht man ins Bett. Dann zieht er sich wieder an und geht nach Hause. Viermal hab ich das gemacht. Immer bin ich unbefriedigt geblieben – auf allen Ebenen.«
Ich frage, ob sie das den Männern gesagt hat.
»Nein. Ich wollte die ja nicht verletzen.«

Rita L. geht diese Art Beziehungen aus Einsamkeit ein. Sie hat keine Vorstellung, was werden soll. Sie würde gern eine Arbeit machen, die sie interessiert, hat aber ihre Interessen und Fähigkeiten schon seit langem vergessen.
Sie hat einen Bruder. Der ist Personalchef bei einer Bank. Sie hat auch eine Schwester. Die ist Hausfrau, hat keinen Beruf und drei Kinder. Die Schwester hat einen Selbstmordversuch unternommen, als ihr Mann sie wegen einer anderen verlassen wollte. »Heute ist bei denen wieder alles in Ordnung, sie ist zufrieden«, erzählt Rita L.
Zufrieden war auch Rita L. Bis zur Krise.
Würde sie zu ihrem geschiedenen Mann zurückgehen, wenn er wollte?
»Ja, sofort.«
Weiß sie, was das für sie bedeutet?
»Ja«, antwortet sie. Einfach nur: »Ja.«
Rita L. hat eine Ärztin gefunden, zu der sie Vertrauen hat. Sie steht unter täglichen Medikamenten.
»Die Ärztin meint, das muss sein. Bis an mein Lebensende.«

Ihre Flucht in die Schizophrenie und der Gedanke an Selbstmord waren konsequent: Sie, die 24 Stunden am Tag nur noch für ihn lebte, hatte mit seinem Weggang ihre Existenzberechtigung verloren. Ob sie es jetzt noch schaffen wird, steht offen.
In welchem Ausmaß weiblicher Wahnsinn eine Verweigerung der Frauenrolle oder aber das klägliche Resultat ihrer Akzeptierung ist, beschreibt Phyllis Chesler in »Frauen – das verrückte Geschlecht?« Die psychiatrischen Anstalten sind die letzten und infernalsten Stationen zur Versklavung ausbrechender oder gebrochener Frauen. Da sind Frauen wie Rita, die durch den systematischen Raub ihrer Identität in die Krankheit getrieben wurden. Oder aber auch Frauen, die sich wehren, und darum einfach für verrückt erklärt werden.
So zitiert Chesler eine Untersuchung bei einer Gruppe von »Schizophrenen«, von denen nach der Entlassung ein Teil als

»geheilt« zu Hause bleiben konnte und ein anderer als »krank« rehospitalisiert wurde. Bei allen (auf Verlangen der Ehemänner!) wieder eingewiesenen Frauen handelt es sich um Frauen, die sich »unwillig« bei der Hausarbeit gezeigt hatten und ihren Männern zum Beispiel durch ihr »Fluchen« aufgefallen waren. Das war der einzige Unterschied! In ihrer Freizeit unterschied sich das Verhalten der »schizophrenen« Frauen durch nichts von dem der »normalen«.

In den Anstalten selbst verrichten Frauen geschlechtsspezifische Arbeiten (sie putzen, während Männer im Garten arbeiten) und werden zu »weiblichem« Verhalten angehalten: Kokettsein und Sichschminken gelten als Zeichen zunehmender Gesundung. So sagte ein Arzt der Berliner Waldhaus-Klinik zu einer zu entlassenden Patientin: »Lachen Sie nicht wieder so viel, sonst bringt Ihr Mann Sie gleich wieder zurück.«

Das heißt: Die Kriterien für Wahnsinn sind sexistisch: Was bei Männern normal ist, ist bei Frauen krankhaft (Aggressivität, Aktivität etc.). Mehr noch, Hausfrauen sind bei der Beurteilung ihres Geisteszustandes in besonderem Ausmaß von der Aussage des eigenen Mannes abhängig, da sie keine Kollegen und keine Kegelbrüder haben, und der Ehemann oft der einzige Mensch ist, der behaupten kann, sie beurteilen zu können. Gerade im bürgerlichen und intellektuellen Milieu scheint es darum zunehmend zur Masche zu werden, seine Frau einfach in die »Klapsmühle« abzuschieben ...

Im Falle der Rita L. scheint sich der ehemalige Mann besonders schuldig gemacht zu haben. Er hat das einst muntere Mädchen durch systematische Bevormundung und Benutzung bis zum Wahnsinn getrieben. Ritas Abhängigkeit war total: Sie hatte nicht nur keinen eigenen Raum, sondern noch nicht einmal einen eigenen Schreibtisch! Sie war nicht mehr als sein verlängerter Arm. Gut genug, für ihn zu arbeiten, zu schlecht, um seine Probleme teilen zu dürfen. Dass er sie nicht nur als Ehefrau für sich arbeiten ließ, sondern auch ihre Sekretärinnendienste nicht entlohnte, ist vor allem in Anbetracht seines linken politischen Anspruchs ungeheuerlich. Könnte ein »Linker« wa-

gen, einen schwarzen »Hausboy« in einer solchen Leibeigenschaft zu halten?
Rita hält das blutige Tampon in der Hand und sagt: »Ich muss die Bombe wegwerfen ...« Ihre Weiblichkeit ist ihre Bombe.
Wenn der Arzt Rita freundlicherweise sagt, dass in den Wechseljahren die Krankheit oft wieder durchbricht, hat er vergessen, hinzuzufügen, dass auch das etwas mit dem sich verschärfenden Rollenkonflikt der alternden Frau zu tun hat: Die Kinder sind aus dem Haus, als Sexualobjekt taugt sie in den Augen der Männer nichts mehr, vor ihr liegt die Leere ihres Lebens.
Die Kluft zwischen dem Leben, an dem Rita zumindest scheinbar partizipierte – Intellektuellenmilieu, Reisen, interessante Arbeit, Geld –, und ihrem heutigen Sekretärinnendasein erschwert ihr das Akzeptieren ihrer jetzigen Realität. Hinzu kommt die Trostlosigkeit ihrer neuen »Beziehungen«. Wen will es da wundern, dass Rita trotz ihrer Klarsichtigkeit zurückgehen würde – wenn er nur wollte (was er natürlich nicht will).
Und immer noch sagt Rita: »Ich will ihn nicht verletzen.« Immer noch nimmt sie ihren ehemaligen Mann in Schutz und schont die Männer, die sie jetzt benutzen. Sie steht immer hintenan, hat keine Rechte und keine Identität. Nichts ist »weiblicher« (anerzogen weiblicher, wohlgemerkt). Darum ist gerade die Schizophrenie nur die konsequente Fortsetzung der Rolle, die Frauen in dieser Gesellschaft zugewiesen wird. Und immer, selbst und gerade im Falle der Rita L., ist sie nicht nur eine Frage des Bewusstseins, sondern auch eine Frage der realen Möglichkeiten von Frauen in einer Männergesellschaft.

Karen J., 34 Jahre, Hausfrau, drei Kinder, Ehemann Angestellter

Karen J. lebt in einem hessischen Dorf. Eines Tages bekam ich über meinen Verlag einen langen Brief von ihr. Ich erinnere mich: Sie war mir auf einer Veranstaltung gegen den § 218 aufgefallen. Aus zwei Gründen: einmal, weil sie so »artig« aussah, also aus dem Rahmen der sonst häufig auf Meetings und Demonstrationen anzutreffenden Frauen fiel; zum anderen, weil sie, die Mutter von drei Kindern, mir etwas sagte, was mich nachdenklich machte: Es sei schon richtig, dass der Hausfrauenjob beklemmend sei, das empfinde sie auch so. Aber das mit der Vergesellschaftung der Kinder akzeptiere sie so nicht – denn da käme sie sich ja vor wie eine Gebärmaschine. Wenn sie schon ein Kind auf die Welt bringe, dann wolle sie auch die Möglichkeit haben, sich darum zu kümmern. Mir schien das nur allzu einleuchtend, und es machte mir ein Stückchen klarer, warum ich immer so ein Unbehagen hatte bei dem schnoddrigen Slogan von der »Vergesellschaftung der Kinder«. Was in der Praxis der sozialistischen Länder ja doch nicht mehr bedeutet als: von der individuellen Verantwortung von Frauen für Kinder zur kollektiven Frauen-Verantwortung – Männer halten sich weiter raus, sind weder in Krippen noch in Kindergärten. Damit allein würde es nicht getan sein.

In ihrem Brief schrieb sie mir von ihrem Alltagsleben – von »der Nutella auf dem Brot und dem Blinker auf dem Fußboden« – und warum sie nicht bereit sei, nun um jeden Preis sofort auch noch zusätzlich berufstätig zu werden, was in ihrem Fall bei einem Fünf-Personen-Haushalt nur einen Halbtagsjob und ewige Hetze bedeuten konnte. Mit diesen Vorstellungen im Kopf traf ich sie ein Jahr später wieder. Was ich nicht wissen konnte, war, dass sich inzwischen sehr viel getan hatte. Karen hatte sich nach 13 Ehejahren sehr heftig in eine Frau verliebt und mit ihr eine sexuelle Beziehung angefangen. Dadurch brach die latente Krise in ihrer Ehe auf. Karen steht heute vor der Überlegung, sich scheiden zu lassen. Ihre schwerste Belastung sind dabei die Schuldgefühle Mann und Kindern gegenüber.

Wir treffen uns nicht bei ihr zu Hause, weil sie das »problematisch« findet. Sie macht den Eindruck eines Menschen, der Wissen und Wissenwollen, Stärke und Verletzlichkeit nur mühsamst zurückhält. Sie hat ein zart mädchenhaftes Gesicht, in dem sich drängende Anspannung und abwartende Scheu spiegeln.

Ich frage Karen, wie es zu dieser Beziehung mit einer Frau gekommen ist.

»Das war keine bewusst herbeigeführte Sache, sondern eigentlich nur eine ganz logische Entwicklung meiner dreijährigen Arbeit im Frauenforum. Das heißt, da war nicht die Andeutung einer Frauenbeziehung im Forum, aber die ganze Entwicklung und Bewusstmachung meiner Situation als Frau ...«

Diese Frauenforen gibt es in mehreren Städten. Es sind Einrichtungen der Volkshochschule, Kurse, die nachmittags laufen und den Frauen theoretische und praktische Emanzipationshilfe geben möchten. Karen hatte die Ankündigung des Forums eines Tages im Volkshochschulprogramm gesehen und war mit ihrer Schwester hingegangen. Die anderen Frauen waren Hausfrauen und Mütter wie sie.

»Aber den ersten richtigen Schock hab' ich vor etwa einem Jahr bekommen, an dem Abend, an dem ich auf dieser 218-Veranstaltung der SPD mit Minister Jahn war. Wir sind da mit ein paar Frauen aus dem Forum zusammen hin. Für mich war das der erste öffentliche politische Abend überhaupt in meinem Leben. Da erlebte ich zum ersten Mal, wie die ewig zur Sachlichkeit mahnenden Männer – ›Nur keine Emotionen, meine Damen, nur keine Emotionen‹ –, wie die also ausfallend, ja regelrecht infam wurden und genau das taten, was sie den Frauen immer vorwerfen. Frauen, die diesem nicht enden wollenden, einschläfernde

Banalitäten erzählenden Minister Jahn mal ins Wort fielen, die wurden gleich angeschrien: Wir sind hier nicht im Kindergarten! Und drohend rückten ein paar stämmige Männer an, die sie aus dem Saal schleppen wollten! Ein paar haben sie dann wirklich brutal rausgeschleift. Und prompt ging dann ein Mann ans Mikrophon und sprach einfach – der hatte sich auch nicht zu Wort gemeldet, aber da hat nicht ein Einziger gesagt, wir sind hier nicht im Kindergarten.
Da hat sich in mir so die Wut angestaut, dass ich mich zum ersten Mal in meinem Leben ans Mikrophon getraut habe. Ich hab' nicht gestottert und nicht gestockt, und keiner hat mir was entgegensetzen können. Ich hab' denen einfach gesagt, dass ich zum Beispiel nicht wüsste, an wen ich mich wenden sollte, wenn ich noch mal schwanger würde. Und: Ein einziger Mann sollte sich doch mal vor einem Gremium von drei Ärztinnen seelisch entblößen müssen und darlegen, warum er nicht willens ist, das vierte, fünfte oder sechste Kind auszutragen – da würde es den ganzen Paragraphen niemals geben. Dazu wäre kein Mann bereit! Und ich bin es auch nicht. Ich würde zur Engelmacherin gehen, das weiß ich, und was dann aus meinen drei Kindern wird, das weiß der Himmel.
Und dann hab' ich noch gesagt, dass ich ein Jahr lang eine Wohnung gesucht habe. Dass man eher mit drei Bluthunden eine Wohnung kriegt als mit drei Kindern. – Die waren ganz still. Die wussten nicht, was sie sagen sollten. Die haben alle nur weise mit ihren Köpfen genickt.
Wieder zu Hause angekommen, habe ich angefangen, mir noch mehr Gedanken zu machen und noch mehr Bücher zu lesen.
Über das Forum, wo wir uns einmal in der Woche nachmittags trafen, hatte sich inzwischen eine Kindergruppe gebildet. Na, und über die Kinder entstanden dann Freundschaften zwischen uns, den Müttern. Da habe ich zum ersten Mal erlebt, dass ich ohne diese ewige Hetze mit anderen Frauen reden konnte, denn wir hatten ja die Betreuung der Kinder zu mehreren Frauen kollektiv organisiert und nun endlich ab und zu auch mal Zeit für uns. (Das heißt, ich habe inzwischen mein Problem teilweise ge-

löst, indem ich zusammen mit meiner Schwester in ein Haus gezogen bin und wir uns die Beaufsichtigung unserer Kinder teilen.)
Vor etwa einem dreiviertel Jahr nahm mich eine der Frauen im Forum beiseite und fragte, was ich denn von Beziehungen unter Frauen hielte. Es sei da eine Frau an sie herangetreten, sie fände die auch sehr nett, könne das aber überhaupt nicht mit ihrer Erziehung vereinbaren.
Noch nie im Leben hatte mich jemand so was gefragt. Ich hab' eher intuitiv geantwortet, da ich ja bisher bewusst eigentlich noch nie über das Thema nachgedacht hatte. Das heißt, in der Zeit hatte ich auch gerade einen Artikel im Spiegel gelesen, ›Die neue Zärtlichkeit‹ hieß der.
Ich habe ihr dann gesagt, dass ich meine allererste körperliche Beziehung als junges Mädchen mit einer Frau gehabt hätte und dass mir das – wenn ich heute so überlege, sehr geholfen hat, überhaupt auch selbst Zärtlichkeit zu entwickeln. Von daher könne ich also Frauenbeziehungen nur bejahen. Ich muss allerdings zugeben, dass dieses erste Erlebnis für mich bis dahin nur eine Art pubertärer Erscheinung gewesen war, die sich dann ganz selbstverständlich zu einer reifen Heterosexualität entwickelt hatte. Wenn ich aber jetzt nachdachte, konnte ich diese nachträgliche Interpretation für mich eigentlich nicht so ganz akzeptieren.
Wenig später ist es dann passiert. Ich denke, dass ich den Ballast aus meinem Kopf geräumt hatte und nun zumindest in meinen Gedanken frei genug war, um mich überhaupt in eine Frau verlieben zu können. Es ist dann alles sehr selbstverständlich gelaufen. Gar nicht, wie man sich das so vorstellt, verschämt oder so. Wir sind bei unserer ersten bewussten Verabredung gleich zusammen ins Bett gegangen – und haben das dann 20 Stunden nicht mehr verlassen. Das war eigentlich das Schönste, was ich bisher erlebt habe. So zärtlich und erotisch zugleich.
Da habe ich entdeckt, dass eine Frau eben dieselben Bedürfnisse wie ich hat, dass man da gar nicht lange reden muss und sich auch nicht zu verstellen oder anzupassen braucht. Obwohl ich

früher ja auch mit meinem Mann eine teilweise befriedigende Sexualität hatte, habe ich mit ihr zum ersten Mal Erotik frei von Zwängen und Schuldgefühlen erleben können. Ja, ich glaube, das ist es, was für mich so neu und so anders war.
Sehr schnell habe ich dann gemerkt, dass ich mit der Tatsache, eine Frau lieben zu können, auch angefangen habe, mich selbst mehr zu akzeptieren. Ich habe nämlich ganz entsetzliche Komplexe, die schon bis zum Selbsthass und zur Selbstzerstörung gegangen sind.«
Zu der Beziehung mit ihrer Freundin steht sie mit einer ganz erstaunlichen Selbstverständlichkeit und Courage auch in Familie und Umwelt. Sie erzählt von der Reaktion des Ehemannes (er droht, nach anfänglicher Gelassenheit, jetzt mit Selbstmord), im Bekanntenkreis (zwei Ehemänner, die ihr beide früher selbst den Hof gemacht hatten, haben nun ihren Frauen den Umgang mit ihr verboten) und ihrer Kinder, die auf klare Fragen klare Antworten bekommen.
»Einmal hat mein Jüngster mich mit meiner Freundin schmusen sehen, und da hat er gefragt: Seid ihr verliebt? – Ich hab ihm einfach mit ›Ja‹ geantwortet. – Und wer ist bei euch der Mann?, hat er dann gesagt. – Na keiner, hab' ich geantwortet, du siehst ja, dass auch zwei Frauen sich lieb haben können.
Klar, die waren zunächst ein wenig irritiert. Die sehen ja auch überall – im Fernsehen, in den Illustrierten – immer nur die Pärchenwirtschaft mit einem Mann und einer Frau. Die können sich das anders gar nicht vorstellen. Der Große ist elf, die Kleinen sind sechs und sieben. Ich bin ja auch so erzogen worden. Ich hatte ja auch keine Ahnung, dass es auch eine Alternative gibt. Aber wenn ich eine Tochter hätte, würde ich ihr heute sagen, dass man als Frau auch Frauen lieben kann.
Meine Kinder fangen schon jetzt an, das mit gelassener Selbstverständlichkeit zu sehen. Neulich haben sie ihren Vater gefragt: ›Wo ist denn die Karen?‹ Da hat der gesagt: ›Bei der Ursula‹ – also bei meiner Freundin. ›Na klar‹, sagt der Mittlere, ›ist die bei der Ursula. Die hat sie doch so lieb wie Käse.‹ Käse, muss man wissen, ist seine Lieblingsspeise.«

Ihren Mann schildert Karen als »atypisch sensibel und aufmerksam«: »Er ist wirklich sehr verständnisvoll und im positiven Sinne unmännlich. Auch im Bett. Da ist er zum Beispiel gar nicht so penisfixiert wie die meisten.«
Sie überlegt einen Augenblick und sagt dann:
»Heterosexuelle Beziehungen könnten ja genauso schön sein, wenn man nicht so abhängig wäre.«
Ich versuche zu verstehen, wo sie sich abhängig fühlt, und frage sie nach der Geschichte ihrer Ehe und ihrer Kindheit.
Erzogen wurde sie von der Großmutter. Ihre Mutter war Kriegerwitwe und eine sehr selbständige Frau. »Sie verdiente wie ein Mann und hatte abends immer etwas vor.« Bisher hatte Karen eine gespannte Beziehung zu ihr, »weil sie so dominant war und mich damit ziemlich entmündigt hat«. Jetzt, seit sie die Beziehung zu einer Frau hat, kann sie ihrer Mutter zum ersten Mal ohne Aggressionen begegnen. »Was bestimmt auch etwas mit meiner Selbstannahme zu tun hat.«
Mit 15 hat sie ihre erste sexuelle Beziehung – zu einer Klassenkameradin. »Deren Mutter war auch Kriegerwitwe, und wir hatten viele Freiheiten. Was mir an ihr gefiel, war ihr unvoreingenommenes Zu-mir-Halten.« Diese Beziehung hat Karen verdrängt und bis vor kurzem fast vergessen. Sie ist ihr erst in den letzten Monaten wieder zu Bewusstsein gekommen.
Mit 16 verliebt sie sich in einen Schulkameraden. Es ist sehr romantisch, und als es tragisch endet, verlässt sie die Schule – noch vor der mittleren Reife. Er bleibt. Sie beginnt eine Lehre als Arzthelferin – auch, um der Mutter nicht länger das Geldverdienen allein aufzubürden. Sie hat komplikationslose Urlaubsflirts, mit denen sie sich romantische Briefe schreibt. »Ich war nicht die Art Mädchen, mit der man ins Bett ging. Ich war eher die Madonna, die man später heiraten wollte.«
Sie masturbiert. »Sehr gern sogar. Das war nie ein Ersatz für mich. Ich schlafe gern mit mir.«
Mit 18 denkt sie, dass sie es nun langsam auch mal bringen muss, und plant sehr überlegt ihre Defloration.
»Im Nachhinein muss ich sagen, dass ich das ganz gut gemacht

habe. Ich habe es selbst geplant, weil ich es nicht mit mir geschehen lassen wollte. Ich wollte das schon selbst bestimmen, wollte nicht Objekt sein. Den Jungen kannte ich schon, als er noch klein war. Er kriegte immer rote Ohren, wenn er mich sah, und war zwei Jahre jünger als ich. Irgendwie hab' ich mich dann eines Tages in ihn verliebt und gedacht, dass er der Richtige für den Anfang sei. Und ich habe mich nicht getäuscht: Er hat es sehr zärtlich und mit viel Hingabe gemacht – was bei einer souveränen Eroberung durch einen Mann nicht der Fall gewesen wäre. Es war wirklich wunderschön, auch wenn es mit einer Panne anfing. Das Kondom ging kaputt, und ich hatte eine grauenvolle Angst, ein Kind zu kriegen. Daran ist letztlich diese Beziehung auch gleich gescheitert: Ich wollte ihn nicht wiedersehen.«

Wenig später lernt sie ihren zukünftigen Mann kennen. In dieser Zeit fühlt Karen sich sehr einsam. Ihre Schwester hat bereits einen festen Freund, ihre Mutter lebt mehr oder weniger ihr eigenes Leben, die alten Schulfreundinnen sind verschwunden. Sie verlobt sich nach ein paar Monaten und schläft auch mit ihm. Es macht ihr Spaß. »Ich bin«, sagt sie heute im Rückblick, »dem Mythos vom vaginalen Orgasmus nie aufgesessen. Ich kannte meinen Körper ja vom Masturbieren. Außerdem bin ich anatomisch günstig gebaut, das heißt, es wird beim Koitus bei mir auch immer die Klitoris mitberührt.«

Nur vor einer ungewollten Schwangerschaft ist sie regelrecht terrorisiert. Sie will auf gar keinen Fall heiraten müssen und sagt das auch immer wieder ihrem Verlobten. Als die Beziehung zu kriseln beginnt und sie Anstalten macht, sich zurückzuziehen, passiert es:

»Wir haben Knaus-Ogino gemacht, und er hat meinen Kalender geführt. Ich konnte den Kalender nicht mit mir rumtragen, weil meine Mutter es nicht wissen sollte. Da hat er es dann genau am kritischsten Tag drauf ankommen lassen. Ich weiß noch, dass ich zur Salzsäule erstarrt bin und mich gleich danach übergeben habe. Na, und dabei blieb es dann neun Monate lang. Die ganze Zeit über habe ich immer nur gekotzt. Ich weiß warum. Ich habe

ihm das niemals verziehen, dass er mich so gezwungen hat. – Gesagt hab' ich's ihm erst vor ein paar Monaten.
Damals hat er mir versprochen, hoch und heilig versprochen, dass er so was niemals wieder tun wird. Aber das nützte ja nichts, ich war nun mal schwanger. Was sollte ich tun? Der Kindsvater riss sich darum, die Kindsmutter zu heiraten, vor Abtreibung hatte ich Angst … Das hat dann die Weichen gestellt. Wir haben geheiratet.«
Sie ziehen zunächst in ein separates Leerzimmer. Er verdient 475 Mark brutto im Monat, 160 kostet das Zimmer. Sie gibt ihren Beruf auf, will ihr Kind in den ersten Jahren nicht in die Krippe geben. Nach einem Umzug in eine größere Wohnung kommt ein zweites Kind, diesmal geplant, weil Karen »das erste nicht so allein aufwachsen lassen will«. Auch das dritte Kind war ein Wunschkind und sollte nach einer gerade überwundenen Krise die Ehe zusätzlich kitten. Heute sagt Karen:
»Natürlich hätte auch mein Mann die Kinder großziehen und ich berufstätig sein können. Klar, theoretisch schon. Aber praktisch war das einfach nicht so – es war so außerhalb alles Vorstellbaren. Und dann fing auch seine Karriere an. Sehr geplant. Jahrelang hat er so geschuftet, dass ich fast jeden Abend allein mit den Kindern dasaß. Am Wochenende auch …«
Karen hockte in einer Sozialbau-Wohnung in einer Satellitenstadt, wo niemand mit niemandem Kontakt hat. Die Verantwortung für ihre Kinder, das Einerlei im Haushalt (dessen Monotonie ihr sehr bewusst ist), das freundliche Schweigen in ihrer Ehe – all das treibt sie in eine tiefe Ausweglosigkeit. Sie ist in dieser Zeit sehr einsam. Ihr Mann »kommt nur noch zum Schlafen nach Hause«.
Und ihre Sexualität?
»Die war schon lange kaputt. Als mir bewusst wurde, dass ich mich in der Ehe prostituierte, dass ich das alles nur noch machte, um den Kindern den festen Rahmen zu erhalten, dass es keine Alternative gab – ja, da bin ich gemütskrank geworden. Depressionen sind eben der einzige Ausweg für eine Frau in meiner Situation. Flucht, nicht Konsequenz.

Hinzu kamen meine Schuldkomplexe wegen meiner ›unweiblichen‹ Aggressivität. Die jahrelange permanente Überforderung durch die Kinder gab mir ein Gefühl ständigen Versagens. Das hat sich über Selbsthass bis zur Selbstzerstörung gesteigert.«
Die zusätzliche physische und psychische Belastung eines Umzugs, das neue Haus und die alten Probleme lösen Katastrophenstimmung bei ihr aus. Sie will sich umbringen, überlegt, ob sie erst sich und dann die Kinder umbringt oder umgekehrt ... Sie kann an keinem Messer mehr vorbeigehen, ohne Angstzustände zu bekommen, denkt an Pillen und einen Autounfall, findet alles »unzumutbar« für die Familie und – hört auf, zu essen.
»Ich habe mich langsam und systematisch verhungern lassen. Bis 20 Pfund Untergewicht war ich schon gekommen.«
Magersucht. Ein Phänomen, das am häufigsten in der Pubertät auftritt und fast nur bei Frauen. Es geht meist Hand in Hand mit dem Aussetzen der Menstruation und wurde inzwischen auch von der Medizin als Verweigerung des weiblichen Körpers und damit der weiblichen Rolle erkannt. In manchen Fällen führt die Magersucht zum Tode.
Karen kann durch eine Therapie vor der Selbstzerstörung gerettet werden.
Sie wohnt weiter in dem Zweifamilienhaus, in dem sie sich offensichtlich für die nächsten Jahrzehnte eingerichtet hat. Eingerichtet in einer gewissen Sicherheit, aber auch in Resignation. Ihr Mann hat für ihre Beziehung mit der Frau zunächst Verständnis gezeigt. Dann aber, als er sich bedroht fühlt, hat er mit Selbstmord gedroht. Mit dem Resultat, dass ihr Schuldbewusstsein alles überschattet.
»Inzwischen hat er zurückgeschlagen, mir gesagt, dass er sich scheiden lassen will. Das war am Sonntagabend. Montagmorgen hat er mir eröffnet, dass er es sich anders überlegt hat: Er will, sagt er, mich nicht auf den Scherben meines Lebens sitzen lassen. Wohlgemerkt, Er entscheidet.«
Zu ihrer Freundin hat Karen emotional eine sehr innige Verbindung, »die intensivste, die ich je in meinem Leben hatte«. Trotz-

dem scheint sie äußerst ratlos und rastlos zugleich. Sie glaubt, nicht allein die Verantwortung für die Kinder übernehmen zu können. Noch befindet sie sich als Hausfrau ja auch in der totalen Abhängigkeit. Beim Vater glaubt sie die Kinder ebenfalls nicht gut aufgehoben.

»Ich, ich wüsste auch noch nicht, wie ich die Ablehnung einer lesbischen Beziehung ohne das legitime Mäntelchen der Ehe und Mutterschaft ertragen würde ... Mein Höhenflug wird wohl mit einer Bauchlandung enden. Ich finde zwar Kindererziehung wichtig, aber wieweit ich bei dieser totalen Selbstverleugnung und bei der Unterdrückung meiner elementarsten Bedürfnisse noch dazu in der Lage bin, weiß ich immer weniger.«

Während des Gesprächs macht Karen oft einen ganz verwirrten Eindruck. Ich habe das Gefühl, dass sie gegen einen lang angestauten Berg von Problemen selbstzerstörerisch anrennt. Ihre Stimme geht manchmal so schnell, dass sie sich verhaspelt. Sie entschuldigt sich wiederholt für ihr »Stottern«. Als ich mich von ihr trenne, fällt es mir schwer, einzuschätzen, was in den nächsten Monaten in ihrem Leben geschehen wird.

Wenige Tage später schreibt sie mir. Sie hat sich in dem Frauenzentrum der eine Autostunde entfernt liegenden Großstadt einer gerade gegründeten Gruppe »Scheidung« angeschlossen. In der Gruppe sind Frauen in ihrer Situation und solche, die vor kurzem geschieden wurden. Sie schreibt:

»Wir besprechen zusammen die ökonomische Abhängigkeit vom Mann, die Wiedereingliederung in den Beruf, die Wohnungsprobleme allein stehender Frauen mit Kindern, die Frage, wem bei einer Scheidung die Kinder zugesprochen werden, und auch die, ob es nicht repressiv für alle Beteiligten ist, um der Kinder willen eine quälende Ehe aufrechtzuerhalten.«

Karens Resignation hat ganz sicherlich viel mit ihrer totalen Abhängigkeit als Hausfrau zu tun. Sie ist eine Frau ohne Beruf, ohne Einkommen, ohne Selbstbewusstsein. Ihr Selbstwertgefühl und die Möglichkeit, sich zu erproben und zu bestätigen,

sind dadurch äußerst begrenzt. Die Kinder scheinen mir da mehr ein Vorwand für sie selbst zu sein.
Auch Karen ist mit einem Mann zusammen, der betont als »nett« geschildert wird, der jedoch zu recht unnetten Methoden greift, sobald sie ihn verlassen will. Es ist anzunehmen, dass er sie subtil auch bewusst in Abhängigkeit hält. Erst macht er ihr gegen ihren Willen ein Kind, dann setzt er sie mit Hinweis auf die Kinder und mit Selbstmorddrohungen unter Druck. Sie lässt es geschehen, weil sie es scheinbar geschehen lassen muss, denn sie ist ja abhängig: zunächst emotional (zum Zeitpunkt ihrer Heirat fühlte sie sich sehr allein), dann auch sozial und jetzt zusätzlich ökonomisch.
Die französische Soziologin Andrée Michel weist in einer repräsentativen Untersuchung den kausalen Zusammenhang zwischen Berufstätigkeit der Frau und Emanzipation nach. Mit einer sehr differenziert und exakt durchgeführten Enquete zeigt sie auf, dass Berufstätigkeit immer, selbst unter den schlechtesten Bedingungen (gleichzeitige Mutterpflichten, keine Qualifikation), die Abhängigkeit der Frau verringert und ihre Autonomie in Relation zur Familie stärkt!
Dass das Hausfrauendasein für Karen auch ohne die von außen ausgelöste Erschütterung zutiefst unbefriedigend war, zeigt ihre Erkrankung an Magersucht, die ein höchstes Alarmzeichen war. Frappierend, aber nicht ungewöhnlich ist die Selbstverständlichkeit, mit der Karen nach Jahrzehnten der ausschließlichen Heterosexualität eine sexuelle Beziehung zu einer Frau beginnt. Es hat sich überall in den Frauenbewegungen des Aus- und Inlandes gezeigt, dass Frauen, die lernen, Frauen nicht mehr zu verachten, sehr rasch auch fähig sind, sie zu lieben. Das Tabu der Homosexualität gerät bei Frauen da, wo die engere Umwelt es in Frage stellt, sehr rasch ins Wanken. Das zeigt, dass es nicht sehr tief verankert zu sein scheint.

Gitta L., 32 Jahre, bisher Putzfrau, jetzt Stenotypistin, geschieden, drei Kinder

Nach zehn Ehejahren hat Gitta sich scheiden lassen. »Seither lebe ich überhaupt erst bewusst und gezielt«, sagt sie. Herr L. ist heute Geschäftsführer eines renommierten Berliner Cafés. Frau L. hat die ganze Ehe über halbtags als Putzfrau gearbeitet. Jetzt macht sie beim Arbeitsamt einen Sieben-Monats-Kursus mit, hat täglich von acht bis 14 Uhr Unterricht und bekommt vom Arbeitsamt knapp 500 Mark monatlich. Dazu kommen 260 Mark Kindergeld und 460 Mark, die ihr Mann laut Scheidungsurteil monatlich für die Kinder zahlen soll – was er bisher noch nicht regelmäßig getan hat. Trotzdem kommt Frau L. für sich und ihre drei Kinder finanziell zwar nur mühsam, aber nicht schlechter aus als vor der Scheidung.

Ich habe ihre Adresse von Irmgard S., mit der sie 1973 im Müttergenesungsheim war. »Die hat die Kurve gekriegt. Die hat sich echt scheiden lassen und macht jetzt ihre Ausbildung nach«, sagt Frau S. voller Respekt. Gitta L. und ich, wir treffen uns an einem Nachmittag nach ihrem Kursus. Sie hat unser Treffen eine Woche vorplanen müssen. Ihre Kinder sind ausnahmsweise so lange bei der Großmutter untergebracht.

Gitta L. wirkt, wie die meisten Frauen, zunächst ein wenig schüchtern. Ich spüre aber dann sehr schnell ihre Entschlossenheit und zunehmende Sicherheit.

Trotz der Ausbildung, sagt sie, hat sie heute mehr Zeit für sich als vor der Scheidung. »Ich kann mir ja jetzt alles viel besser einteilen. Für meinen Mann war eine Frau, die nicht gut putzt, keine gute Frau. Der suchte dauernd Staubflöckchen. Hier noch eins und da noch eins. Na, und wenn er zu Hause war, dann hatte ich

mit allem fertig zu sein, hatte ihm zur Verfügung zu stehen. Dabei saß er nur immer vorm Fernseher. Reden konnte ich schon lange nicht mehr mit ihm. Der brauchte mich nur zum Putzen und im Bett, um sich abzureagieren. Sonst war ich nichts für ihn. Das hat er ja oft genug gesagt: Wer bist du denn schon?! Was hast du denn schon gelernt?!
Vor meiner Ehe war ich im Büro. Aber das konnte ich ja dann nicht mehr machen wegen der Kinder, da kann man sich ja die Stunden nicht so einteilen. Und wenn ich dann in der Ehe mal was lernen wollte, zum Beispiel einen Kursus in der Volkshochschule belegte oder so, dann hieß es: Wozu willst du denn noch Englisch lernen? Das konnte der nicht begreifen, eine verheiratete Frau, die Englisch lernen will ... Das heißt, einerseits hat er mich verachtet, ich wäre nichts und wüsste nichts. Andererseits hat er mich gehindert, was zu lernen. Ich war es einfach satt, mich von ihm runterputzen und bevormunden zu lassen. Ich hab' ihm auch gesagt: Wenn du mich tagsüber als Putzfrau behandelst, dann brauchst du nachts auch nicht mehr zu kommen. Einmal hat er zu mir gesagt: ›Ich weiß gar nicht, wozu ich dir noch Geld gebe – meinen Kaffee koch' ich allein, und schlafen tun wir auch nicht mehr zusammen.‹ – Das muss man sich mal vorstellen, der hat gedacht, er kann mich bezahlen!
Ich hätte mich noch viel eher scheiden lassen sollen, dann hätte ich heute nur zwei Kinder, und im Beruf hätte ich es auch schon weitergebracht. Denn wenn ein Mann so seine Ansichten hat, dann ändert sich da nichts, das braucht man nicht zu hoffen. Vor fünf Jahren, da hab' ich ja schon mal einen Anlauf genommen. Und was hat er da gemacht? Er hat's drauf angelegt, genau in den Tagen!, und hat mir absichtlich ein drittes Kind gemacht. Aber geändert hat er sich nicht – er hat immer nur versucht, mich zu überrumpeln.«
Ich frage Gitta L., warum er nach ihrer Meinung bei einer so starken Entfremdung an der Ehe festhält.
»Na, der braucht doch 'ne Familie und Kinder zum Herzeigen. Um zu zeigen, dass er ein richtiger Mann ist. Und für seine Bequemlichkeit. Acht Stunden arbeiten gehen und dann zu Hause

die Füße untern Tisch legen ist ja auch nicht schlecht. Das ist besser, als ewig die Putzliese zu spielen.
Damals war ich ja trotz der Schwangerschaft noch bei einem Anwalt, und der hat mich auch sehr entmutigt, hat zu mir gesagt: ›Was wollen Sie eigentlich? Er gibt Geld ab, er schlägt Sie nicht – Sie können doch zufrieden sein!‹ – Später hab' ich erfahren, dass dem Anwalt selbst grad die Frau weggelaufen war. Vorher soll er ein ganz guter Scheidungsanwalt gewesen sein.«
Vor einem Jahr war Gitta L. ein zweites Mal in einem Müttergenesungsheim. Das hat sie bestärkt: »Die Heimleiterinnen waren wirklich sehr verständnisvoll. Die haben einem immer zugeredet und gesagt: Wenn's gar nicht klappt, dann ist es besser, sich scheiden zu lassen.«
Gitta L. hat einen sehr guten Kontakt zu ihren Eltern und Geschwistern, den sie auch in der Ehe gegen den Widerstand ihres Mannes nicht aufgegeben hat. Außerdem hat sie eine Freundin, die berufstätig ist und unverheiratet mit einem Mann zusammenlebt und die sie in manchem bestärkt hat.
»Die hat sich auch nichts von ihm gefallen lassen. Wenn sie mal abends da war und er hat dann gemeckert: ›Noch nicht mal in Ruhe Abendbrot essen kann man hier‹, dann hat sie ihm gleich Kontra gegeben. Wenn er in Berlin war, dann hatte ich ja immer da zu sein, hatte zur Verfügung zu stehen. Aber wenn er mal auf Saison war, also außerhalb gearbeitet hat, dann bin ich schon mal mit meiner Freundin Pizza essen gegangen oder so. Das hat mir sehr viel Spaß gemacht. Wir haben uns dann unterhalten, und ich bin ein bisschen rausgekommen.
Das können die Männer sich ja nicht vorstellen, dass man das mal braucht als Frau: mal rauskommen oder auch mal alleine sein.«
Das alles, dass sie nie klein beigegeben hat und auch nicht alle Kontakte nach draußen abbrach, hat Gitta L. ohne Zweifel auch die Kraft zu diesem Schritt gegeben, vor dem so viele Frauen Angst haben.
Fürchtet Gitta L. nicht trotzdem, jetzt allein zu sein?
»Ich? Überhaupt nicht! Warum denn auch! Ich weiß bestimmt,

dass ich nie Langeweile haben werde. Auch wenn die Kinder groß sind. Um eine Erfüllung zu finden, dazu brauche ich doch nicht unbedingt einen Mann im Bett – im Gegenteil, da wird man viel zu einseitig: Kochen, Putzen, Waschen, Schlafen, Aufstehen ...
Mir fehlt nichts. Ich bin sehr zufrieden. Wie soll ich sagen? Die rosarote Brille ist ja schon lange weg. Ich werde in Zukunft, sagen wir mal, nicht misstrauisch sein, aber vorsichtig.
Nach einem Mann hab' ich im Augenblick gar kein Verlangen und auch gar keine Zeit dazu. Das würde mich nur wieder in der Ausbildung hemmen. Ich würde das nicht für einen Mann aufstecken – und das muss man ja, so wie es immer läuft. Nein, diesmal will ich es wirklich schaffen.«
Würde sie noch einmal heiraten?
»Nein, ich glaube nicht. Noch nicht mal zusammenleben. Einen Freund, ja. Aber zusammenleben – das wären wieder zu viele Probleme, der hätte dann wieder ganz andere Interessen. Wieder Socken waschen und das alles ... Nee, das will ich nicht mehr machen. Ich bin nun nicht etwa männerfeindlich, das würde ich wirklich nicht sagen. Ich bin auch nicht gegen eine Ehe, wenn sie auf Gegenseitigkeit beruht, aber welche Ehe tut das schon ...«
Kennt sie persönlich eine solche Ehe?
»Nee, ich persönlich kenne keine.«
Frau L. steht heute morgens um halb sechs auf, macht Frühstück, weckt die Kinder – vier, neun und zehn Jahre alt –, geht zur Schule. Den Kleinsten bringt sie vorher noch in den Kindergarten. Gegen zwei kommt sie zurück, isst mit den Kindern zu Mittag (das Essen hat sie am Vortag gekocht), beaufsichtigt Schularbeiten, räumt auf, muss mit einem Kind zum Arzt oder auf ein Amt, geht mal mit den Kindern schwimmen, isst mit ihnen zu Abend und macht dann – wenn alle schlafen – ihre Schularbeiten: Steno-, Groß- und Kleinschreibung ...
In ihrem Kursus sind dreißig Frauen. Ein einziger Mann hatte sich auch angemeldet, ist aber nicht angenommen worden. »Das ist ein Transvestit, der bisher Tänzer in einem Nachtkabarett war. Also ich finde ja nicht richtig, dass sie ihn nicht genommen haben. Der muss schließlich auch seine Chance kriegen.«

Ihr Mann begreift heute noch nicht, warum sie sich scheiden ließ. »Der findet es wahrscheinlich so toll, mit ihm verheiratet zu sein ...« Und die Kinder? Wie haben die auf die Trennung reagiert?

»Davor hatte ich natürlich ein wenig Angst. Aber alle drei haben sehr gut reagiert. Der Lehrer von dem Großen hat mir gesagt, dass das Kind seither spürbar ruhiger geworden ist und auch weniger stottert. Mein Mann hat ja früher viel auf ihm rumgehackt, hat ihn nie ausreden lassen, immer gesagt, ist ja doch alles Unsinn, was du erzählst. Kein Wunder, dass das Kind angefangen hat zu stottern. Heute kümmert er sich fast mehr um ihn als vorher. Morgen zum Beispiel treffen sie sich und gehen zusammen Fußball spielen – so was war früher kaum drin.

Und die Mittlere, meine Tochter, die ja viel mitgekriegt hat, die hat zu ihm gesagt: ›Wenn ich wüsste, dass du dich nicht immer mit Mutti zanken würdest, dann könntest du ja hier bleiben. Aber wo du arbeitest, da sind ja genug Frauen. Da kannst du dir ja eine neue suchen.‹

Und der Kleine, wo ich eigentlich die meisten Schwierigkeiten befürchtet hatte, weil er von meinem Mann ein bisschen verzogen wurde, der hat zu mir gesagt: ›Es ist eigentlich ganz gut, dass der Papa weg ist. Jetzt kann er wenigstens nicht mehr schimpfen.‹ – Klar, dass die Kinder das auch bedrückt hat, dieser ewige Zank. Und dann hat er ja auch mit ihnen – genau wie mit mir – immer rumkommandiert und rumgenörgelt.

Aber ich mag sie da jetzt nicht beeinflussen. Wenn ich mich nicht mit ihm verstehe, warum soll ich die Kinder da mit reinziehen? Die können jetzt in Ruhe selbst entscheiden, wie sie den Kontakt mit ihm gestalten.«

Frau L. möchte den Job als Stenotypistin nicht immer auf sich nehmen. Beim Arbeitsamt rät man ihr, zum Senat zu gehen.

»Wenn ich an die verknöcherten Typen da denke, packt mich schon jetzt das Grausen ...« Trotzdem wird sie wahrscheinlich zunächst für einige Jahre dort arbeiten gehen. »Erst muss ich ja Geld verdienen.« Später möchte sie gern etwas »mit Frauen« machen:

»Ich hab' ja an mir selbst gesehen, wie wichtig das sein kann. Am liebsten möchte ich als Kurleiterin in so einem Müttergenesungsheim oder so was Ähnlichem arbeiten, also eine Ausbildung für einen solchen Beruf machen.
Warum sollte ich da noch mal heiraten? Mal einen Freund zum Weggehen, vielleicht auch mal zum Schlafen – im Moment habe ich da aber, wie gesagt, überhaupt kein Verlangen nach. Aber es könnte ja mal sein, dass sich das ergibt. Aber dass ich jetzt tanzen gehe, nur um da jemanden kennen zu lernen – kommt nicht in Frage. Ich bin vollauf beschäftigt und habe ja noch so viele Interessen, die ich in der Ehe immer hintenanstellen musste: ins Konzert gehen oder lesen. Und später ein Beruf, der mir wirklich Spaß macht!
Der Punkt kommt ja doch bei jeder Frau mal, wo sie denkt: Ich halt' das nicht mehr aus. Immer diese Monotonie! Immer diese Schufterei! Na, und die Männer machen dann die Ohren zu. – Aber erzählen Sie das mal einem jungen Mädchen. Irgendwo braucht eine Frau auch anscheinend diese Erfahrung. Und die ganze Erziehung zielt ja auch so auf die Ehe hin, jedenfalls zu meiner Zeit war das so.
Obwohl meine Eltern bestimmt nicht altmodisch waren – ich hätte da nie Ärger gekriegt, wenn ich mit einem unehelichen Kind angekommen wäre –, aber irgendwie hängt das drin. Das fällt einem ja manchmal selber noch schwer, davon wegzukommen. Das ist einem so in Fleisch und Blut übergegangen, dass man sich als Frau an einen Mann hängt. Überall, wo Sie hingucken, heißt es doch andauernd: Ich kann jetzt nicht, mein Mann kommt gleich. Oder: An dem Tag geht es nicht, weil mein Mann … Mein Mann hier, mein Mann da. Immer richtet sich alles nach dem Mann. Der Mann würde sich bestimmt nicht umgekehrt nach der Frau richten.
Na, heute in der Schule fangen sie ja ein bisschen an, das zu ändern. Da lernen die Jungen auch schon mal nähen. Ich habe das alles früher auch ganz selbstverständlich akzeptiert: das war Männersache und das Frauenarbeit. Heute tu' ich das nicht mehr so selbstverständlich. Ich finde das ganz schön ungerecht,

dass der Mann da sitzt und sich von der Frau bedienen lässt. Aber es ist so drin. Wieso sagt 'ne Frau: Komm, ich näh' dir rasch den Knopf an? Das kann der Mann doch genauso gut! Und wenn man als Frau mit einem Mann zusammenlebt, dann kommt man da einfach nicht von runter.
Und die Männer, die haben ja auch gar nicht die Absicht, da groß was zu ändern. Die Frau muss putzen und rennen und machen und abends muss sie freundlich sein. – Ich meine darum, die Männer müssten da mal ein bisschen umdenken, nicht die Frauen. Die Frauen müssten sich nur mehr behaupten!«
Nachdem ich Frau L. die Niederschrift unseres Gespräches geschickt hatte, schrieb sie mir folgenden Brief, den ich im Original abbilden möchte:

Liebe Frau Schwarzer,
vielen Dank für den lieben Brief und das Protokoll.
Sie haben es genau so gebracht, wie ich es gesagt habe.
Nun noch zu den anderen Fragen: Der Aufenthalt im Muttergenesungsheim hat mich bestärkt, und zwar indem ich gesehen und gehört habe, was doch die Frauen alles leisten können, ohne deshalb unweiblich zu werden. Eine unserer Kurleiterinnen, sehr hübsch, klug und trotz ihrer ca. 40 Jahre noch sehr flott, nie verheiratet, ging ganz in der Aufgabe als Kurleiterin auf. Sie war stets fröhlich, hatte viele Interessen und man hatte nicht den Anschein, daß sie meinte irgend etwas verpaßt zu haben, weil sie nie verheiratet war und keine Kinder hatte.

Dann die vielen Gespräche in froher Runde, auch gerade mit älteren Frauen, die schon allerlei mitgemacht hatten und fast immer auf der Schattenseite des Lebens standen. Die Kinder, dann oft der kranke Mann und jetzt im Alter wenig Geld und oft alleine, weil sie ebend immer nur für oder auch neben dem Mann gelebt haben. Sie haben oft verlernt auch alleine die Zeit sich zu verschönern und auf eigenen Füßen zu stehen. Sie trauen sich kaum etwas zu, obwohl sie doch im Leben immer für Kinder, Haushalt verantwortlich waren. Im Alter als Witwe, nicht gerade glückliche Ehefrau oder auch vom Mann verlassen, sind diese Frauen oft, man kann blad sagen hilflos. Eben nur weil sie es nicht anders gelernt haben. Und gerade in dfesen Frauen stecken oft ungeweckte Talente und auch menschliche Stärken.

Zu der Frage Widerstände und Ängste:Ich war oft ängstlich, ob mein Mann nicht mal eines Tages Falsch reagieren könnte. Da er sehr unbeherrscht war habe ich die Kinder nicht gerne mit ihm alleine gelassen. Obwohl er mich nie geschlagen hat, hatte ich doch solche Bedenken. Ich sehnte mich nach Ruhe, einfach mal nicht diese Wutausbrüche hören zu müssen, sich nicht alles rechtfertigen müssen, einen Abend mal ohne das Fernsehen verbringen zu dürfen, mal im Radio ein Konzert zu hören, Freunde empfängen zu können und mal belanglos zu plaudern, Danach sehnte ich mich in der Ehe, während der Scheidung und habe es jetzt endlich erreicht. Es ist zwar EX alles nicht besonders, aber ich glaube es ist für jeden Menschen Lebensnotwendig, seine persönliche Freiheit zu behalten. Leider muß man, damit der Mann friedlich ist, darauf XX meistens verzichten. Es gibt zwar Ehen in denen der Mann Verständnis für die Sorgen, Nöte und Bedürfnisse hat, aber es sollte doch besser eine Selbstverständlichkeit sein.

Und nun zu den AHA-Erlebnissen, Es gibt sicher welche, ich Habe eine Zeitlang mal so eine Art Tagebuch geführt, wenn ich mal Zeit habe und es Sie interessiert, kann ich ja mal eine Ausschnitte rausschreiben. Was mir schon lange auf der Leber liegt, ist der Ausspruch meines Ex-Mannes als ich mal zu meiner Freundin gehen wollte: Du hast erst zu gehen, wenn Du Deine Arbeit erledigt hast. Ich kam mir vor wie eine schlecht bezahlte Angestellt.

Im Moment fällt mir nichts mehr besonderes ein. Ich hoffe Ihnen mit meinem Schreiben gedient zu haben und verbleibe

mit freundlichen Grüßen

Sehr berührt hat mich die Menschlichkeit von Frau L. bei der Betrachtung anderer Frauen. Ermutigend finde ich, dass es eben doch – trotz aller Schwierigkeiten! – möglich ist, Konsequenzen zu ziehen und dabei zufriedener zu werden. Trotz der Kinder, trotz der nicht vorhandenen Ausbildung, trotz jahrelanger Untergrabung ihres Selbstbewusstseins ... Die Unterstützung ihrer Freundin und der gute Kontakt zu ihrer Familie haben ohne Zweifel entscheidend ermöglicht, dass Frau L. diesen Schritt getan hat. Wichtig für ihre Kraft ist auch, dass sie sich die gesamte Ehe über eine gewisse Selbständigkeit bewahrt hat.
In der Bundesrepublik steigen die Ehescheidungen von Jahr zu Jahr. 1971 waren es 80 444 – fast doppelt so viel wie zehn Jahre zuvor. In zwei Dritteln aller Fälle sind es die Frauen, die die Scheidung einreichen. In der DDR, wo die Frauen weitgehender beruflich qualifiziert sind, liegt der Prozentsatz der scheidungsentschlossenen Frauen noch höher.
Jede Hausfrau hat die Möglichkeit, sich wie Gitta L. eine Umschulung oder Fortbildung vom Arbeitsamt finanzieren zu lassen. Überall gibt es Beratungsstellen – Frauen müssen nur lernen, auf ihre Rechte zu pochen, und dürfen sich nicht gleich von desinteressierten Sachbearbeiter(inne)n einschüchtern lassen. Das Ausbildungsförderungsgesetz sichert auch Hausfrauen, die bis dahin überhaupt keine Ausbildung hatten, für die Zeit der Schulung ein Gehalt zu, das entweder prozentual nach dem letzten Gehalt oder aber nach einem fiktiven Anfangsgehalt des angestrebten Berufes errechnet wird. Zum Beispiel: Wird der Beruf, für den die Frau ausgebildet wird, mit 1000 Mark monatlich eingestuft, erhält sie ab sofort 598 Mark Unterhaltsgeld vom Arbeitsamt plus 65 Mark pro Kind. (Einrichtungen wie der »Verband allein stehender Mütter«, der in vielen Städten Niederlassungen hat, können Auskunft und Ratschläge bei vielen auftauchenden Problemen geben.)
Wie klar die Funktion der Sexualität in den Köpfen der Frauen ist, demonstriert die spontane Antwort von Frau L., die, gefragt, ob sie noch einmal heiraten würde, antwortet: »Um eine Erfüllung zu finden, brauche ich doch nicht unbedingt einen Mann

im Bett – im Gegenteil, da wird man viel zu einseitig: kochen, putzen, waschen, schlafen, aufstehen …«
Sexualität mit einem Mann wird aufgrund gemachter Erfahrungen nicht etwa mit Lust assoziiert, sondern mit – Hausarbeit.

Rechts ein Nachdruck aus der »BZ«, 1975

Mehr Spaß  mit Männern

von Lynn Barber

Hängen Sie mal Spiegel im Schlafzimmer auf – Gehen Sie beide zusammen in die Badewanne – Tragen Sie nur Schmuck und sonst nichts!

Nach dem Motto „Die beste Sex-Therapeutin des Mannes ist seine eigene Frau"! hat Lynn Barber in diesem Bericht den Mädchen und Frauen erzählt, wie sie ihren Männern helfen können, bessere Liebhaber zu werden. Heute nun gibt sie „Tips im Telegrammstil".

Halten Sie sich fit und gesund.

Nehmen Sie ab, wenn Sie Übergewicht haben.

Gehen Sie öfter mal zum Friseur.

Massieren Sie Ihren Mann zärtlich.

Machen Sie Urlaub, wo's warm und romantisch ist.

Behängen Sie Ihre Schlafzimmerwände mit Spiegeln.

Lieben Sie sich im Freien — oder auf einer Schaukel — oder in einer Hängematte.

FOLGE 10 BZ-Serie nach dem Lynn-Barber-Buch „Mehr Spaß mit Männern". © by Verlag Ullstein GmbH. Berlin – Frankfurt/Main – Wien.

Flechten Sie sich Blumen ins Schamhaar.

Spielen Sie seine sexuellen Traumwesen.

Gehen Sie zusammen in die Badewanne.

Ziehen Sie sich für eine Party ganz toll an, und sagen Sie ihm dort, Sie hätten vergessen, einen Slip anzuziehen.

Sagen Sie im Bett ruhig einmal unanständige Wörter.

Stöhnen Sie ab und zu beim Liebesspiel.

Sagen Sie ihm hinterher, wie sehr Sie es genossen haben.

Werfen Sie seine altmodischen Pyjamas in die Mülltonne.

Verwenden Sie Mundspray — und ein Deodorant — und eine teure Seife.

Nörgeln Sie nie an ihm herum.

Sagen Sie ihm nie, er sei ein miserabler Liebhaber.

Und nie, Jochen sei besser gewesen.

Lieben Sie sich mal in der Küche oder im Wohnzimmer.

Überraschen Sie ihn mit neuen Techniken und Tricks.

Lernen Sie tausend verschiedene Methoden, ihn zu erregen.

Schließen Sie Ihr Schlafzimmer ab.

Schärfen Sie den Kindern ein, Sie nie zu stören.

Frottieren Sie ihm den Rükken, und lassen Sie sich von ihm frottieren.

Bürsten Sie Ihr Schamhaar, oder rasieren Sie es ab.

Geben Sie etwas Rouge auf Ihre Brustwarzen.

Tragen Sie Ihren besten Schmuck und sonst nichts.

Werfen Sie Ihren altmodischen Morgenmantel weg.

Schmusen Sie mit ihm vor fremden Leuten.

Tun Sie bei Ihren Freunden und Bekannten so, als hielten Sie ihn für das erotisch Umwerfendste auf Erden.

Machen Sie das Licht aus, und tun Sie es im Mondschein.

Stellen Sie stark duftende Blumen ins Schlafzimmer.

Kaufen Sie sich einen Fellteppich.

Halten Sie immer etwas Obst auf dem Nachttisch bereit.

Besonders Äpfel, die morgens den schlechten Geschmack wegnehmen.

Machen Sie mit einer Sofortbild-Kamera Schnappschüsse beim Liebesspiel.

Aber stellen Sie etwas Wein ans Bett, für den Durst danach.

Auch Orangensaft schmeckt dann recht gut.

Beißen Sie ihn nicht, wenn er das nicht mag.

„Überfallen" Sie ihn schon morgens im Bett, bevor er aufwacht.

Stellen Sie sich vor, Sie wären auf einer einsamen Insel und er der erste Mann, der Ihnen begegnet.

Finden Sie heraus, was ihn am stärksten reizt und erregt.

Und machen Sie das dann immer wieder — aber nicht jeden Abend.

Sagen Sie ihm, wie sehr Sie ihn lieben.

Und daß er der großartigste Liebhaber der Welt sei.

Wenn Sie alle diese Tips befolgen, wird er das auch tatsächlich bald sein!

ENDE

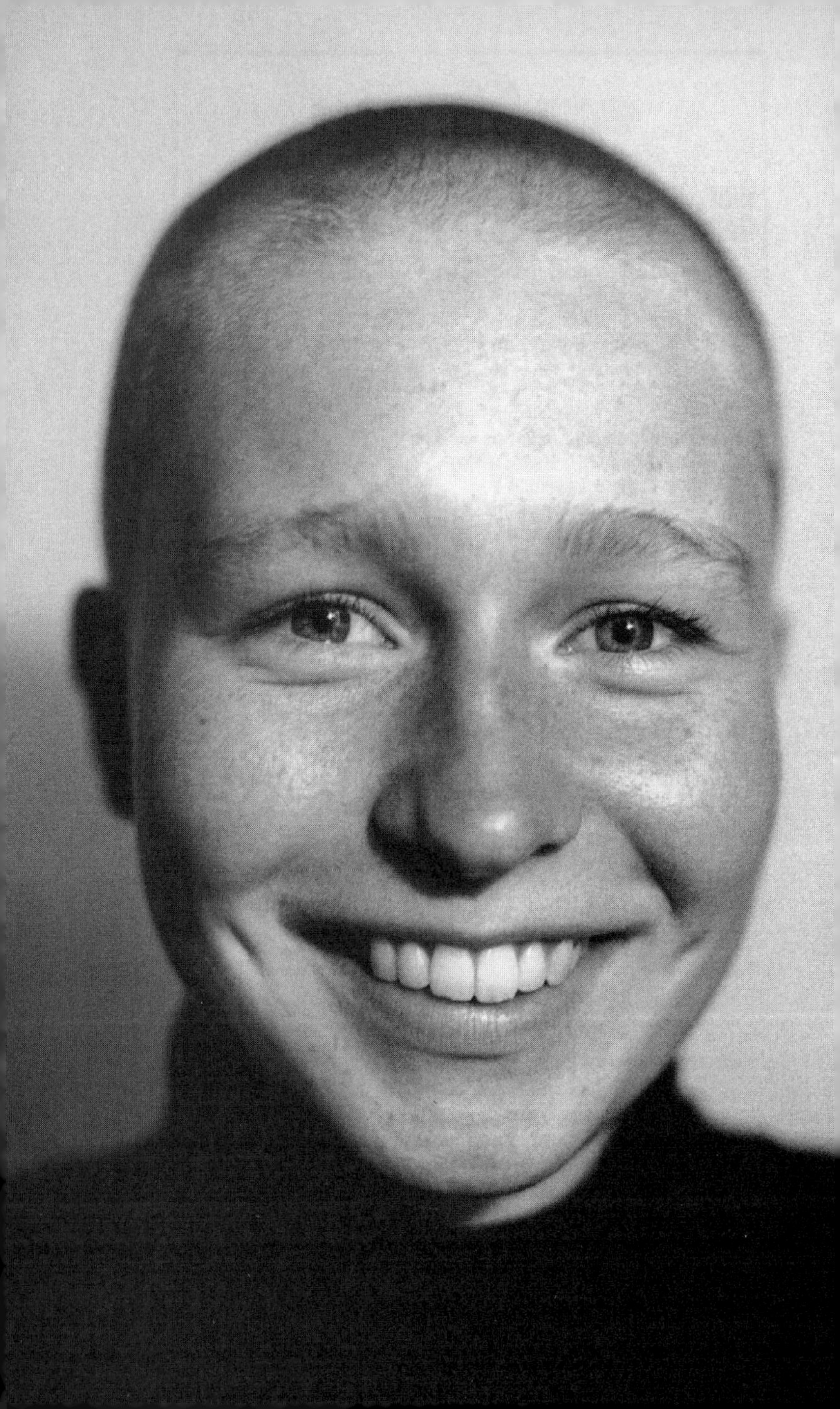

Annegret O., 52 Jahre, Kauffrau, geschieden, zwei erwachsene Kinder

Als Annegret vor 13 Jahren vor dem Scheidungsrichter stand und gefragt wurde, wann sie den letzten Verkehr mit ihrem Mann hatte, war ihre Antwort: »Der letzte Verkehr meines Mannes mit mir war am 26. April, mein letzter mit ihm vor neun Jahren.« Der Richter erwiderte nichts.

Die »eheliche Pflicht« ist für sie heute »das Unmoralischste, was es gibt«. Mit ihrem Mann war sie ihr Leben lang frigide. Was blieb, waren Schmerzen und Erniedrigungen. »Einmal hat er beinahe die Kinderzimmertür eingeschlagen, weil ich mich bei den Kindern verkrochen hatte, und sich sein ›Recht‹ geholt.« Die Ehe wurde auf »beiderseitiges Verschulden« geschieden, weil sie »aushäusig« tanzen war.

Seit 1952 ist sie wieder berufstätig, hat aber zehn Jahre gebraucht, um sich »ein neues Leben aufzubauen und wieder selbstsicher zu werden« (»Er sagte mir ja bei jeder Gelegenheit: Dich will doch keiner mehr haben! So schön bist du nicht mehr!«). 1962 ließ sie sich scheiden. Heute hat Annegret ihren Beruf, ihre Interessen, ihre Wohnung, ihr kleines Auto. Sie ist eine der wenigen Frauen bei meinen Gesprächen, die einer praktizierten Heterosexualität nicht ausgeliefert zu sein scheinen, sondern sie aktiv zu ihrer Sache machen. Sie hat es allerdings auch nicht geschafft, gleichberechtigte Beziehungen zu haben. Sie hat sich der Unterdrückung nur insofern entziehen können, als sie partiell den Spieß umgedreht hat.

Annegret verhält sich atypisch. Sie ist polygam, hat sexuelle Beziehungen zu jungen Männern (oft Ausländer), auf die sie sich emotional nicht sehr einlässt (»Anschließend ist mir am liebsten, wenn sie nach Hause gehen«), bei denen sie selbst jedoch und auch ihre Partner auf ihre Kosten zu kommen scheinen.

Ich möchte wissen, wie der Wandel von der jahrzehntelang äußerst abhängigen und erniedrigten Ehe- und Hausfrau zu der heute aktiv und selbständigen Person möglich war. Ich werde dazu die prägendsten Einflüsse aus ihrer Kindheit aufzeichnen und die bezeichnendsten Etappen ihrer Ehe.

Wir sitzen an einem Sonntagnachmittag in ihrer mit exotischen Reiseandenken und biederer Gemütlichkeit ausgefüllten Zwei-Zimmer-Wohnung. Wir treffen uns zum ersten Mal, ich kenne aber schon seit Monaten einen Text von ihr, der mir gefiel, weil er so treffsicher und munter war (Titel: »Kneipengespräche«, zuerst veröffentlicht in der Frauenzeitschrift »Eva« – ich füge ihn diesem Gespräch an). Annegret kommt aus einem Eifeldorf. Der Vater war mittlerer Bahnbeamter und Feierabend-Sportler, die Mutter Hausfrau.

»Meine Mutter war eine sehr feurige Frau: herrschsüchtig und direkt. Im Ersten Weltkrieg hat sie Dreher gelernt, weil sie als Näherin rausgeflogen war, nachdem sie dem Meister, der ihr an den Busen gegriffen hatte, dermaßen eine gescheuert hatte, dass der über die Maschine flog. Später, in der Ehe, hat sie, glaube ich, ein wenig resigniert und sich eine Traumwelt geschaffen: sie las sehr viel.

Meine allerersten Erinnerungen sind, dass mein Vater mich bei Turnfesten auf den Tisch stellte und zu mir sagte: Tanz, Gretel, tanz! Da war ich vielleicht zwei Jahre alt. Ich hab' dann die Händchen gedreht und kriegte meinen Beifall als Püppchen. Im Übrigen wurde ich viel mir selbst überlassen. Meine Mutter kümmerte sich nicht viel um mich, und mein Vater erzog mich ziemlich sportlich.

Als ich neun war, bahnte sich etwas an. Eines Tages stieß meine Mutter mich sehr grob von ihrem Schoß und sagte: Lass mich in Ruh! Du hast mir wehgetan auf meinem Bauch! – Da kam mein Bruder, der Stammhalter. Mein Vater war drei Tage lang besoffen. Der Jubel war groß. Ja, und da hab' ich erst gemerkt, dass ich

eigentlich niemand war. Ich war wohl eine große Enttäuschung gewesen für meine Eltern, als ich kam.
Ich erinnere mich: Die Beziehung zwischen meinen Eltern war ohne jede Zärtlichkeit. Meine Mutter sagte manchmal Sätze wie: Du wirst dich noch wundern, was Männer für Scheißkerle sind! Mein Vater hatte mittelalterliche Erziehungsvorstellungen. Er prügelte mich jeden Tag, oft mit der Peitsche.
Trotzdem hab' ich ihn ziemlich verehrt, gleichzeitig aber fing ich an, ihn zu hassen. Ich weiß noch, dass ich mir einen Brotbeutel mit Hammer und Nägeln zurechtgelegt hatte, um zu türmen und eine Bude zu bauen. Ich entsprach nie seinem Bild, war sportlich nie die Kanone, die er erwartet hatte. Ich war nur ein Mädchen – das merkte ich, als mein Bruder da war. Und nun sollte ich diesen Bruder auch noch immer verwahren, war gar nicht mehr so frei wie früher und entwickelte langsam einen Hass auf ihn. Einmal hab' ich ihn mit dem Kinderwagen in den Graben geschmissen.«
All das hat mich schon als Mädchen so rebellisch gemacht, dass ich in der Schule ein Anführer von fünf Mädchen war, die unser Rektor als die Buben aus der Mädchen-Oberschule bezeichnete.
Als Zwölf-, Dreizehnjährige hat Annegret einen Freund, der zwei Jahre jünger ist als sie, mit dem sie die ersten Küsse tauscht und dem sie in einer sehr behutsam-zärtlichen Zuneigung verbunden ist. Auch heute noch.
»Wir waren gleich groß. Wir hatten denselben Lodenmantel, dieselbe Kapuze, dieselben Stiefel und den gleichen Gang. Wenn wir die Kapuzen auf hatten und den Tornister umgeschnallt, konnte uns niemand auseinander halten …«
Sie ist heute noch gerührt, wenn sie von ihm spricht. Damals ging die Freundschaft kaputt, weil ein Priester sie nach der Beichte ermahnte, das sei große Sünde, und sie solle sich sofort von ihrem Freund trennen. Annegret gehorcht.
Sie will aufs Gymnasium, darf nicht (»du heiratest ja doch«) und kommt nach der Handelsschule in eine Lehre als Industriekaufmann (der Bruder sollte studieren). Mit 13 schreibt sie einen Roman, »Die Zigeuner kommen«. Sie zeigt ihn niemandem und

wagt auch nicht zu sagen, dass sie am liebsten Schriftstellerin werden möchte ... Auch ihrem Mann erzählt sie in den Ehejahren nie, dass sie heimlich schreibt. Ihre Manuskripte, meist in Stenographie verfasst, versteckt sie.
1939 kommen die Soldaten in ihr Heimatdorf, darunter ein Violinspieler, der der Mutter gefällt, von ihr zum Essen eingeladen und gezielt mit der Tochter verkuppelt wird. Mit ihm schläft sie zum ersten Mal.
»Ich weiß noch genau, das war nach dem Kino, wir waren bei ihm im Ruhrpott zu Besuch, und ich hatte zum ersten Mal in meinem Leben einen Liebesfilm gesehen. So einen ganz romantischen, amerikanischen, in dem die sich herzzerreißend ansingen. Auf dem Nachhauseweg kamen wir über ein Feld, und da hat er dann den ersten Versuch der Entjungferung gemacht. Ich habe geblutet wie ein Schwein. Er ist nicht annähernd reingekommen, weil sein Penis ja auch viel zu dick für mich war. Wie ich heute weiß, war das der völlig falsch gebaute Mann für mich. Ich bin da auch ein bisschen eng.
Er hat dann sechs Wochen lang Abend für Abend versucht, da reinzukommen. Ich hatte wahnsinnige Schmerzen, aber ich durfte ja zu niemandem was sagen.
Ja, warum ich das mitgemacht habe? ... Weil es mein Freund war, mit dem zusammen ich zu seinen Eltern gefahren war. Ich hab' gedacht, das gehört eben dazu. Wenn ich das nicht tue – das hat er auch gesagt –, dann sehe ich ihn nie wieder. Ich dachte, die anderen machen das ja auch alle. Ab und zu hat er mir auch Sonaten vorgespielt und mir herzzerreißende Szenen gemacht, wenn ich nicht wollte – ja, und dann hab' ich mich wieder bereden lassen.« Er kommt in den Krieg, wird Berufsoffizier. Sie muss ein Ehetauglichkeitszeugnis bringen (dazu wird ihre Gebärmutter untersucht), den Ariernachweis und zur Bräuteschule gehen.
»Da lernten wir schustern, mauern und schreinern; das kann ich alles. Wahrscheinlich, um nach dem Endsieg zu Pferde als Pioniere gen Osten zu ziehen ... Von Sexualität hörten wir nur im Zusammenhang mit Geschlechtskrankheiten und Geburten.«

1941 heiratet sie, »Kriegstrauung, weil von den Schulkameradinnen schon fünf verheiratet waren und weil wir alle ja auch nicht wussten, wie lange wir noch leben würden.« Im Urlaub kommt ihr Mann nach Hause, erzählt vom »Schauficken in Italien«, isst massenhaft Eier zur Potenzsteigerung und »kann dann 17-mal an einem Wochenende«. Er entwickelt zu ihr eine zunehmend sadistische Beziehung.

»Am liebsten hat er mich zwei bis drei Stunden seelisch fertig gemacht, und wenn ich dann weinte, dann ist er auf mich und hat sich doppelt schön befriedigen können. Aus der Abwehr heraus muss ich wohl ganz eng gewesen sein, und dieses Verkrampfte muss ihm gut gefallen haben. Auf diese weinende schluchzende Frau unter sich war er ganz besonders scharf.«

1944 bekommt sie ihr erstes Kind, einen Jungen.

»Ich habe dann festgestellt, dass ich gar keine richtige Beziehung zu dem Kind hatte. Klar war ich lieb mit ihm und habe mich um ihn gekümmert, aber er war lange wie ein gesichtsloses Tierchen für mich. Da war nicht das Geringste mit Mutterinstinkt und so. Vielleicht kam das auch durch den Schock, den ich durch meinen Bruder bekommen hatte. Gestillt habe ich das Kind allerdings sehr gern, zwei Jahre lang. Das fand ich erotisch, ich hatte dann ein richtig angenehmes Gefühl in der Vagina.«

Nach dem Zusammenbruch kann Annegret ihre Kenntnis aus der Bräuteschule gut gebrauchen. Sie baut – wie die meisten Frauen damals – die Trümmer wieder auf. Ihre Mutter war ums Leben gekommen, der Vater heiratete schnell wieder. Sie schlägt sich mit dem Kind durch, bis der Mann zurückkommt. Sie bekommt ein zweites Kind in der Hoffnung, die Ehe damit kitten zu können. Das Kind, ein Mädchen, schreit nächtelang.

»Eines Nachts werde ich wach und entdecke, dass mein Mann über das Körbchen die Tischdecke, die Bügeldecke und noch 'ne Wolldecke gelegt hatte. Und wie ich das alles wegreiße, da ist das Kind schon blau ... Zum Glück ist es dann doch wieder zum Leben gekommen.

Ich muss ehrlich sagen, dass ich diese Klischee-Mutter-Kind-Beziehung auch zu dem zweiten Kind nicht entwickelt habe. Viel-

leicht war ich nie 'ne richtige Mutter. Ich habe mich aber nie getraut, das zu sagen. Heute ist das anders: Heute besteht eine besonders vertrauensvolle Beziehung zwischen meinen Kindern und mir. Ich bin ihre Freundin, der sie alles erzählen können.«
Als Annegret sich eines Tages einen »Seitensprung« erlaubt, gibt ihr Mann ihr vier Tage lang nichts mehr zu essen. In diesen Wochen macht sie einen Selbstmordversuch, geht in einer Winternacht in die von Eisschollen bedeckte Wupper, schafft es aber nicht, unterzugehen. Sie schleppt sich nass und frierend wieder nach Hause.
In dieser Zeit wird ihr krasser den je ihre Abhängigkeit bewusst. Sie fängt an, eine Stelle zu suchen, und findet Weihnachten 1951 eine Arbeit als Stenotypistin in einem großen Unternehmen, das auch einen Betriebskindergarten hat, worauf sie ja wegen der beiden kleinen Kinder bitter angewiesen ist. Sie kann zunächst noch täglich gekündigt werden. Bei verheirateten Frauen sei das so üblich, heißt es.
Ich frage, wie ihre Ehe damals von der Umwelt eingeschätzt wurde.
»Als normale Durchschnittsehe, so, wie überall mal was vorkommt und die Frau ein wenig renitent ist. Ich wollte nämlich nicht immer so, wie er wollte.
Als er zum Beispiel immer wieder meinen Sohn schlug, da habe ich eines Tages zu ihm gesagt: Wenn du den Jungen noch ein einziges Mal anfasst, dann bringe ich dich um! – Und der hat den nie mehr angefasst. Auch meine Tochter hat keine Schläge mehr gekriegt. Also, da habe ich mich schon zu verteidigen gewusst. Auch, als er mich einmal schlagen wollte. Da hab' ich eine volle Kaffeekanne gegen ihn geschleudert! Er muss einen solchen Schrecken gekriegt haben, dass er es nie mehr versucht hat.
Das Schlimmste für mich war eigentlich immer nur die Sexualität. Dieser furchtbar dicke Penis, der gegen meinen Willen in mich eindrang! Nachher war das nur noch im angetrunkenen Zustand für mich erträglich.«
Nach einem Jahr Berufstätigkeit lernt sie auf einem Betriebsfest einen Kollegen kennen, mit dem sie heimlich eine Beziehung

anfängt, die bis zum Ende der Ehe besteht. Mit ihm entdeckt sie ihre Sinnlichkeit.

»Der war lieb und nett zu mir, kein bisschen fordernd, kein bisschen: Los, mach mal! Er hat abgewartet, hat mich auf ihn zukommen lassen. Da hatte ich mit 30 Jahren meinen ersten richtigen Orgasmus – ich hab gedacht, die Welt geht unter.«

Annegret kichert noch in der Erinnerung ganz vergnügt:

»Ganz wichtig für mich war, dass er einen ganz kleinen, zarten Penis hatte: Den Mann hab' ich dann zehn Jahre behalten. Es war wirklich schön. Ich hab' so richtig meinen Körper entdeckt. Am liebsten hab' ich seither, wenn man mir die Brustwarzen streichelt. Aber wir haben alles gemacht, auch Analverkehr – das hat mir manchmal Spaß gemacht.

Als ich geschieden wurde, ist die Beziehung von heute auf morgen erloschen. Von mir aus. Ich konnte nichts mehr für ihn empfinden. Vielleicht war er für mich auch nur ein Mittel, um Distanz von meiner Ehe zu kriegen. Ich weiß nicht.«

Im Büro hat sie einen Chef, der viel zu ihrem sich festigenden Selbstbewusstsein beiträgt und Impulse zur Emanzipation gibt.

»Das war ein alter Sozialdemokrat, der sich immer den Kaffee selbst gekocht hat und gesagt hat: ›Kerle sollen arbeiten – wenn die meinen, die wären hier nur zum Unterschreiben geboren, könn'se direkt wieder verschwinden!‹ Durch diesen politisch denkenden und handelnden Mann, der übrigens eine sehr gute, kinderlose Ehe führte, und durch meine sexuelle Beziehung habe ich langsam etwas Selbstbewusstsein bekommen. Ich fing an, mich auf mich selbst zu besinnen.

Am 30. Juni 1959 kam der Gleichberechtigungsparagraph heraus. 1960 habe ich irgendwo gelesen, dass es keine Kosten verursacht, wenn man als Frau zum Familiennamen seinen Mädchennamen dazu führt. Ich bin also in mein Eifel-Dorf gefahren und hab' zu denen gesagt: Ich will meinen Namen wieder. Die kannten mich ja alle noch und haben gesagt: Nee, das geht nicht, wo denkste hin?! Aber ich hab' das Gesetzbuch dabeigehabt und gesagt: Dann lest euch dat mal durch. – ›Ja, tatsächlich‹, haben sie dann gestaunt, ›dat geht‹.«

Ich frage Annegret, warum sie ihren Namen wiederhaben wollte. »Weil ich meine Identität wiederhaben wollte. Ich war so stolz, für zwei Mark Gebühren meinen Namen wiederzuhaben. Ich war ja gar nicht mehr ich gewesen. Immer, wenn ich Bekannte von früher traf, musste ich sagen. Ich bin doch die und die ... Ach, du bist das! hieß es dann. Jahrzehntelang hat mich niemand bei meinem Namen genannt. Bei meinem Vornamen auch nicht. Die Kinder sagten ja Mutter, mein Mann nannte grundsätzlich nie meinen Namen, und Freunde von früher hatte ich ja nicht mehr.

Ich weiß noch wie heute, wie ich eines Tages zur Besichtigung durchs Bonner Bundeshaus gegangen bin und auf einmal eine Stimme über die Köpfe der anderen hinweg wie aus fernster Vergangenheit rief – Gretel ... So wurde ich früher auf der Straße gerufen. Das war ein Kindheitsfreund. Da hab' ich nach so vielen Jahren zum ersten Mal meinen Namen wieder gehört!«

Heute lebt Annegret allein.

»Seit 13 Jahren ist der Moment, wenn ich die Tür aufschließe, jeden Abend wieder ein ganz besonderer Augenblick für mich: keiner, der mich schikaniert. Die Jahre meiner neuen Freiheit sind für mich so unwahrscheinlich schön gewesen – ich kann gar nicht sagen, wie. Die hab' ich so frei genossen.

Ich reise sehr viel. Ich mache Keramiken, nähe meine ganzen Sachen selber. Ich schreibe auch. Manchmal veröffentliche ich Geschichten in der Werkszeitung, manchmal in einer Frauenzeitschrift, also in einem Parallel-Blättchen. Um kommerzielle Blätter habe ich mich wenig bemüht – da hab' ich immer das Gefühl, dass das, was ich schreibe, nicht wertvoll genug ist. Ich denke immer, na ja, das ist ja keine große Literatur, das ist nur kleine. Aber oft, wenn ich was lese, dann denke ich: Das kann ich auch! Vielleicht sogar noch besser!

Am liebsten reise ich. Ich war in Brasilien, in Griechenland, im ganzen Mittelmeerraum. Jetzt muss ich unbedingt noch nach Mexiko, Peru und nach China. Ich glaube, wenn ich noch mal anfinge, dann würde ich Anthropologie studieren oder so. Das interessiert mich.«

Die sexuellen Partner, die Annegret sich aussucht, sind immer jüngere Männer. Warum?

»Ja, einerseits ist das für mich eine Garantie, dass er weiter nichts von mir will. Ich bin ja unmöglich für einen jungen Mann als Partnerin. Ich bin nicht einplanbar. Das gefällt mir daran, ich will mich ja nicht mehr binden.

Es kann auch sein, dass ich eine solche Konstellation suche – junge Männer, oft auch Ausländer – weil ich da nicht die Unterlegene bin. Oft sind es auch Männer, die mir sozial knapp unterlegen sind: Handwerker oder Arbeiter. Wir schlafen zusammen, weiter will ich nichts von denen, und die wollen nichts von mir.

Meine Tochter hat immer den Verdacht und die Angst, dass ich in diesen Beziehungen die Gebende wäre. Dann sagt sie: Mutti, hoffentlich lacht der nicht über dich. – Ich habe ihr geantwortet, dass ich dafür einen unwägbaren Instinkt habe, dass jemand, den ich an mich herankommen lasse, nicht mehr über mich lacht. Mein Sohn versteht mich da besser. ›Keine Angst, Schwesterlein‹, sagt er immer, ›ich schlafe auch manchmal mit älteren Frauen und finde das prima.‹

Nie, in all den Jahren nicht, bin ich die Verliererin gewesen. Ich war nie diejenige, die für eine Beziehung bezahlt hat. Nicht im weitesten Sinne und auch nicht im engeren. Ich war immer in der glücklichen Lage, aus allem den reinen Spaß für mich herauszuholen.

Inzwischen mache ich es auch sehr gern allein. Ich masturbiere meine Klitoris mit der Hand und habe dann bis zu sechs Orgasmen. Mit Männern habe ich heute meistens zwei oder drei.«

Welche Praktiken hat Annegret heute in der Sexualität?

»Am liebsten habe ich, wenn meine Brustwarzen gestreichelt werden. Cunnilingus mag ich auch sehr gern, aber ein Koitus gehört schon mit dazu. Warum, weiß ich auch nicht. Wenn ich masturbiere, käme ich ja nie auf den Gedanken, mich in der Scheide anzufassen. Und dann ist da noch was: Ich habe mein ganzes Leben lang nur mit Männern geschlafen, wenn ich mir aber was Schönes vorstelle, dann denke ich in der Phantasie immer nur an den Körper einer Frau. Sehr sinnlich finde ich Brüste. Ich hab' auch mal Sex zu dritt gemacht, da war noch eine Frau bei, und das habe ich eigentlich sehr erregend gefunden, sie anzufassen.«

Annegret ist noch nicht in den Wechseljahren und hat wieder angefangen, die Pille zu nehmen. Ich frage sie, ob ihre Umwelt sie nicht straft für ihr unkonventionelles Benehmen. Sie sagt nein, zumindest empfindet sie es nicht so. Zu den Nachbarn in ihrem Neubau hat sie wenig Kontakt, mit Kollegen versteht sie sich gut. Jüngst ist sie mit großer Mehrheit in den Betriebsrat gewählt worden.

Ich frage, ob sie Angst vor dem Alter hat.

»Nein, überhaupt nicht. Im Gegenteil. Wenn mir heute einer sagt, mir würde bestimmt eines Tages ein Partner fehlen, kann ich nur sagen: Wenn ich dann ein offenes Bein habe und ich hätte einen Partner, der auch noch ein offenes Bein hat – da würde ich ja wahnsinnig. Ne, so'n alten Knotterbock möchte ich nicht mehr haben. Ich habe nur eine Angst: dass ich mir nicht mehr selbst helfen könnte. Aber noch jemanden haben, der – wie Männer das gewöhnt sind – dann noch von morgens bis abends Forderungen an mich stellt, wenn ich selber alt und gebrechlich bin … Nee. Dieses Brot, das eine Ehefrau essen muss, nur weil sie keine eigene Rente hat. Was diese Frauen alles einstecken müssen …

Ich habe viel zu viel daran zu denken, was ich noch alles machen möchte. Ich möchte auch noch gern Bildhauern. Hoffentlich habe ich noch so viel Zeit.«

Der folgende Text ist einer von vielen, die Annegret O. in ihrem Leben geschrieben hat – die meisten hat sie nie aus der Schublade geholt. »Kneipengespräche« aber wurde in der Frauenzeitschrift »Eva« veröffentlicht. Ich möchte ihn abdrucken lassen, um zu zeigen, wie viel Frauen-Talent brachliegt und nur manchmal zufällig zum Vorschein kommt:

Kneipengespräche

Feierabend – na bitte! Nicht, dass ich etwas gegen Arbeit habe. Von ihr habe ich was – meine Unabhängigkeit, wenigstens finanziell, und zumindest am Abend. Das ist doch schon was.
Und außerdem habe ich Durst. Im Kühlschrank ist nichts mehr, jedenfalls kein Bier. Mein Durst ist spezifisch, ein Nach-Schinkenbrot-Durst sozusagen. Schinken ist salzig – Salz bindet Wasser. Wasser gekauft zu Schinkenpreisen, da wird man ganz schön behumst!
Wenn ich unschlüssig bin, klimpere ich mit den Autoschlüsseln – wozu hat 2 Ecken weiter der Häuserblock eine Kneipe? (Ich wohne noch nicht lange hier!) Ich setze mich in Bewegung und stelle fest, dass diese hier auf den ersten Blick von »alter Art« ist. Nur ein paar Männer und nur an der Theke.
Ich hieve mich auf einen der Hocker. Der Wirt mustert mich kurz, worauf ich sage: »Ein Korn, ein Kölsch.« In den Magen zuunterst soll ein Schnaps, sagte meine Mutter immer. Dann das Bier, herrlich, das Glas wurde fast leer, noch eins – jetzt wird es langsam besser.
Dann erst merke ich, dass die Unterhaltung ringsum etwas gedämpfter geworden ist. Ach so, ich bin ja eine Frau! Warum darf ich keinen Durst haben? Aber natürlich darf ich das, nur … so einfach an die Theke setzen, nichts sagen, ein Glas Bier in einem Zug runterschütten, na so was! Die neugierigen Blicke werden aufdringlich. Wo bin ich denn hier, auf dem Mond, im Mittelalter? Verdammt! Immer und immer noch diese blöden Gesichter, wenn man unbemannt, unbegleitet und uninteressiert eine Kneipe betritt, nur um seinen Durst zu löschen. Wartet nur, Freundchen, in mir habt ihr die Richtige gefunden. Es wird nicht lange dauern, und der übliche »Kennenlernzauber« geht vonstatten. Ich schaue mir die Gäste genauer an. Links in der Ecke hält sich einer an der durchlaufenden Haltestange fest, baumelt, als wollte er mit seinem ganzen Körpergewicht das Ding aus der Verankerung reißen. Na, was schätze ich, 60 Jahre etwa, vor sich ein Glas Cola, zum Wiederaufwecken

oder weiß der Himmel wofür, aber zweifellos ist der Mann sturzbesoffen. Und jetzt verstehe ich auch etwas von seinem Gebrabbel. Das waren noch Zeiten, diese Langhaarigen, abschneiden, alles abschneiden, Zucht und Ordnung, Hammelbeine, Obajefrreijta bin ich jawesen, (Ostpreuße, auch das noch, Quatsch, warum denn nicht?).
»Ach, halt doch die Schnauze!«, sagt ihm ein junger Mann ungerührt: »Du mit deinen alten Zeiten, alles Scheiße, kannste mir nicht erzählen!«
Also bitte, kaum 5 Minuten hat es gedauert, da steht ein Glas vor mir, kein Kölsch, nein, etwas Braunes. »Was ist das?«, frage ich den Wirt. »Ein Asbach für Sie!« »Von wem?« Schweigen. Unverschämtheit! Ich schnaube innerlich. Na wartet! Ich piepse eine ganze Tonlage höher: »Aber ich mag keinen Asbach!« Das Glas wird stillschweigend weggenommen. Diesmal passe ich auf, wer dem Wirt einen neuen Auftrag gibt. Aha, der Mann neben mir. Ein Glas Kölsch, na schön, und ich zeige nicht meine Wut, dass es immer noch Sitte ist, einer Frau ungefragt einen auszugeben. Die Kerle untereinander sagen zumindest, trinkste einen mit? Bei uns hat man das nicht nötig! Ist ja nur eine Frau! Und dabei kommen sie sich auch noch generös vor. Ich trinke ihm zu und bedanke mich höflich, sein Kamm schwillt.
»Erste Mal hier?« Ich nicke, dann sage ich als Erklärung: »Nie darf man trinken, wenn man mit dem Auto unterwegs ist, und es gibt doch nichts Schöneres als ein frisches Bier!« »Aber Sie wohnen hier?« »Ja«, bestätige ich ihm, »um die Ecke.« Der Alte fängt wieder an zu brabbeln, jetzt mischen sich alle ein, wollen ihn stillkriegen.
Ich habe es geschafft, der Wirt hat geschaltet. Ich hatte ihm durch ein paar Handbewegungen aufgetragen, vor meinen Nebenmann ein Glas Bier zu stellen. Ich schätze den auf ca. 28 Jahre, Handwerker, verheiratet, Kinder, so ziemlich mit allem zufrieden. Aber jetzt guckt er blöde, bares Unverständnis in den Augen, er fragt den Wirt: »Das habe ich doch gar nicht bestellt?« Der Wirt grinst sich eins und sagt nichts. Mit leicht heruntergeklapptem Unterkiefer dreht sich das Gesicht zu mir um, kein

Wort, nur Staunen! Endlich breche ich den Bann und sage honigsüß: »Aber Sie trinken doch einen mit mir – oder ist mein Geld weniger wert als Ihres?«
Boing, man sieht richtig, wie es eingeschlagen hat!
Und dann stottert der arme Kerl: »Aber natürlich, selbstverständlich, na denn Prost!«
Stille ringsum. Ich sehe die Gedanken, was will die Ziege überhaupt? Warum gibt sie dem Bier aus, wofür? Und sie merken nicht, dass es ihr Vorrecht sein soll, Bier auszugeben, wofür bitte? Ich grinse immer noch, jetzt ganz offen. Und lege dann langsam los: Wo denn seine Frau sei, ob sie keinen Durst habe, warum sie nicht mitgekommen sei, so so, Kinder versorgen, zwei, hm, jetzt um halb zehn? Geht arbeiten, na klar, vorläufig nur, wie lange noch, weiß nicht, ein paar Jahre, tagsüber sind die Kinder bei der Großmutter. (Muss sie für das neue Auto arbeiten?) Aber klar hilft er im Haushalt, was man so helfen nennt. Ja, die Frau ist was Besseres, hat Bankkaufmann gelernt, die weiß mehr als er. Heimlicher Stolz, ach so, darum darf sie auch bis in die Nacht wurschteln und er muss Bier trinken gehen. Das ist sein Ausgleich, für sein Selbstwertgefühl.
Jetzt werde ich aufs Korn genommen, ob ich verheiratet sei, nein, gewesen, mich will keiner mehr. Abschätzend zweifelnd, kann ja wohl nicht stimmen, sieht nicht übel aus! Ich werde laut: »Ich kann Hausarbeit nicht leiden!« Der Mann rechts neben mir fühlt sich persönlich angegriffen, gepflegter Spitzbart, ausgesuchte Sprechweise: »Ich bin auch geschieden und mache meine Hausarbeit allein, so schlimm ist das gar nicht, dafür brauche ich keine Frau!« »Woran ging dann Ihre Ehe kaputt?« »An der Schwiegermutter!« Das soll's geben. Und dann werde ich direkt und sage scheinheilig: Ich suche immer noch einen Mann, der meinen Haushalt macht. Ich gebe ihm genug Wirtschaftsgeld, lasse ihm freie Hand, und er kann sich kaufen, was er will. Er kann auch einmal in der Woche raus, wenn alles getan ist, natürlich. Von mir aus braucht der überhaupt nicht arbeiten zu gehen, ich verdiene genug. Oder halbe Tage, ganz wie er will! Aber den Wagen muss ich mitnehmen, zur Arbeit, und wenn er ihn mal

braucht, zum Einkaufen und so, dann muss er mich morgens zum Büro fahren und abends wieder abholen. Und dass er mir ja keine Schramme reinfährt, da bin ich sehr komisch! Mein Totalschaden vom vorigen Jahr? Das war eine Verkettung unglücklicher Umstände! Ich werde z. B. nicht meckern, wenn er mein blaues Kleid nicht aus der Reinigung geholt hat. Und im Haushalt helfe ich auch, bringe Frühstück ans Bett, manchmal, und kochen tue ich sehr gerne, das macht mir richtig Spaß, nur spülen, nee, dabei mache ich auch zu viel kaputt.
Gute Behandlung hat er bei mir auch. Später bekomme ich eine gute Pension. Sollte es mal später im Büro werden, rufe ich bestimmt an und sage, dass er mit dem Essen nicht zu warten braucht. Nur das ewige Gefrage, was gekocht werden soll, das kann ich nicht leiden, wie soll ich das immer wissen? Und in den Ferien möchte ich gerne in den Süden, nach Monaco, nicht zum Skilaufen, wie vielleicht er. Ich schufte ja schließlich das ganze Jahr und brauche dringend Erholung. Am liebsten wäre mir Camping, das ist billig und das bisschen Kochen kann er doch weiter machen, der Hotelfraß ist doch scheußlich und dann muss man auch noch auf die Minute antanzen.
Ach ja, jünger müsste er auch sein, so bis 10 Jahre, man hat doch Anspruch auf etwas Knackiges! Ich habe keine Lust, Geld für einen extra Freund auszugeben, ich bin treu! Also bitte, ich biete doch sehr viel – aber wo ist der Mann?
Keine Antwort. Totenstille im Raum. Auf meinem Deckel stehen sechs Bier und ein Korn. Es ist Zeit, dass ich gehe. Jammerschade, dass ich den nachfolgenden Kommentar nicht hören kann, zu schade!
Gute Nacht! Die Herren!

Die Tatsache, dass Annegret nur mit jüngeren Männern sexuelle Beziehungen eingeht, hat Gründe, die sie selbst andeutet: Hier muss sie nicht befürchten, in eine Ehe eingesperrt zu werden. Hier kann sie die objektive Stärke eines Mannes in dieser Gesellschaft mit ihrer partiellen subjektiven Überlegenheit ausgleichen (mehr Erfahrung, sozial angesehener Beruf). Mann und Frau sind a priori so ungleich, dass nur die persönliche Stärke von Frauen die ideologische Überlegenheit von Männern mildern und so beiden eine Chance zu einer relativ gleichberechtigteren Beziehung geben kann. Ich denke, das ist der Grund für die Beziehungen unabhängiger »älterer« Frauen mit jüngeren Männern (und nicht etwa »Potenz« – wie oft augenzwinkernd angedeutet wird: die wäre, wie wir inzwischen wissen, für eine Frau eher abschreckend ...).

Aber auch in diesem Fall ist die Kommunikation zwischen Frau und Mann begrenzt. Sie hat trotz der Einschränkung allerdings den Vorteil, dass subjektiv beide Teile auf ihre Kosten zu kommen scheinen. Zumindest im Bereich des heute Möglichen.

Liebe ist eben nur unter Gleichen möglich, nicht unter Ungleichen. Daher auch die Betonung der Ähnlichkeit, wenn Annegret ihren Kindheitsfreund beschreibt: gleich groß, dieselbe Kapuze, niemand konnte uns auseinander halten ... Geliebt hat sie nicht den Unterschied, sondern das Ähnliche. Auch sie erlebt die erste Befriedigung mit einem als »nicht fordernd« beschriebenen »lieben« Mann.

Trotz Aufgeklärtheit hält sie sich immer noch für »zu eng gebaut« – was eine anatomische Absurdität ist und aus der psychischen Ablehnung des Koitus resultiert. Das Trauma der »ehelichen Pflicht« muss stark gewesen sein, doch auch die Hölle dieser Ehe sah nach außen intakt aus.

Annegrets Lebensweg ist klassisch: Auflehnung gegen die Mädchenrolle, Revoltieren aufgrund der als Ungerechtigkeit empfundenen Benachteiligung gegenüber dem Bruder, Sichschicken in das von der Umwelt Erwartete.

Ihre früheren Aggressionen gegen die Kinder, die Hilflosigkeit mit dem so genannten »Mutterinstinkt« (eine Erfindung der Männergesellschaft zur bequemeren Ausbeutung von Frauen) – all das kann Annegret erst heute im Nachhinein aus der sicheren Position der Einsicht und Gelassenheit eingestehen. Früher hat sie geschwiegen und sich geschämt – so wie heute die Mehrheit der Frauen. Wie bei Gitta sind Annegrets nach der Scheidung entwickelten Aktivitäten und Interessen beachtlich. Sicher ist, dass diese beiden Frauen sich nie langweilen werden – auch wenn sie es manchmal schwer haben werden.

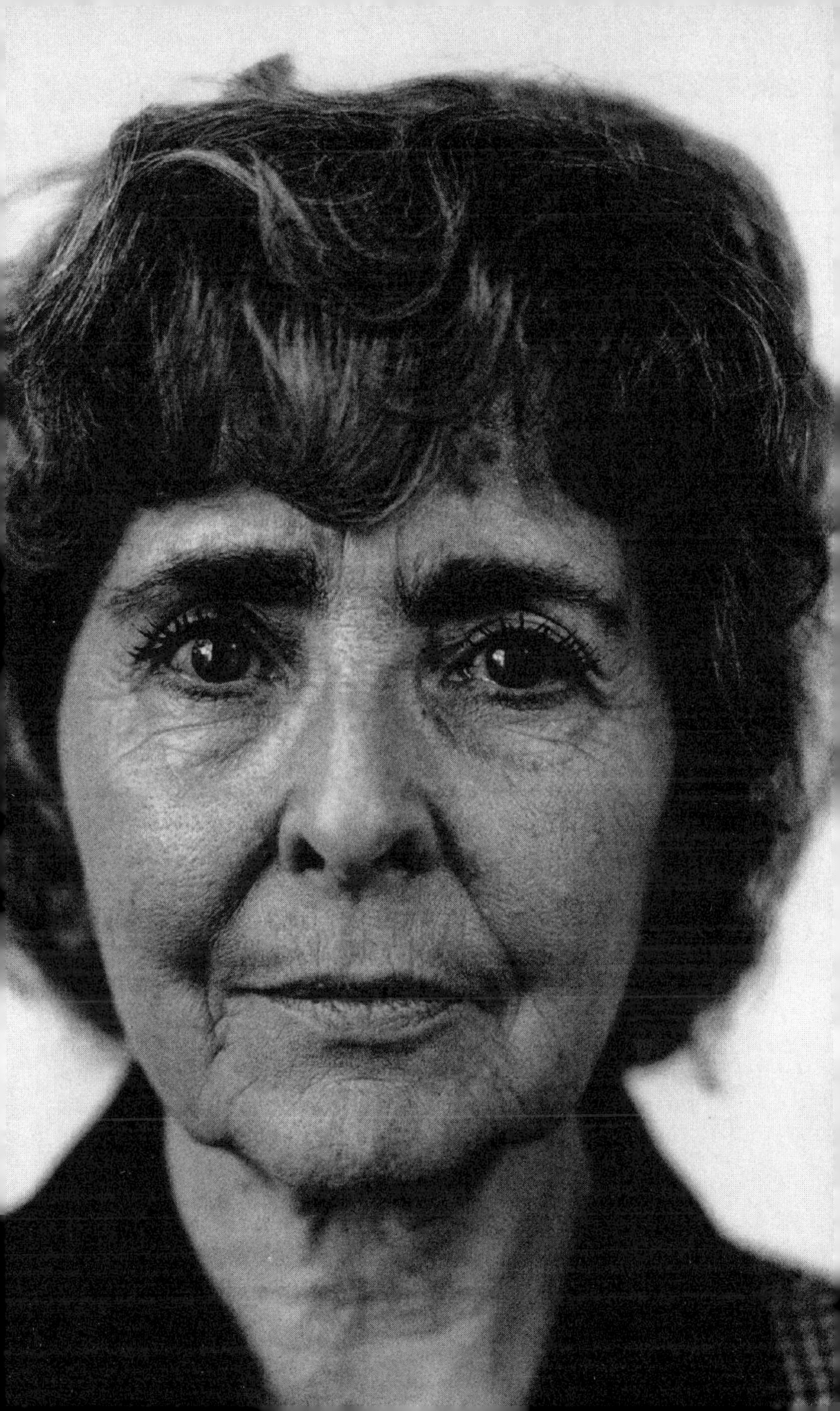

Sonja S., 26 Jahre, Soziologin, ledig

Ich kenne Sonja gut. Wir sind befreundet. Durch sie habe ich, wie so oft durch Frauen in meiner Umgebung, einiges mehr begriffen. Sonja war Assistentin an der Freien Universität in Berlin und arbeitet seit einem Jahr in einer Familienberatungsstelle eines Berliner Arbeiterviertels. Sie ist aktiv in der Frauenbewegung.
Ich möchte aufzeigen, was es ihr möglich gemacht hat, in einigen Bereichen konsequent zu sein und stark, obwohl all die typischen Frauenprobleme auch die ihren sind oder waren. Sonja ist, was man eine »frigide Frau« nennt. Sie hat in ihrem Leben einmal einen Orgasmus gehabt – und das bei einer Streichelbeziehung als 15-Jährige. Dennoch erlebt sie Sexualität heute als befriedigend, denn nach Zeiten tiefster Verwirrungen und Depressionen beginnt sie, auch da zu sich selbst zu finden.
Sonja praktiziert heute das, was sie ihre »Verweigerungsstrategie« nennt, das heißt, sie hat zwar körperliche Beziehungen zu Männern, macht aber die Jagd nach dem Orgasmus nicht mehr mit und lehnt auch den Koitus ab. Nicht, um ihre Partner zu strafen, sondern »weil ich es gelernt habe, nicht mehr etwas zu tun, was ich selbst nicht möchte«. Sie hat augenblicklich zu zwei Männern eine engere emotionale Beziehung.
Zu ihrer Geschichte erzählt mir Sonja: Sie war die Jüngste von vier Kindern. Ihr Vater, von Beruf Bäcker, war aufgrund eines Kriegsleidens arbeitsunfähig, die Mutter arbeitete als Verkäuferin. Während sie ihrem Beruf nachging, versorgte der Vater die Kinder, übernahm also die Mutterrolle. Früher hatte Sonja zu ihrem Vater eine zärtlichere Beziehung, die Mutter war ihr fremd. Inzwischen ist es umgekehrt.

»Wir lebten zu sechst in einer Zweizimmerwohnung. Meine Schwester und ich, wir haben immer bei meinen Eltern im Zimmer geschlafen, die Brüder im Wohnzimmer. Meine ersten Erinnerungen an Sexualität sind, dass ich nachts bemerkt habe, dass meine Eltern zusammen geschlafen haben. Ich bin aufgewacht, weil ich meine Mutter so ungeheuerlich stöhnen hörte. Heute sagt sie mir, sie hätte eine ganz befriedigende Sexualität mit meinem Vater gehabt. (Ich kann ihr das nicht so recht abnehmen – sie hat allerdings auch nie eine andere Beziehung gehabt und weiß nicht, wie sie es einschätzen soll.) Damals hatte ich auf jeden Fall immer eine furchtbare Angst. Ich hab' gedacht, ihr passiert was, und wollte immer hinrennen, irgendwas unternehmen. Andererseits spürte ich irgendwie, dass ich eigentlich davon nichts wissen sollte – das kriegt man ja ziemlich schnell mit.
Später hat meine Mutter mich mal bei Doktorspielchen mit meiner Schwester erwischt und uns wahnsinnig ausgeschimpft. Überhaupt herrschte bei uns eine ziemlich frigide Moral. Wir haben unsere Eltern nie nackt gesehen, und von Sexualität war überhaupt nie die Rede. Als ich zum ersten Mal die Tage kriegte, war der einzige Kommentar meiner Mutter: ›Das ist jetzt immer so. Dein ganzes Leben lang.‹«
Ich möchte hier eine Begebenheit einfügen, die Sonja mir nicht beim ersten Gespräch erzählt hat, die sie selbst seit etwa 15 Jahren total vergessen hatte und die ihr erst bei einem zweiten Gespräch über diese Tonbandaufzeichnung wieder eingefallen ist. Sonja ist sehr betroffen über ihre wieder aufbrechende Erinnerung.
»Ich muss so sechs oder acht gewesen sein, ich weiß nicht mehr genau, ich weiß nur noch, dass ich sehr klein war und sehr hilflos, da hat mich eines Tages der Sohn von den Bäckersleuten, die unten bei uns im Haus einen Laden hatten, in die Wohnung gezogen, die die Bäckerei immer an ihre Gesellen vermietete und die zu der Zeit wohl gerade leer gestanden hat. Ich weiß wirklich nicht mehr, ob noch andere im Raum waren oder ob wir allein waren, ich weiß nur noch, dass er mich nackt ausgezogen und

aufs Bett geworfen hat. Dann hat er sich auf mich gelegt und gesagt: Das muss so sein.«
Ich frage, ob er sie verletzt hat, ob er versucht hat, in sie einzudringen. Sonja ist es unmöglich, sich zu erinnern, sie hat es zu stark verdrängt. Sie sagt nur immer wieder: »Ich weiß, dass ich sehr klein war und dass ich nicht gewagt habe, mit irgendjemandem darüber zu reden. Ich hatte Angst, bestraft zu werden, weil ich es mir hatte gefallen lassen.«
Wir reden darüber, welche Rolle dieses Ereignis für ihr späteres Verhalten gespielt hat, und sind beide der Meinung, dass es ihre Einstellung zur Sexualität sicherlich mit geprägt hat, dass es aber nur eine Szene eines zwingenden Zusammenspiels darstellt, in dem sie zwangsläufig immer den Part der Ohnmacht und des Ausgeliefertseins hatte.
Sonja wird zu Hause streng erzogen – der Vater schlägt alle Kinder systematisch mit dem Rohrstock –, ist aber Vaters Liebling und hat viel Bewegungsraum in ihrem Kinderleben: Sie spielt auf der Straße, strolcht durch die Trümmer der Berliner Innenstadt, ist wild, verprügelt auch Jungen und hat in der Klasse, wo sie selbstbewusst und tüchtig ist, einen anerkannten Platz. In ihrer Familie wird sie »Sonnenschein« genannt, weil sie immer so lustig ist. Doch mit dem Älterwerden, mit dem zunehmenden Frauwerden kompliziert sich ihr Leben. Alles, was mit ihrem Körper und der Sexualität zu tun hat, verunsichert sie sehr.
»Ich konnte auch mit niemandem darüber reden, denn wenn man überhaupt nichts weiß, dann ist es auch schwer, Fragen zu stellen. In der Schule kam die Zeit, in der Jungen anfangen, sich total blödsinnig zu verhalten. Dann wurden immer Bilder rumgezeigt von nackten Frauen. Davon habe ich mich so verletzt gefühlt. Ich weiß noch, dass ich eine Wut hatte und gemerkt habe, dass ich mit denen auch nicht darüber reden konnte.
Und die Tanzstunde, das war eine ganz schwierige Zeit. Ich fand mich so hässlich, viel zu dick und so. Und ich hatte wohl auch Angst vor Männern. Ich mochte, wenn die mich lieb hatten und

streichelten, aber wenn ich gemerkt habe, dass die mich bedrängten, dann bin ich auf der Stelle abgehauen.«
Sonja hat ein paar romantische kleine Flirts, mit denen sie Händchen hält und Briefchen schreibt, die aber in ihrem Leben weiter keine Rolle spielen. Ihre engste emotionale Beziehung ist die zu ihrer besten Freundin, mit der sie sich verhält wie die meisten jungen Mädchen: sie sehen sich viel, tuscheln und kichern miteinander und schütten sich ihr Herz aus. Als sie 18/19 ist, geht diese Freundschaft (ebenso wie später die zu ihrer Schwester) an Rivalitätsproblemen – Wer ist die Klügste? Wer ist die Schönste? – kaputt.
Sonja ist allein. Wenn sie an ihre Zukunft denkt, sieht sie sich als verheiratete Frau und vor der Ehe will sie mit niemand anderem schlafen als mit ihrem zukünftigen Mann.
»Dann fing 1966 die Studentenbewegung an, und alles hat sich rasend schnell geändert. Die ersten Auseinandersetzungen über Vietnam gingen los, in der Uni waren die ersten Sit-ins. Für mich war es selbstverständlich, war schon von meiner Herkunft her klar, dass ich mich mit den Unterdrückten solidarisiere, dass ich nicht zu den Amerikanern sage: Na, schmeißt mal ruhig eure Bomben! Ich bin also ganz aufgeregt hingerast und hab' da zum ersten Mal gespürt, dass ich nicht alleine bin. Bei den ersten Prügeleien habe ich vor den Bullen dieselbe Angst gehabt wie vor meinem Vater, aber diesmal war klar: Wir waren ganz viele! Wir konnten uns wehren! Zum ersten Mal.
Mir wurde langsam klar, dass man nicht unbedingt heiraten muss. Man war ja nicht mehr so allein. Ich kannte jetzt ganz viele Leute, die ähnliche Interessen hatten wie ich. Wenn die Isolation auch nicht aufgehoben war, so hat man doch viel miteinander geredet, sich geduzt, viel zusammen gemacht. Die neue Moral hat die alten Verkrustungen weitgehend aufgebrochen.
Nur die Frauen, die sind dabei wieder mal auf der Strecke geblieben. Vorher gehörte es sich nicht, mit einem Mann zu schlafen – jetzt gehörte es sich, mit allen Männern zu schlafen. Hauptsache, die Männer wollten. Was wir wollten, interessierte niemanden, nicht einmal uns selbst. Frauen wurden erneut total

instrumentalisiert. Mich setzte das alles sehr unter Druck. Ich war 19 und immer noch ›unschuldig‹.
Gefallen hat mir an ihm, das weiß ich noch, die weiche Art. Und sonst? Ich weiß nicht. Ich habe alles, was mit dieser ersten Beziehung zusammenhing, total verdrängt, weil es so schlimm für mich war.
Er war acht Jahre älter, und ich war eben doch noch ein ziemlich ratloses kleines Mädchen. Ich denke, dass mich auch seine reicheren Erfahrungen interessiert haben: Ich habe einfach gehofft, Anregungen von ihm zu bekommen. Anregungen zum Denken und zum Leben.
Ich hab' ihm nicht gesagt, dass ich noch nie mit einem Mann geschlafen hatte. Das war mir irgendwie peinlich. Also das erste Mal … Ich glaube, das hat überhaupt nichts mit Erotik zu tun. Ich lag da wie ein Brett. Ich glaube, es hat mir noch nicht einmal Spaß gemacht, ihn zu streicheln. Ich wäre wahrscheinlich auch gar nicht in der Lage dazu gewesen. Ich habe mir das mehr oder weniger gefallen lassen. Es tat sehr weh, und ich hatte Angst. Ich habe ganz lange, auch später noch, dabei geblutet. Der Penis war, glaube ich, viel zu groß für mich. Ich hab' mich richtig davor gefürchtet.«
Ich frage, warum sie es wieder getan hat, wenn es so schmerzvoll für sie war?
»Ich hab' gedacht, das müsste ich machen. Wirklich. Und auch, dass es irgendwann mal anders wird. Von meiner Schwester, die ein Jahr älter ist, hörte ich ja auch nur immer, daß es ganz toll ist. Aber es blieb so deprimierend.«
Außer den tristen Bettszenen hat sie nicht viel mit ihm gemein. Sie wagt nicht, mit ihm zu reden, und auch er macht keine Anstalten. An der Uni, deren Sprache sie verschreckt und deren Anonymität sie lähmt, kommt sie nicht weiter. Einmal findet sie ihren Freund, der ihr immer wieder versichert, sie sei die »Hauptbeziehung«, mit einer anderen Frau im Bett und ist sehr geschockt.
Als Sonja das Abitur machte, wog sie 150 Pfund. Durch die Pille wird ihr Busen noch dicker als vorher, sie hat als 20-Jährige BH-

Größe 12. Sonja, die heute einen knabenhaft schmalen Körper hat – ihre Erzählungen vom früheren Dicksein überraschen mich sehr –, bekommt immer mehr Komplexe. Manchmal traut sie sich tagelang nicht auf die Straße.

»Ich habe mich richtig eingesperrt. Ich mochte mich nicht, habe mich förmlich gehasst. Der einzige Ausweg schien mir, dass ich an meinem Körper etwas ändere. Das ist zu einer wahren Obsession geworden.

Ich bin dann bei sämtlichen Ärzten und Krankenkassen rumgelaufen und hab' da so lange geheult, bis die mir die Brust operiert haben ... Schon vorher hatte ich oft so wahnsinnig gehungert, dass ich manchmal umgefallen bin. Es läuft ja bei Frauen so viel über den Körper und nicht nur in unserem Bewusstsein, sondern auch in der Realität; denn da sagt ja niemand: Ich finde das, was du sagst, nicht schlau! sondern da heißt es über Frauen immer: Ich finde sie zu dick! Sie hat so einen dicken Busen! Sie hat so einen kleinen Busen! Sie hat so kurze Beine! – und damit bist du abgestempelt.

Na, und dann all das, was in Männerhirnen so mit einem dicken Busen assoziiert wird ... Ich konnte es einfach nicht mehr ertragen, dass ich für die Männer so was Mütterliches war. Oder sie mir wie einem Pferd auf den Hintern patschten.

Es ist dann immer schlimmer geworden. – Der erste Arzt, mit dem ich gesprochen habe, war eine Frau. Die konnte mein Problem unheimlich gut verstehen und hat auch eine operative Verkleinerung meiner Brust befürwortet. Ich musste dann aber noch die ganzen Instanzen durchlaufen, damit die Kasse das bezahlt. (Ich selbst hätte es ja nie bezahlen können, so eine Operation kostet Unsummen.) Immer musste ich mich ausziehen, und dann wurde mein Busen betatscht. Zum Schluss konnte ich nur noch heulen und stammeln, und das war wahrscheinlich das Beste, was ich machen konnte.«

Sonja erreicht, dass die Operation genehmigt wird. Sie liegt fünf Wochen lang im Krankenhaus, hat starke Schmerzen und muss sich – da die Operation im Liegen gemacht wurde und die Brustwarzen falsch, nämlich zu sehr nach innen, wieder eingesetzt

worden sind – einem zweiten Eingriff unterziehen. Trotzdem, sagt sie heute, würde sie es – so wie es ihr damals ging – noch einmal machen.
Nach der Operation trennt sie sich von ihrem ersten Freund. Auch ihre Angst an der Universität wird geringer.
»Deshalb habe ich auch später ein Seminar über die Situation von Studentinnen an der Uni gemacht. Ich habe einfach zu sehr am eigenen Leibe erfahren, was das heißt: Frau sein an der Uni. In welchem Ausmaß die Universität männerbeherrscht ist! Wenn du durch die Mensa gehst, wird über dich getuschelt, wirst du taxiert. Du gehörst eigentlich nicht dazu. Du bist anders als die Typen, denkst anders, redest anders, hast andere Interessen – und trotzdem musst du dich ihren Normen beugen. Wissenschaft wird zur Prestigefrage, damit wird rumgeprotzt. Und das liegt mir eben nicht, liegt den meisten Frauen nicht und ist – denke ich heute – auch gar nicht wünschenswert.
Auf der einen Seite reden sie von der Revolution, auf der anderen halten sie Frauen in der übelsten Abhängigkeit: Auch bei den Linken müssen Frauen sich, wie überall in dieser Gesellschaft, durch die Betthierarchien hochdienen. Wenn du mit einem dicken linken Macker schläfst, dann biste was. Sonst eben nicht. Bücherwissen steht bei denen hoch im Kurs, was dahinter steht, wird nicht gefragt. Die zerbrechen sich den Kopf über Vietnam, Chile und das Proletariat, wie aber ihre eigenen Beziehungen aussehen – danach wird nicht gefragt.«
Sonja verlässt die Universität und macht ein Jahr Betriebsarbeit bei Siemens am Band. Sie ist aktiv in linken Gruppen, stößt sich aber zunehmend an deren Dogmatismus.
Privat hat sie ein paar Beziehungen, manchmal »ganz lieb«, immer aber mit diesem Gefühl des Unverständnisses und der Schwäche. Sie schläft mit Männern, nimmt es »in Kauf, um das zu kriegen, was ich schön fand: Streicheln, Wärme, Zugehörigkeitsgefühl und, trotz allem, auch Selbstbestätigung«.
1972 trifft sie den ersten und bisher einzigen Mann, in den sie »richtig verliebt« ist. Er leitet eines der Seminare, an dem sie teilnimmt. Auch er ist älter und an Erfahrung und Prestige überle-

gen. Sonja ist angezogen von seiner »Sensibilität und seiner Art, mit Menschen umzugehen«. Sie ist fasziniert von dem Ausmaß gleicher Einschätzungen und Interessen. »Er war auch ungeheuer lieb. Ich fühlte mich mit ihm weniger bedrängt als mit den anderen.« Sie beginnen, zusammen zu arbeiten, und ziehen eines Tages in dieselbe Wohngemeinschaft.

»Mir ist dann klar geworden, dass es für eine Frau einfach nicht möglich ist, gleichberechtigt mit einem Mann zusammenzuarbeiten. Obwohl wir beide es subjektiv wollten, war es objektiv nicht möglich. Ob das nun in der Wohnung war oder in der Öffentlichkeit. Bei den Seminaren konnte ich mich auf den Kopf stellen und versuchen, zu zeigen, dass ich selber was bin – nix. Ich blieb in den Augen aller immer nur sein Anhängsel, seine Freundin. Das wissend, hatte ich schon vorher Angst und wurde dann auch prompt ›unfähig‹. – Ich habe dann beschlossen, nicht mehr mit ihm zusammenzuarbeiten. Ja, und in der Sexualität, da war am Anfang viel Hoffnung: Zum ersten Mal in meinem Leben hatte ich nicht das Gefühl, mich zu prostituieren. Aber letztlich hat er sich dann doch nur wieder maßlos männlich verhalten ... Es ging immer sehr schnell, er hat seine Nummer abgezogen, sich rumgedreht und gepennt. Ich habe oft geweint – was ihn nicht am Schlafen gehindert hat. Ich bekam wieder das Gefühl, nur Objekt zu sein.

Er hat mir dann subtil zu verstehen gegeben, dass es letztlich doch an mir läge, dass das alles eine Frage der Erziehung sei, und ich solle doch mal nachdenken, wie das so bei mir gewesen wäre. Kurzum: Ich war wieder diejenige, die nicht normal war. Ich fing an, Angst zu kriegen.

Damals gingen meine Visionen los, richtige Wahnvorstellungen. Ich hab' immer gedacht, mir wird die Vagina zerschnitten. Das war so schlimm, dass ich mich vor Schmerzen im Bett gekrümmt und geweint habe. Ich war sehr allein und sehr verzweifelt. Ich wusste auch langsam nicht mehr, was nun eigentlich stimmte: War ich verrückt oder waren es die anderen?

Auf der einen Seite hatte ich das Gefühl, dass ich so nicht will. Auf der anderen Seite wusste ich nicht, wie ich will. Und dann die Drohung: Du bist nicht normal!

Es wurde immer schlimmer. Ich bekam Vergewaltigungsträume. Einmal bin ich vor Angst nachts in sein Zimmer gegangen und habe mich neben ihn gelegt. Er hat geschlafen.
Ich muss sagen, wir konnten sonst eigentlich ganz gut miteinander reden und waren beide auch ziemlich offen. Nur in der Sexualität, da ging das nicht. Das war der heikelste Punkt.
Ja, und dann kam der Punkt, an dem ich wusste: Jetzt werde ich entweder verrückt oder es passiert was! So habe ich mich schon ein paar Mal in meinem Leben verhalten: Wenn es existentiell wird, handle ich. Ich habe das begonnen, was ich meine ›Verweigerungsstrategie‹ nenne. Ich habe aufgehört, die Pille zu nehmen. Ich habe gelernt, es nicht mehr zu machen!
Zunächst habe ich es nur geschafft, indem ich ihn auch so richtig bestraft habe. Da habe ich wochenlang in meinem Zimmer geschlafen und gedacht: So, jetzt will ich es dir mal zeigen!
Langsam wurde ich sicherer, habe begriffen, dass das nicht nur meine Rache ist, sondern auch mein Recht.
Ganz wichtig war in der Zeit, dass ich viel mit anderen Frauen gesprochen habe und gesehen habe, dass es bei denen ganz genauso lief wie bei mir. Und auch, dass ich ganz intensive Freundschaften zu Frauen entwickelt habe, Beziehungen, die mir emotional sehr wichtig sind und auf die ich mich verlassen kann.
Von dem Zeitpunkt an, wo ich dieses demütigende Sich-zur-Verfügung-Stellen nicht mehr mitgemacht habe, ging es mir schlagartig besser. Gut war auch, dass ich gemerkt habe, dass man durchs Reden nur sehr wenig begreift und verändert. Ganz vieles läuft nur, wenn du praktischen Druck ausübst, wenn du es einfach nicht mehr machst. Nur dadurch war auch er gezwungen, über sich selbst nachzudenken.«
Ich frage Sonja, wie er darauf reagiert hat und welche Rolle heute für sie die Sexualität spielt.
»Eine schwierige Frage. Es ist immer so schwer zu wissen, was Männer überhaupt denken …
Welche Rolle für mich die Sexualität spielt? Das war sehr unterschiedlich. Wenn ich früher verzweifelt war, dann hab' ich auf tausend Arten versucht, das wieder hinzukriegen, hab' tausend

Bücher gelesen oder besonders oft mit jemandem geschlafen, nur damit ich's wieder hinkriegte. Mein ganzes Selbstbewusstsein hing eben davon ab. Manchmal war ich auch ganz resigniert und hab' versucht, einfach nicht mehr daran zu denken.
Heute lasse ich mich von der Sexualität nicht mehr so ausschließlich bestimmen und auch nicht mehr so unterkriegen. Das hat sicher auch mit meiner allgemeinen Situation zu tun. Beruflich und politisch mache ich zunehmend Sachen, bei denen ich mich als ich selbst fühle und sicher bin, dass ich etwas kann. Das stärkt mich und macht mir Spaß. Ich bin also heute in der Sexualität überhaupt nicht mehr resigniert – auch wenn ich noch manchmal ein wenig Angst habe –, sondern eher gespannt: Alles, was damit zusammenhängt, interessiert mich!
Ich habe heute begriffen, was uns Frauen so fertig macht: Dass man als Frau immer denkt, erstens, es ist unser persönliches Problem, und zweitens, man ist selber schuld. Das habe ich jetzt durchschaut, und da fange ich an, ein Gefühl der Stärke zu kriegen. Ich fange auch an, mich schön zu finden. Meine Bewegungen, wie ich aussehe … Sicher, in der Sexualität, da weiß ich auch heute noch oft nicht genau, was ich gerne möchte, ob ich so gestreichelt werden möchte oder so. Aber ich weiß, was ich nicht möchte. Ich bin einfach nicht mehr darauf angewiesen, das auszuhalten.
Diese Demütigungen. Diese Identitätslosigkeit. Dieses Verstummen. Diese Unterdrückung. Wir reden jetzt seit fast drei Stunden, und wenn ich mein Leben so höre, dann war es immer dasselbe.«
Sonja hat Konsequenzen gezogen. Sie ist aus der Wohngemeinschaft, in der sie zusammen mit ihrem Freund lebte, aus- und in eine Wohngemeinschaft mit drei Frauen eingezogen. Zu ihrem Freund hat sie weiter eine emotional wichtige Beziehung – »Weil ich mit ihm eben nicht immer das Gefühl habe, ich bin ein Mensch zweiter Klasse« –, aber sie schläft nicht mehr mit ihm.
Ich versuche, präzise herauszufinden, was von ihrer Beziehung körperlich geblieben ist, und wir stoßen uns beide an der Schwierigkeit, Sinnlichkeit und Sexualität in Worte zu fassen: uns steht nur ein wissenschaftlich-technisches Vokabular oder

eine brutalisierende Genossensprache zur Verfügung. Es ist so, dass Sonja weiterhin eine auch körperlich zärtliche Beziehung zu ihrem Freund hat, manchmal mit ihm einschläft, aber nicht mehr mit ihm schläft. Vor einiger Zeit hatte sie eine kurze und sehr verfahrene sexuelle Beziehung mit einer Frau. Wenn auch diese Beziehung schmerzlich scheiterte, so kann Sonja sich doch seither vorstellen, auch einer Frau den primären Platz in ihrem Privatleben einzuräumen. Dieser Gedanke ist wichtig für sie. Seit ein paar Monaten hat sie eine zweite Beziehung zu einem Mann, der gleich alt ist und dem sie sich absolut ebenbürtig fühlt. Auch mit ihm hat sie eine Streichelbeziehung, schläft aber nicht mit ihm, das heißt: Sie koitieren nicht und gehen auch in ihren anderen Zärtlichkeiten beide nicht bewusst bis zum Orgasmus. Sie stört das nicht. Im Gegenteil: Zum ersten Mal kann sie Zärtlichkeiten ohne Angst und Leistungsterror austauschen. Ihm scheint es auch nichts auszumachen, das heißt, sie weiß es nicht so recht, will es auch gar nicht wissen, will nicht dran rühren, sondern möchte, dass es zunächst so bleibt:

»Ich bin immer noch dabei, herauszufinden, was ich eigentlich selbst will. Ich habe das Gefühl, ich bin in einem Schwebezustand. Ich weiß nur eines ganz sicher: Dass ich es so, wie ich es bislang oft gemacht habe, nicht wieder machen werde.«

Der wichtigste Punkt an Sonjas neueren Erfahrungen scheint mir, dass man durch Reden nichts ändert, sondern nur durch Realitäten. Und dass auch auf der subjektiven Gutwilligkeit und Verständigungsbereitschaft der Geschlechter die schwere objektive Hypothek der Ungleichheit lastet.

Sonjas heutige sexuelle Praxis ist sicherlich nur eine Etappe und keine definitive Lösung – aber sie ist eine wesentliche Etappe. Nach Jahren der Selbstverleugnung hat sie die Kraft gefunden, sich dem Orgasmusterror zu entziehen. Verweigerung ist für viele Frauen nach der Verstümmelung ihrer Bedürfnisse und in der Ohnmacht ihrer heutigen Beziehungen der erste Schritt zur Ehrlichkeit mit sich selbst.

An die Reserven ihrer Kindheit – frei aufgewachsen, soziale Bastard-Situation, partielle Rollenumkehrung bei den Eltern – hätte sie wahrscheinlich nicht so rasch anknüpfen können, wenn sie nicht Frauen getroffen hätte, mit denen sie reden und durch die sie begreifen konnte, dass sie mit ihren Problemen nicht allein ist. Dadurch blieb »Frigidität« nicht länger peinlich, sondern wurde politisch.

Verena, 21 Jahre, Studentin, ledig
Christa, 25 Jahre, Studentin, ledig
Barbara, 35 Jahre, Apothekerin, verheiratet, ein Kind

In den ganzen Monaten meiner zahlreichen Gespräche mit Frauen über ihre Sexualität habe ich nur drei getroffen, die in ihren Beziehungen zu Männern die angeblich vorrangige Bedeutung und zwangsläufige Notwendigkeit eines Koitus für einen Orgasmus bewusst und aktiv in Frage stellen. Alle drei sind in der Frauenbewegung aktiv, was sicherlich kein Zufall ist. Zwei dieser Frauen sind aufgrund gewisser Erfahrungen für sich allein auf diese Möglichkeit gekommen und zunächst auch innerhalb der Frauenbewegung damit auf Ablehnung gestoßen.
Verena, die in einer westdeutschen Stadt lebt, geht es noch immer so: Sie stößt mit ihren Sexualpraktiken und den Gründen, die sie dafür hat, bei anderen Frauen scheinbar auf Unverständnis. Christa und Barbara hingegen, die beide in einer Selbsthilfegruppe aktiv sind, können darüber offen in ihrer Gruppe diskutieren. Die Konsequenzen, die sie gezogen haben, finden die Zustimmung der anderen Frauen, die sich teilweise ähnlich verhalten.
Ich möchte zunächst Verena reden lassen. Sie ist von einer verhaltenen Sicherheit und stellt ihr bisheriges Leben äußerst bewusst dar. Verena kommt aus einem Geschäftshaushalt, hatte als Kind viele Freiheiten und war eine selbständige kleine Person. »Ich habe«, sagt sie heute, »eigentlich schon ziemlich früh den Konflikt mit der Frauenrolle und der Männerrolle gehabt:
Bis sechs bin ich ziemlich individuell erzogen worden. Und dann in der Schule fing's an: Ich musste Röcke tragen, und in der Klasse saßen wir nach Jungen und Mädchen getrennt. Ich wusste gar nicht mehr, wie ich mich verhalten sollte, eckte ständig an. Von

der Lehrerin kriegte ich zu hören: ›Du bist doch kein Junge!‹ – Ich fing an zu begreifen, dass es jetzt nur noch zwei Möglichkeiten gab: entweder man verhielt sich wie ein Mädchen oder man verhielt sich wie ein Junge. Dazwischen gab es nichts.
Irgendwann, mit sieben oder acht, war es dann so weit: Ich wollte ein Junge sein. Von da an zog ich mir nur noch dunkle Sachen an und hatte streichholzkurze Haare. Wir spielten Cowboy und kletterten über Zäune – was auch viel spannender war als die Mädchenspiele. Ich hatte eine Freundin, die genauso wild war und mich darin bestärkt hat.
Gegen Mädchen hatte ich nichts, mehr was gegen alles, was das Mädchenhafte symbolisierte: Ich mochte im Schulchor nicht die hohe Stimme singen, im Karneval hab' ich mich nie als Prinzessin oder so verkleidet, sondern eher als Cowboy oder Ritter, und beim Theaterspielen war es das Gleiche.
Man ließ mich gewähren, solange ich Kind war. Aber je älter ich wurde, umso mehr Schwierigkeiten bekam ich. Alle – Lehrer, Eltern und Freundinnen – erwarteten jetzt, dass ich ›vernünftig‹ würde. Zuerst hab' ich noch Widerstand geleistet, mich einfach noch jungenhafter benommen. Aber irgendwann muss das wohl nicht mehr möglich gewesen sein. Ich bin ins andere Extrem umgeschlagen, hab' angefangen, Mädchen zu spielen. Ich hab' Seidenstrümpfe angezogen und enge Röcke und die Haare wachsen lassen.
Dann hab' ich mich auch so langsam reingefunden mit den Jungen. In der Tanzstunde war das alles noch sehr verkrampft. Mit den Jungen konnte ich praktisch nur übers Tanzen reden, über sonst nichts. Nicht über mich. Das waren irgendwie ganz andere Menschen.
Ich weiß noch, dass ich vorher, so mit 12/13 eigentlich immer nur in Lehrerinnen verliebt war – denen bin ich dann in der Pause auf dem Schulhof immer nachgerannt. Auch in den sexuellen Phantasien, die ich hatte, kamen immer nur Frauen vor. Das muss ich später alles verdrängt haben. In der Tanzstunde, da standen sich eben Jungen und Mädchen gegenüber, und man hat mit denen zu tanzen. Da hat man sich keine Fragen mehr zu stellen …«

Verena absolviert die üblichen Flirts und redet, wie fast alle Frauen, mit ihrer besten Freundin darüber. Sie beugt sich den Erwartungen, wird ganz Mädchen, verliert jedoch nie ihre eigene Zukunftsperspektive aus dem Kopf: Sie will berufstätig werden, Karriere machen, vielleicht auch Kinder und eine Ehe, aber nicht das allein. Ihr Studienfach – Architektur – wählt sie entgegen allen Ratschlägen und rein nach ihren eigenen Interessen. In der Stadt, in die sie zieht, um zu studieren, gerät sie gleich in den ersten Tagen in eine nette Wohngemeinschaft, in der sie sich wohl fühlt.

Sie ist 19, noch »Jungfrau« und findet, nun wird es Zeit.

»Ich kam aus dem Urlaub zurück und dachte: Jetzt bist du reif! Jetzt musst du endlich mal mit 'nem Jungen schlafen. Vor allem die anderen, die haben das alle schon getan … Ich hatte wahnsinnige Angst, dass das entdeckt würde, dass ich noch nicht … Immer, wenn die Sprache drauf kam, hab' ich mich ein bisschen zurückgezogen, damit die anderen ja nicht merkten, wie unerfahren ich noch war.

Inzwischen fühlte ich mich auch reif genug, es endlich mal zu machen. Also hab' ich mir die Pille verschreiben lassen. Und dann hab' ich mir ganz rational überlegt, was für ein Junge das sein sollte und wie die Beziehung aussehen sollte. Es sollte eine ganz unverbindliche, rein sexuelle Geschichte sein, die mich nicht emotional irgendwie reinreißt.

Eine Woche später hab' ich dann auf einer Fete mit einem rumgeschmust, der genau diese Bedingungen erfüllte. Ich hatte natürlich trotzdem Angst, aber ich hab' mir gesagt: Genau das wolltest du ja! Jetzt oder nie! Es war dann unheimlich gut. Ein wahnsinnig intensives Erlebnis. Mein ganzer Körper war einbezogen, so, wie ich es noch nie vorher erlebt hatte. Ich hab' keinen Orgasmus gehabt, aber es war wirklich schön. Ich war auch stolz, dass ich es jetzt mal gemacht hatte.«

Sie sieht den Jungen noch ein paar Mal, ohne dass einer der beiden daran interessiert wäre, aus dieser Begegnung eine Beziehung zu entwickeln. Ihren ersten Orgasmus hat sie ein Jahr später mit einem Jungen, den sie als »zart, kurzsichtig und nicht so

protzig« beschreibt. Er ist streckenweise impotent und berührt dann ihre Klitoris mit der Hand oder dem Mund – so kommt Verena zum Orgasmus.
Er ist der Letzte in der Phase, in der sie zur Selbstbestätigung »rumbumst« – dabei ließ sie keine Federn, aber es brachte ihr auch nichts. Heute hat Verena seit einem Jahr eine monogame Beziehung zu einem Mann. Rückblickend sagt sie:
»Bei allen Beziehungen vorher – die manchmal nicht länger als eine Nacht dauerten – war ich kühl, rational und distanziert. Richtig asozial. Das ist jetzt nicht mehr so. In der Beziehung zu Volker habe ich die Distanz langsam überwunden.«
Heute ist eines ihrer Hauptprobleme in der Sexualität, dass »er öfter will als ich«. Anfangs hat sie auch mit ihm geschlafen, wenn sie keine Lust hatte. Das tut sie heute nicht mehr. »Inzwischen«, sagt sie, »habe ich mehr Selbstbewusstsein.« Dafür gibt es mehrere Gründe: Verenas Studium läuft gut, und auch in der Frauengruppe ist sie mit Erfolg aktiv.
Ich frage sie, wie sich zwischen ihr und ihrem Freund die Sexualität konkret entwickelt hat, wie es am Anfang lief und wie es heute ist.
»Beim ersten Mal lief das wie vorher mit allen Jungen: Ich ließ ihn mal machen. Ihm fiel da auch gar nicht auf, dass er so aktiv war, weil das für ihn normal war. Er hat also den Schwanz reingesteckt, einen Orgasmus gekriegt, ich nicht. Ich hab' nichts gesagt, weil ich mir den Abend nicht verderben wollte. Ich hab' mich erst mal so verhalten, dass es gut für ihn war, denn ich wollte ihn ja wiedersehen.
Als dann nach einigen Tagen klar war, dass es lief, da habe ich dann gewagt, Wünsche anzumelden. Ich hab' gesagt, dass ich keinen Orgasmus hatte. ›Was? Wie? Hmmmm … Was machen wir denn da?‹ – ja, hab' ich gesagt, das mit dem Schwanz-Reinstecken, das klappt bei mir nicht, das musst du anders machen. – Er war unheimlich verknallt in mich und hat das sofort gemacht. Er hat mich mit dem Mund berührt und ich ihn – er fand das auch ganz toll.
Aber trotzdem kriegt er am Anfang nur einen Orgasmus, wenn

er auch seinen Schwanz bei mir reinstecken konnte. Aber im Laufe der Zeit habe ich das dann so gemacht, dass wir das gar nicht mehr praktiziert haben. Ich habe entdeckt, dass es mich erregt, wenn ich auf ihm lag und sein Schwanz meine Klitoris berührte. – Nach dem vierten Mal hat es dann geklappt: Ich habe so einen Orgasmus gekriegt. Und er auch.«

Vor einiger Zeit hat Verena auch eine kurze sexuelle Beziehung mit einem Mädchen aus ihrer Frauengruppe gehabt. »Ich war«, sagte sie, »körperlich sehr angezogen von ihr. Zuerst haben wir uns das natürlich nicht eingestanden. Wir haben zusammen gearbeitet. Engels gelesen und so. Und dann hat sich das irgendwie sehr selbstverständlich ergeben. Da war nichts Peinliches, als wir uns zum ersten Mal küssten und zusammen geschlafen haben.« Die andere hatte einen festen Freund, und daran ist die Beziehung zwischen den beiden Frauen letztlich gescheitert. Auch sind in der Frauengruppe, in der beide arbeiten, Frauenbeziehungen ziemlich tabu.

Trotzdem ist es für Verena klar, dass Frauen in Zukunft eine Möglichkeit sind. »Ich habe mich trotz der Komplikationen sehr wohl mit ihr gefühlt«, sagt sie. »Da war nicht dieser Bruch wie bei den Männern. Sie und ich, wir hatten dieselben Interessen, dieselbe Arbeit ... Mit Männern ist das immer so ein Problem, dann kann ich immer nur einen Teil von mir selbst einbringen.«

Mit ihrem Freund Volker kann sie inzwischen über Sexualität auch reden. Sie sagt, dass sie bei den neuen Sexualpraktiken bleiben wird und prinzipiell keine Lust mehr hat, sich penetrieren zu lassen. Ich frage sie, warum.

»Weil ich weiß, dass es mir nichts bringt. Am Anfang hab' ich es noch mit mir geschehen lassen, hab' gedacht: Na ja, wenn er was davon hat ... Aber inzwischen habe ich gelernt, dass ich ihn auch anders befriedigen kann. Ich sehe es einfach nicht mehr ein, warum ich etwas machen soll, wovon ich nichts habe. Es tut mir auch weh. Nach kurzer Zeit tritt bei mir immer eine Überreizung ein. Meine Schwester hat mir mal gesagt, dass sie das auch hat – kann ja sein, dass wir da irgendwie zu eng gebaut sind ...

Ja, und dann habe ich auch Bestätigung gefunden in den Texten,

die ich in der letzten Zeit gelesen habe. ›Der Mythos vom vaginalen Orgasmus‹ von der Anne Koedt war sehr wichtig. Und der amerikanische Text ›Befreiung von der sexuellen Revolution‹ war eine wahre Entdeckung für mich. Ich habe begriffen, dass ich Liebe mit Sexualität verwechselt hatte. Dass wir oft viel mehr Sexualität praktizieren, als wir eigentlich möchten: Gefühle nach Zärtlichkeit, Geborgenheit und Sicherheit werden meistens sofort in Sexualität umgewandelt. Dass viele Frauen mit Männern schlafen, nicht weil sie Lust dazu haben, sondern weil ihnen das eingeredet worden ist.
Ich würde es auch als unheimliche Einschränkung meiner selbst empfinden, wenn ich nur durch Penetration Lust empfinden könnte. Das wäre ja dann ein Monopol von Männern. Ich möchte mir aber die Möglichkeit, auch zu Frauen sexuelle Beziehungen haben zu können, nicht verbauen.
Außerdem fühle ich mich bei der Penetration so als Objekt. Ich tu' ja nichts dazu. Ich stelle nur meinen Körper zur Verfügung. Und der Typ ist dann ganz aktiv und auf seinen Schwanz konzentriert. Mich nimmt er dann gar nicht mehr wahr, Ich kann nichts beeinflussen, er macht es sich sozusagen selbst unter Zuhilfenahme meiner Möse. Und ich hab' ja auch noch nie dabei einen Orgasmus gehabt. Mit der Hand, da tu' ich wenigstens noch was, aber so einfach die Beine spreizen …«
Ich frage, wie ihr Freund reagiert.
»Er hat sich inzwischen daran gewöhnt. Das heißt, es macht ihm Spaß, aber er scheint manchmal ein bisschen beunruhigt zu sein, dass er's ›verlernt‹, dass er es gar nicht mehr ›normal‹ kann, wenn er mit anderen Frauen zusammen ist.«
In ihrer Stadt und innerhalb ihrer relativ jungen Frauengruppe steht Verena noch ziemlich allein da mit ihren Überlegungen und Praktiken. »Alle Frauen, die ich höre«, erzählt sie, »sagen mir, dass es bei ihnen ganz toll läuft und dass sie alle einen vaginalen Orgasmus haben. Trotzdem fällt es mir immer schwerer, das zu glauben. Ich kann mir einfach nicht vorstellen, dass das nur mein Problem ist.«

Einige Wochen später spreche ich mit Christa und Barbara in Berlin, die beide zusammen in einer Selbsthilfegruppe sind. Auch Christa ist mit ihrer Ablehnung des – wie sie krass, aber sehr bewusst sagt – »Schwanzfickens« bei den meisten Frauen der Bewegung zunächst auf Ablehnung gestoßen. Sie erinnert sich:

»Klar konnte ich mit den Frauen über meine Probleme und Ängste reden. Auch in der Sexualität. Aber das Schwanzficken in Frage stellen – nein, das ging zu weit. Viele behaupteten, sie hätten einen vaginalen Orgasmus, oder zumindest, sie fänden das ganz schön, einen Schwanz drin zu haben.«

Erst in der Selbsthilfegruppe, die seit einem Jahr besteht, konnte Christa wieder über ihre bewusste Ablehnung der Penetration sprechen. Christa und Barbara über die Gruppe:

»Die Gruppe ist eigentlich in logischer Fortsetzung der 218-Arbeit entstanden. Den Anstoß gab der Besuch von zwei Amerikanerinnen, die uns hier im Frauenzentrum von der Arbeit in den Selbsthilfekliniken und den Selbsthilfegruppen in Amerika erzählten. Eine der Frauen hat dann gleich eine praktische Demonstration gemacht, hat vor unser aller Augen sich selbst ein Spekulum eingeführt. Fast alle von uns haben damals zum ersten Mal überhaupt in eine Vagina reingeschaut und begriffen, wie einfach es ist, sich selbst zu untersuchen.

In unserer Gruppe sind wir acht Frauen, die sich regelmäßig selbst und gegenseitig untersuchen. Zunächst hatten wir, ehrlich gesagt, vor allem Alternativen zu den bisherigen Verhütungsmitteln im Kopf, da viele von uns die Pille ablehnen, weil wir inzwischen auch zu viel über ihre schädlichen Nebenwirkungen wissen. Sehr schnell aber wurde uns klar, dass wir durch den Abbau des Tabus, mit dem normalerweise ja alles, was mit dem Genitalbereich bei Frauen zu tun hat, verbunden ist, dass wir dadurch ein ganz anderes, ein natürliches Verhältnis zu unserem eigenen Körper und dem Körper der anderen Frauen bekamen. Und wir lernten auch mit einer rasenden Geschwindigkeit über uns selbst: wie wir gebaut sind, wie unsere Körper funktionieren.

Dieses neue Wissen, unser steigendes Selbstbewusstsein und unsere ehrlichen Gespräche über unsere eigenen Erfahrungen haben für die meisten in unserer Gruppe sehr rasch auch konkrete Veränderungen in ihrem eigenen Leben bewirkt: Sexualität, egal ob mit Männern oder Frauen, läuft für sie heute subjektiv befriedigender und ehrlicher als vorher.«

Die Kenntnis vom eigenen Körper und dem anderer Frauen hat auch sehr schnell den Terror herrschender Normen ins Wanken gebracht. Auch bei Christa und Barbara, deren Verhältnis zum eigenen Körper heute weitaus gelassener ist. Christa zum Beispiel fand sich früher dick (»zu dicker Hintern, zu dicker Busen, zu dicke Beine«) – heute akzeptiert sie sich, wie sie ist. Sie ist übrigens, genau wie Barbara, schlank und unbefangen hübsch und heiter, das heißt voll akzeptabel auch nach herrschenden Normen.

Barbara war früher zutiefst davon überzeugt, dass sie eine »hässliche, zu große Nase« und »zu kurze Beine« habe. Sie ging so weit, sich regelmäßig die Haare an den Beinen zu zupfen, damit sie optisch länger wirkten. Barbara ging jahrelang nicht ungeschminkt vor die Tür. – Heute schminkt sie sich nicht mehr grundsätzlich, sondern nur manchmal. »Schminken«, sagt sie, »ist für mich eine Kunstform wie Malen. Und manchmal, wenn ich in einer besonderen Stimmung bin, dann mache ich eben ein kleines Kunstwerk aus mir.«

Barbara hat ein Kind, ein Mädchen, das sie gewollt hat, und über das sie sich freut, das aber eine »sehr große Belastung« für sie ist. Ihr Beruf füllt sie so wenig aus, dass sie nur halbtags arbeitet. So kann sie sich auch mehr mit ihrer Tochter beschäftigen, die jetzt vier Jahre alt ist und die sie weitgehend in ihr Leben einbezieht. Das kleine Mädchen ist zum Beispiel auch oft bei den Treffen der Selbsthilfegruppe dabei, findet es sehr selbstverständlich, dass Frauen sich selbst untersuchen, und hat heute schon ein recht selbstbewusstes Verhältnis zu ihrem eigenen Körper. Auch ist die Identifikationsmöglichkeit, die sie mit ihrer Mutter und anderen aktiven Frauen hat, positiv. Sie ist stolz darauf, ein Mädchen zu sein, und führte neulich recht plastisch die Freudsche Penisneid-Theorie ad absurdum. Barbara:

»Da war sie mit einem kleinen Jungen pinkeln, kommt zurück

und sagt ganz empört zu mir: Du, Barbara, die Jungen, die haben ja gar keine Scheide!«

Barbara ist seit zehn Jahren verheiratet. Sie wahr jahrelang »frigide« und hat ihrem Mann und anderen Männern einen Orgasmus vorgespielt. Eine für sie selbst befriedigende Sexualität erlebt sie erst, seit sie den Koitus konsequent in Frage gestellt hat. Sie sagt heute:

»Ich glaube, dass jede Frau, die sich mal ein halbes Jahr lang nicht um Verhütung kümmern musste, dass die ganz anders lebt. Mir ist es so gegangen. Ich bin seither ein neuer Mensch. Wenn ich so die Entwicklung mit Uwe betrachte ... Also am Anfang war es ganz schön. Da konnte es sogar vorkommen, dass er mir einen klitoralen Orgasmus machte, mit der Hand. Was das ist, wusste ich ja von früher sehr gut: Da hab ich immer mit meinen Schwestern geschmust, und wir haben uns gegenseitig angefasst.

Später lief mit Uwe nichts mehr. Ich denke, das lag auch an der allgemeinen Abstumpfung in der Ehe, an dem zunehmenden Desinteresse. Aber auch an der zunehmenden Einengung durch meine Frauenrolle, in die ich, klar, nicht nur von ihm gedrängt wurde, sondern in die ich selbst mich auch ganz schön reinmanövriert hab'. Ich wusste es ja nicht anders. Ich bin so richtig immer mehr sein Anhängsel geworden, hab' keinen Schritt mehr allein gemacht und ihn sogar gefragt, wenn ich ins Kino ging.

Ich habe darunter sehr gelitten, konnte das alles aber nicht ausdrücken, konnte nichts sagen, wusste ja auch gar nichts.

Dann kam 69. Ich habe Wilhelm Reich gelesen, die »Sexuelle Revolution«. Na, und da hab' ich mich auf Männer gestürzt, um zu zeigen, was ich konnte – wie befreit ich war. Denen hab' ich immer einen richtig schönen Orgasmus vorgespielt. Ich hab' ja geglaubt, das wäre bei allen so, und hätte nie zugegeben, dass gerade ich so eine Versagerin bin.

Die Männer fanden mich natürlich immer ganz toll. Die haben nichts gemerkt ... Sobald der erste Schwung weg war und die Probleme kamen, hab' ich dann die Beziehungen einfach abgebrochen und bin später zu Uwe zurückgegangen. Na und bei

ihm ... Da hab' ich oft gewartet, bis er schnarchte, und dann hab' ich onaniert. Wie früher. Nur diesmal im Ehebett.«
Christa nickt zustimmend mit dem Kopf: »Hab' ich auch oft gemacht.« Sie hatte mit 16 den ersten Freund, mit dem sie drei Jahre lang »Petting« macht und sich ganz strikt gegen das »richtige Schlafen« wehrt. Mit 19 – »Irgendwann muss es ja mal laufen« – beschließt sie die Defloration.
Einige Monate später liest sie Wilhelm Reich und lernt durch ihn das Onanieren. »Vorher wusste ich noch nicht mal was von meiner Klitoris.« Aber sie bekommt auch Minderwertigkeitskomplexe durch Reich und seine Theorie vom »unreifen klitoralen Orgasmus« und »reifen vaginalen Orgasmus«, denn der Koitus mit ihrem Freund hat sie unbefriedigt gelassen. Sie hat zwar beim Masturbieren einen Orgasmus, nicht aber, wenn sie mit ihm schläft.
Mit dem Wissen kommt der Leistungsdruck. Christas Anorgasmie wird für sie zum alles überragenden Problem.
»Mit der Frauenbewegung und Anne Koedts ›Mythos vom vaginalen Orgasmus‹ kam dann meine persönliche Erlösung. Ich konnte endlich mit anderen Frauen darüber reden und habe gemerkt: Das ist nicht meine individuelle Macke: Frigidität und unreif sein und so. Der ›Mythos vom vaginalen Orgasmus‹ hat mich von meinen Minderwertigkeitskomplexen, dass ich noch keine reife Frau sei, endlich erlöst und mir bestätigt, dass meine Klitoris das einzig Wahre ist. Da hat das angefangen, dass ich bewusst weniger Schwanzficken gemacht habe. Das war vor zwei Jahren. Ein halbes Jahr vorher hatte ich den Jochen kennen gelernt, mit dem ich auch heute noch zusammen bin. Bei ihm hatte ich eine unheimlich gute Ausgangsposition, weil er noch nie mit einer Frau zusammen gewesen war, ich also mehr Erfahrungen hatte und ihm dadurch überlegen war. Ich denke, dass er aufgrund seiner Unerfahrenheit auch noch nicht so schwanzfixiert war. Jedenfalls habe ich meine Bedürfnisse besser einbringen können. Er hat damals zwar manchmal den Schwanz reingesteckt, aber immer nur für kurze Zeit. Ansonsten haben wir zusammen onaniert und kamen dabei auch immer beide zum Orgasmus.
Mir war und ist das so am liebsten, weil es irgendwie eine gleich-

berechtigte Position ist. Außerdem hab' ich ja auch keine Verhütungsmittel genommen.«
Ich fragte Christa, was sie mit »zusammen onaniert« meint.
»Also, wir haben uns gegenseitig gestreichelt und geküsst, aber dann hat jeder von uns bei sich selbst bis zum Orgasmus onaniert, während wir zusammen im Bett lagen. Dagegen, dass er mich bis zum Orgasmus bringt, habe ich innerliche Widerstände. Ich bin da in einem Zwiespalt: Einerseits würde ich es ganz gern gegenseitig machen, wüsste ich gern, wie das ist; andererseits finde ich gut, daß ich es selbst in der Hand behalte: das ist in meinen Augen eine Stärke.
Dieses gegenseitige Onanieren ging gut, bis ich irgendwann mal meine Periode gehabt hab'. Da hat er gemeint, jetzt sei es doch Zeit. Da kannten wir uns so etwa drei Monate (ich kriegte damals die Periode sehr unregelmäßig). Ja und bis dahin hatte ich mir ehrlich gesagt ja auch selbst vorgemacht, dass ich eigentlich Schwanzficken sehr gut fände, und ich hab' mich auch geschämt, dass ich das nicht so richtig brachte, hab' gedacht, das ist meine individuelle Macke, und dass ich es nur darum nicht täte, weil ich Angst vor einer ungewollten Schwangerschaft habe. Und so hab' ich das auch ihm dargestellt. Und als ich dann die Periode hatte, dann hab' ich mir auch selbst vorgemacht, jetzt sei es ja nicht gefährlich. Und da wurde richtig gefickt. Da ist für mich eine Welt zusammengebrochen. Ich begriff, was ich verloren hatte. Vorher war's irgendwie gleichwertig gewesen, aber dieses ›richtige‹ Ficken, das nun als das Beste und Tollste galt, das war für mich überhaupt nicht toll.
Ich bin dabei so unterlegen, total unterlegen. Ich lag unten, er lag oben, hat sich einen abgerubbelt – und ich hatte nichts davon. Mir fiel die Angst wieder ein, die ich früher davor gehabt hab': Da hab' ich immer gedacht, der Mann macht irgendwas, hat dabei seine Befriedigung und weiß eigentlich gar nicht mehr, mit wem. Er benutzt einen für seine Onanie. Ich hab' Angst gehabt, dass der Typ, wenn er den Schwanz drin hat, mich dabei vergisst. – Und da ist ja auch was dran, selbst wenn man mit einem sensiblen Jungen zu tun hat.

Wie ich den Schock durch Jochen gekriegt hab', hab' ich unheimlich geheult und hab' auch versucht, ihm das zu erklären. Er hat zugehört, war sehr erstaunt, aber auch ziemlich hilflos.«
Inzwischen akzeptiert Christa die Penetration überhaupt nicht mehr. Ihr Freund, sagt sie, »findet es so auch schöner – dadurch, dass er gar nicht erst dran gewöhnt worden ist, hat er auch die Potenzsachen nicht so drauf«. Auch andere neue Normen lehnt Christa heute selbstbewusst für sich ab. Zur Polygamie sagt sie:
»Ich habe zwischendurch schon Beziehungen zu mehreren Männern gehabt, aber das hat mich auf die Dauer aufgefressen. Wir Frauen sind halt so erzogen, unheimlich einfühlsam und rücksichtsvoll zu sein, das heißt, wenn ich mehrere Beziehungen hatte, verbrachte ich meine Zeit damit, darüber nachzudenken: Bin ich jetzt nicht ungerecht, wenn ich mehr mit dem einen zusammen bin als mit dem anderen? Andauernd war ich damit beschäftigt, meine Gefühle und meine Zeit gleichmäßig zu verteilen – mich hab' ich dabei überhaupt nicht mehr beachtet. Meine Bedürfnisse hab' ich wieder mal völlig rausgelassen.
Ich kann mich auch nicht so aufteilen. Heute habe ich darum nur eine sexuelle Beziehung, die zu Jochen. Wir kennen uns, er weiß und begreift viel von mir, und ich kann offen mit ihm sein, muss keine Angst haben, dass er mich verurteilt oder meine Offenheit gegen mich benutzt. Gut finde ich auch, dass wir nicht aneinander kleben, dass jeder sein eigenes Leben führt. Seit ich in der Frauenbewegung aktiv bin, fühle ich mich auch in der Beziehung zu Jochen wohler: Ich bin einfach mehr ich selbst.
Ich habe heute viele Interessen. Es gibt viele Dinge, die ich machen möchte und die wichtig sind. Ich habe auch emotional wichtige Beziehungen zu Frauen.«
Christa hat, genau wie Verena, im Zuge der Frauenbewegung begonnen, auch sexuelle Beziehungen zu Frauen zu haben. Wie Verena sagt sie, dass bei Frauen, im Gegensatz zu Männern, für sie die »Schizophrenie« aufgehoben sei. »Ich muss mich nicht permanent zwischen zwei Welten teilen. Mit einer Frau aus der Bewegung habe ich immer mehr gemeinsame Erfahrungen und Interessen als mit einem Mann. Ich kann mit ihr in dieselbe

Gruppe gehen und habe dieselben Empfindungen. Es gibt eine spontanere Innigkeit und größere Möglichkeit zur Identifikation. Einem Mann muss ich immer alles erst erklären.«

Und Barbara? Sie hat bisher keine Frauenbeziehung gehabt, verhält sich aber heute ebenfalls monogam: ihre einzige sexuelle Beziehung ist die zu ihrem Mann. So soll es auch bleiben, die Wohnungen aber möchte sie getrennt lassen – so, wie es seit einem Jahr ist. Beide wohnen im selben Haus, nur auf unterschiedlichen Etagen. Barbara, die durch die Pille sexuell »völlig erlahmt« war, nimmt heute die Pille nicht mehr und hat mit den neuen Sexualpraktiken auch neue Hoffnung geschöpft.

Christa lebt in einer Wohnung mit mehreren Frauen zusammen: »Das war einfach ein ganz selbstverständliches Resultat der Frauenbewegung. Wir haben viel gemeinsam, wir mögen uns – was liegt da näher, als auch zusammen zu wohnen? Frauenwohnungen, das ist mir auch aufgefallen, sind anheimelnder, einfach mit mehr Sinn für Schönheit eingerichtet und bewohnt. Da kommt halt die anerzogene ›Weiblichkeit‹ zum Tragen – nur diesmal im Guten. Daran liegt es auch, dass wir unter Frauen beim Organisatorischen – wie Einkaufen und Abwaschen – besser untereinander klarkommen. Wir haben das einfach so drauf. Da gibt's weniger Reibereien.«

Christas Eltern sind geschieden, und sie ist bei Mutter und Großmutter aufgewachsen. Ein »Frauenhaushalt« ist schon von daher für sie gar nicht so ungewöhnlich. Mit ihrem Studium – Kunsthistorik – ist sie bald fertig, weiß aber noch nicht, ob sie es auch ausüben wird. Vielleicht macht sie noch eine Ausbildung als Hebamme.

»Das sind nur zwei Jahre Ausbildung, und man ist nicht so an die Stadt gebunden, kann auch aufs Land gehen. Ich würde dann allerdings nicht an einem Krankenhaus arbeiten wollen, sondern frei, denn nur so kann man Frauen helfen, Kinder unter menschlichen Bedingungen zur Welt zu bringen. Die Atmosphäre im Krankenhaus ist schon durch die ganze Spezialisierung, Technisierung und Organisation, in der die Frauen wirklich nur noch Nummern im Kreißsaal sind, einfach unmenschlich.

Das würde mir auch Spaß machen, weil ich es nicht richtig finde, nur Abtreiben zu lernen, sondern meine, dass wir Frauen alles selbst in der Hand haben sollten. Wir müssen die Abtreibungen eines Tages genauso selbst machen können wie die Geburtshilfe.«

Christa hatte als junges Mädchen wie alle die Klischeevorstellung vom »netten Mann, netten Haus und netten Kindern«. Heute will sie selbst kein Kind mehr: »Das würde mich in den Zielen, die ich habe, zu sehr beeinträchtigen. Die Verantwortung ist mir auch zu groß.«

In der Sexualität weiß sie heute für sich, dass sie Recht hat. Sie ist entschlossen, es nicht bei ihrer individuellen Lösung zu belassen, das heißt, weiter mit Frauen über die so genannte »Frigidität« und deren Gründe zu reden. Sie sagt:

»Ich glaube, dass die Abschaffung des Schwanzfickens unheimlich schwer sein wird. Ich hab's ja oft genug selbst erlebt, wie die Frauen selbst sagen: Aber ein vaginaler Orgasmus ist doch ganz toll! Oder aber zumindest: Es ist doch so ein schönes Gefühl, einen Schwanz drin zu haben. – Da muss man sich natürlich fragen, wie kommen die überhaupt darauf, so etwas zu erzählen? Der Mann hat einen Orgasmus, sie nicht. Hinzu kommt für die Frau noch das ungeheuer schwerwiegende Problem der Verhütung. Das kann doch für eine Frau gar nicht schön sein!

Und dann begreift man, dass das einfach einen unheimlichen Kampf geben würde für die Frauen, das durchzusetzen. Denn die Männer finden es halt schön, den Schwanz drin zu haben. Für die ist das die einfachste Art von Befriedigung, die problemloseste: Da hat die Frau einfach nur die Beine breit zu machen ...

Das heißt, ich würde Schwanzficken nun nicht total ablehnen, nur es müsste halt eine unter vielen Sexualpraktiken werden. Es darf nicht DIE Sexualität an sich bleiben.

Aber damit Frauen das durchsetzen können, dürfen sie nicht mehr so große Angst haben müssen, auch mal was gegen den Mann durchzusetzen. Sie dürfen keine Angst mehr davor haben, dass er sich dann lieber gleich 'ne andere Frau sucht – eine, wo er ihn einfach reinstecken kann.«

Die Erfahrungen der drei Frauen sprechen für sich. Auf den Punkt »vaginaler und klitoraler Orgasmus« gehe ich in meiner folgenden Grundsatzanalyse ein.
Die Arbeit der Selbsthilfegruppe (die übrigens auch ein sehr informatives Buch veröffentlicht hat; Titel: »Hexengeflüster«) fand ich so interessant, dass ich sie gebeten habe, zur Information über ihre Motive, Aktivitäten und Ziele einen kurzen Text zu schreiben. Hier ist er:

Was ist eine Selbsthilfegruppe?
Selbsthilfegruppen gibt es seit 1974 innerhalb der Frauenzentren in der BRD und West-Berlin. Denn im Zusammenhang mit den Diskussionen um die Abschaffung des § 218 wurden sich immer mehr Frauen ihrer totalen Abhängigkeit von Frauenärzten/innen bewusst.
Wir, die Gruppe, in der auch Barbara und Christa aktiv sind, wir sind acht Frauen: eine Krankenschwester, die jetzt Mathematik studiert (35), eine Apothekerin (34), eine kaufmännische Angestellte (32), eine Arzthelferin (25), eine med.-techn. Assistentin, die jetzt Kunst studiert (31), eine Soziologin (34), eine Krankenpflegerin, die gleichzeitig Psychologie studiert (24), und eine Kunsthistorikerin, die Hebamme werden möchte (25). Zum ersten Mal trafen wir uns ungefähr vor einem Jahr (März 74). Der Selbsthilfeabend der Amerikanerinnen hatte uns die Augen über unsere Ahnungslosigkeit geöffnet. Wir wussten ja nicht einmal, wie unser Körper funktioniert und wie er aussieht.

Was heißt Selbsthilfe?
Von klein auf sind uns Scham und Abscheu vor unseren Geschlechtsorganen beigebracht worden. Nur Männer hatten Zugang zu ihnen. Frauenärzte üben mit ihrem Wissen über unsere Unterleibsorgane Macht über uns aus.
Um unseren Körper kennen zu lernen, fingen wir an, uns selbst zu untersuchen. Selbstuntersuchung als Grundlage der Selbsthilfe heißt, sich regelmäßig mit einem Spekulum und einem

Spiegel zu untersuchen. Das Spekulum ist das Instrument, das der Frauenarzt benutzt.

Es gibt feststellbare Spekula, die wir im Liegen selbst einführen und öffnen können. Mit einem Spiegel und einer Taschenlampe können wir so unsere Vagina, den Gebärmutterhals und unseren Muttermund anschauen und stellen fest: wir sind auch innen schön.

Wir lernten, dass vieles normal ist, was uns bisher als krankhaft hingestellt wurde, wie z. B. Ausfluss oder die Lage der Gebärmutter, die in einem bestimmten Bereich variieren kann und nicht durch Operation auf eine so genannte normale Lage gebracht werden muss. Und nur wir Frauen konnten feststellen, dass z. B. während des Zyklus am Gebärmutterhals Kratzer auftreten können, die ein Arzt geflissentlich und zu seinem finanziellen Nutzen »einfach« wegbrennen würde. Sie können jedoch normal sein und nach ein paar Tagen wieder verschwinden. Es gibt auch Frauen, die jetzt in der Lage sind, ihren Eisprung durch die Selbstuntersuchung zu erkennen.

Die Auswirkungen der Verhütungsmittel wurden sichtbar: bei Einnahme der Pille zeigten sich bei vielen von uns Juckreiz, Entzündungen, Infektionen und eine Veränderung des bakteriellen Scheidenmilieus, wie z. B. besonders starker Ausfluss.

Auch andere Medikamente gehen auf Kosten von uns Frauen: Ein gebräuchliches Mittel gegen Trichomonaden ruft nicht nur Pilze hervor, sondern ist auch krebsfördernd.

Frauen in Amerika stellten fest, dass die Wirkung der Spirale auf einer Entzündung der Gebärmutterschleimhaut beruht, was oft vermehrten Ausfluss hervorruft. Inzwischen weisen auch hiesige Ärzte darauf hin, dass bei Einnahme von Antibiotika die Wirkung der Spirale aufgehoben wird.

Durch dieses Wissen können wir die abhängige Situation im Untersuchungszimmer verändern: wir können kontrollieren, was der Arzt feststellt und wie er uns behandelt.

Zur Selbsthilfe gehört auch, dass wir von den Behandlungsarten unserer weisen Vorschwestern lernen. Früher waren Frauen mit ihrem Körper vertraut: Frauenheilkunde und Geburtshilfe waren

bis vor 300 Jahren in den Händen von naturheilkundigen Frauen und Hebammen. Da, wo jedoch ihr Wissen für Kirche und Feudalherren zu gefährlich wurde, verbrannte man sie als Hexen. Wir eignen uns ihre alten Behandlungsmethoden wieder an und entdecken neue. Wir haben z. B. Erfolg gehabt, als wir statt vaginaler Medikamente, Tabletten, Salben und Ätzungen bei einigen Krankheiten Honig, Knoblauch und Yoghurt anwendeten. Wir Frauen sollten uns mit diesen Erfahrungen auseinander setzen und zusammen lernen.
Mit Selbsthilfe wollen wir nicht nur eine neue Medizin, sondern auch ein neues Frauenbewusstsein schaffen! Diese Erkenntnisse helfen uns, ein natürliches Verhältnis zu unserem Körper zu entwickeln.
In unserer Gruppe z. B. konnten wir jegliche Scham und Befangenheit ablegen und uns bei der gegenseitigen Tastuntersuchung und bei der Selbstuntersuchung ohne Hemmungen und Ängste anschauen und berühren. Indem wir unseren Körper wichtiger nahmen, lernten wir, uns als Person ernster zu nehmen. Wir konnten uns von dem Zwang zu einem so genannten schönen Körper, wie er uns an jeder Ecke verkauft wird und der uns immer das Gefühl der Unvollkommenheit vermitteln soll, endlich frei machen.
Dies führt auch zu einem neuen Sexualverhalten: wir lernen, Beziehungen zu Frauen zu entwickeln, bei Männern unsere Bedürfnisse nach Befriedigung durchzusetzen, »nein« sagen zu können und den üblichen Geschlechtsverkehr nicht mehr als befriedigendste und »natürlichste« Sexualpraxis anzusehen.
Diejenigen von uns, die Beziehungen zu Männern haben, begannen, ihr eigenes Sexualverhalten kritisch zu sehen, ihre sexuellen Bedürfnisse offen zu äußern und darauf zu bestehen, dass sie befriedigt werden. Außerdem befreiten wir uns von dem verhängnisvollen Einfluss so genannter fortschrittlicher Bücher über Sexualität, die von Männern geschrieben wurden. Wir merken auch, dass sich das Selbstbewusstsein und der neue Selbstrespekt, welchen wir durch die Gruppe entwickeln konnten, auf unsere anderen Lebensbereiche überträgt. Viele von uns haben

gelernt, sich auch am Arbeitsplatz besser durchzusetzen und sich weniger gefallen zu lassen.
Gerade haben wir ein Buch herausgebracht, das über alle unsere Erfahrungen berichtet und detailliert informiert. Titel: »Hexengeflüster« (Maulwurfvertrieb, Waldemarstraße 24, 1 Berlin 36). Selbstuntersuchung, unsere weibliche Sexualität, unsere politische Perspektive, Geschlechtskrankheiten, alternative Behandlungsmethoden und vieles mehr werden darin besprochen. Was wir bisher gelernt und erkannt haben, wollen wir anderen Frauen nicht vorenthalten.

Die Funktion der Sexualität bei der Unterdrückung

Fast immer, wenn ich in den letzten Jahren versucht habe, mit Männern über Emanzipation zu reden – egal, ob mit Freunden oder Kollegen, ob mit Rechten oder Linken –, fast immer landeten diese Gespräche beim »kleinen Unterschied«. Das sei ja alles schön und gut mit der Emanzipation, und es läge auch noch manches im Argen (so die, die sich für fortschrittlich halten), aber den kleinen Unterschied – den wollten wir doch hoffentlich nicht auch noch abschaffen?

Oh, nein! Nie würden wir uns erkühnen! Selbstverständlich nicht! Bei der eternellen petite difference soll es natürlich bleiben ... oder? Und je progressiver die Kreise sind, in denen er debattiert wird, der Unterschied, umso kleiner wird er – nur die Folgen, die bleiben gleich groß.

Es wird darum Zeit, dass wir uns endlich einmal fragen, worin er eigentlich besteht, dieser gern zitierte kleine Unterschied. Und, ob er tatsächlich rechtfertigt, dass aus Menschen nicht schlicht Menschen, sondern Männer und Frauen gemacht werden.

Lange muss man in dieser potenzwütigen Männergesellschaft nach besagtem Unterschied nicht suchen:

Tatsächlich nicht sehr groß. Im schlaffen Zustand, so versichern die Experten, acht bis neun Zentimeter, im erigierten sechs bis acht Zentimeter mehr.

Und in diesem Zipfel liegt das Mannestum? Liegt die magische Kraft, Frauen Lust zu machen und die Welt zu beherrschen? Die Zipfelträger zumindest scheinen davon überzeugt zu sein ... Ich meine, er ist nicht mehr als ein Vorwand. Nicht dieser biologische Unterschied, aber seine ideologischen Folgen müssten restlos abgeschafft werden! Denn Biologie ist nicht Schicksal, sondern wird erst dazu gemacht. Männlichkeit und Weiblichkeit sind nicht Natur, sondern Kultur. Sie sind die in jeder Generation neu erzwungene Identifikation mit Herrschaft und Unterwerfung. Nicht Penis und Uterus machen uns zu Männern und Frauen, sondern Macht und Ohnmacht.

Die Ideologie vom Unterschied und den zwei Hälften, die sich angeblich so gut ergänzen, hat uns verstümmelt und eine Kluft zwischen uns geschaffen, die heute kaum überwindbar scheint. Frauen und Männer fühlen unterschiedlich, denken unterschiedlich, bewegen sich unterschiedlich, arbeiten unterschiedlich, leben unterschiedlich. Wie das auf unsere Stirn gebrannte Stigma der »Weiblichkeit« und »Männlichkeit« uns festlegt und einengt, weiß jede, weiß jeder von sich selbst nur zu gut. Nichts, weder Rasse noch Klasse, bestimmt so sehr ein Menschenleben wie das Geschlecht. Und dabei sind Frauen und Männer Opfer ihrer Rollen – aber Frauen sind noch die Opfer der Opfer.

Angst, Abhängigkeit, Misstrauen und Ohnmacht der Frauen sind groß. Nicht Einzelne versuchen, einer Mehrheit von »zufriedenen« Frauen den Männerhass einzureden, sondern diese Einzelnen gestehen ihn nur ein. Sie wollen nicht länger darüber hinweglügen. Je näher wir hinschauen, umso tiefer wird die Kluft zwischen den Geschlechtern. Nur wer es wagt, diese Kluft auszuloten, wird sie eines fernen Tages vielleicht auch überwinden. Nur wer Existierendes eingesteht, wird es auch verändern können. Langfristig haben dabei beide Geschlechter zu gewinnen, kurzfristig aber haben Frauen vor allem ihre Ketten und Männer ihre Privilegien zu verlieren.

Alle, die von Gleichheit reden, obwohl Ungleichheit die Geschlechterbeziehungen bestimmt, machen sich täglich neu schuldig. Sie sind nicht an einer Veränderung, nicht an der Vermenschlichung von Männern und Frauen interessiert, sondern an der Beibehaltung der herrschenden Zustände, denn sie profitieren davon. Die Ausbeutung der Frauen hat sich in den letzten Jahrzehnten nicht gelindert, sondern verschärft. Frauen arbeiten mehr denn je zuvor. Nur die Formen dieser Ausbeutung sind manchmal subtiler, schwerer fassbar geworden. Das, was offiziell unter Emanzipation verstanden wird, bedeutet für Frauen oft nicht mehr, als dass aus Sklavinnen freie Sklavinnen wurden.

Die Lüge von der sexuellen Befreiung

Bei diesen Protokollen und auch bei all den anderen zahlreichen Gesprächen in den letzten Jahren habe ich den Eindruck gewonnen, dass zwei Drittel aller Frauen und mehr akut oder zeitweise »frigide« sind. Besser: frigide gemacht worden sind. (Was es mit der so genannten »Frigidität« auf sich hat und warum ich sie in so vorsichtige Anführungsstriche setze, darauf komme ich noch zu sprechen.) Die Schätzungen der Sexualwissenschaft sind trotz Tabuisierung des Themas und sicherlich großer Dunkelziffer nicht weit davon entfernt. Experten vermuten, dass jede dritte oder zweite Frau akut frigide ist und fast alle Frauen massive Schwierigkeiten in der Sexualität haben.

Mit solchen Zahlen vor Augen wird erst richtig klar, wie makaber die Sexwelle für Frauen ist. Für sie hat sich weder an ihrer Abhängigkeit von Männern noch an der Unwissenheit über den weiblichen Körper grundlegend etwas geändert. Für sie hat sich nur eines geändert: Frauen müssen die nicht vorhandene Lust nun auch noch vorspielen. Früher konnten Frauen sich aus Prüderie oder Angst vor unerwünschter Schwangerschaft wenigstens weigern, wenn sie keine Lust hatten, heute haben sie dank Aufklärung und Pille zur Verfügung zu stehen. Nach ihren Bedürfnissen fragt niemand. Auch sie selbst nicht. Sie verschweigen sie schamhaft, verbergen ihre sexuelle Verstümmelung und Ohnmacht, als hätten sie Angst, damit zu den Aussätzigen einer sexbesessenen Gesellschaft zu werden.

Nur manchmal durchbricht ein Blick, ein Satz, eine Zahl den Terror der öffentlichen Lüge. So veröffentlichte Prof. Bell 1974 in den USA eine Untersuchung bei 2373 Frauen und resümierte: Die Frauen sind so frigide wie zu Zeiten des Kinsey-Reports, also vor 20 Jahren. Nur behaupten sie heute, im Unterschied zu früher, »in überwältigender Mehrheit«, das sexuelle Zusammensein »nicht mehr als Pflicht zu empfinden, sondern Spaß daran zu haben«. Tragische Kapitulation vor dem Zwang der scheinbaren Normalität. Sie täuschen damit nicht nur die anderen, sondern vor allem sich selbst. Was Frauen zu einer solchen Selbstverleugnung treibt und warum ihnen oft nichts anderes übrig bleibt, zeigen die Protokolle.

Früher, als Frauen Sexualität überhaupt abgesprochen wurde, hatten wir dennoch eine Identität, wenn auch eine negative. Heute wird uns diese negative Identität genommen, aber dafür keine Möglichkeit gegeben, Sexualität in Freiheit und Bewusstsein zu leben. Die neue Norm ist nicht die unsere, sondern die der Männer, Resultat: wir sind total verunsichert und glauben uns allein mit unseren Problemen. Wir geraten noch mehr in die Abhängigkeit von Männern, die uns nicht mehr immer nur gegen unseren Willen, sondern oft auch mit unserer hilflosen Zustimmung benutzen. Ein paar Beispiele:

Vom Hamburger Institut für Sexualforschung berichten Prof. Schorch und Gunter Schmidt, dass zunehmend Männer ihre Frauen in die Sexualberatung schicken, damit sie »richtig funktionieren«: »Immer wieder sind in den letzten Jahren Frauen in die Sprechstunde gekommen mit Erklärungen wie: Mein Mann hat mich aufgefordert, etwas zu unternehmen, damit ich einen Orgasmus bekomme. Er verlangt von mir, dass ich richtig reagiere.«

Und auf Vorstadtbällen ist es schon lange üblich, dass Jungen Mädchen vor dem Tanz fragen. »Hast du heute schon geschluckt?« – die Pille nämlich. Hat sie noch nicht geschluckt, wird gar nicht erst mit ihr getanzt – sie ist ja doch nicht zu gebrauchen … So erklärt es sich, dass eine 15-jährige Schülerin, die noch keine sexuelle Beziehung hatte, vor zwei Jahren einem Journalisten auf die Frage, warum sie die Pille nehme, antwortete: »Damit ich vielleicht auch einmal einen Jungen kennen lerne, mit dem ich ein wenig länger zusammen sein kann.« »Wie lange?« »Na, vielleicht ein paar Wochen, das wäre schön.«

Das heißt: Frauen erkaufen sich menschliche Nähe, Hautkontakt, Zärtlichkeit und soziale Anerkennung durchs Bett. Eigene sexuelle Bedürfnisse werden gar nicht erst bewusst, sie sind zu unterdrückt und deformiert.
Die Beziehungen zwischen Mann und Frau sind heute so eindeutig Machtbeziehungen (selbst da, wo Männer an ihrer Rolle zweifeln oder zerbrechen), dass auch die weibliche Sexualität nur wieder Ausdruck weiblicher Ohnmacht sein kann. Daran liegt es, dass auch wünschenswerte Freiheiten wie Verhütung oder legaler Schwangerschaftsabbruch Frauen manchmal noch unfreier machen können: sie schlagen als Bumerang auf die Frauen zurück. Darum muss jede Liberalisierung gerade auch in der Sexualität Hand in Hand gehen mit Bewusstseinsprozessen, die es den Frauen möglich machen, dies für sich selbst zu nutzen, anstatt sich zusätzlich nutzen zu lassen.

Bei allen Frauen immer dasselbe ...

Um die Systematik in den Abläufen der Frauenleben noch einmal deutlich zu machen, resümiere ich die wesentlichen Etappen, die sich – unabhängig von Alter, Klassenherkunft und Bewusstseinsstand – in allen Protokollen (und zahlreichen Untersuchungen) immer wieder abzeichnen:
Verwirrung in der Kindheit durch den Zwang zur weiblichen Rolle (»In der Schule saßen Mädchen und Jungen auf einmal getrennt.« – »Ich habe sehr viel geflötet und dachte gleichzeitig schuldbewusst: das tut ein Mädchen nicht.« – »Ich spürte, dass ein anderes Verhalten von mir erwartet wurde.«). Und auch Auflehnung dagegen (»Jungenspiele waren spannender«).
Sich-Schicken in der beginnenden Teenagerzeit und von da an ein transvestitisches Spiel der Frauenrolle. Zu diesem Zeitpunkt ist die anerzogene Unterschiedlichkeit zwischen Frauen und Männern bereits unüberwindbar tief. Sie kann nur noch mit dem aufgesetzten Mythos von der »romantischen Liebe« und durch to-

tale gegenseitige Funktionalisierung überspielt werden. (Mädchen knutschen mit Jungen, weil »es alle tun«, weil es »das Ansehen hebt«. Sie empfinden sie aber gleichzeitig als »fremd«, als »Wesen aus einer anderen Welt«, mit denen sie nichts gemein haben.)

Jungmädchen-Solidarität mit dem eigenen Geschlecht. Nach außen wird krampfhaft Weibchen gespielt, nach innen aber hat der Bruch noch nicht stattgefunden. Noch sind Mädchen Freundinnen und nicht Rivalinnen. Sie haben innige emotionale Beziehungen zueinander und nicht selten auch sexuelle. Jede fünfte Frau hat oder hatte (laut Kinsey und Giese) homosexuelle Kontakte, jede dritte eingestandene homosexuelle Wünsche. Auch unter den Protokollen sind einige. Aber ich musste alle – bis auf die Lesbierin – explizit danach fragen. Von selbst hätte keine darüber geredet. Später beugt sich die Mehrheit der Frauen dann den ihnen auf gezwungenen Normen. Sie werden ausschließlich heterosexuell und unfähig, die gelebten Frauenbeziehungen selbst einzuordnen. Sie tun sie im Nachhinein ab als etwas, was »nichts mit Liebe zu tun hat« (Renate A.) oder als »vorpubertär« (Rita L.) – zwei schichtenspezifische Arten, ein und dasselbe zu sagen. Nämlich, dass reife Liebe nur zwischen Frau und Mann möglich und dass alles andere unreif, minderwertig sei. So haben sie es allerdings in dem Augenblick, in dem sie es lebten, nicht empfunden. Diese Wertung hat ihnen die Gesellschaft erst später beigebracht.

Einsamkeit und Unsicherheit in der Zwischenstufe vom Mädchen zur Frau. Ausnahmslos alle fühlen sich hässlich und dumm und sind zutiefst davon überzeugt, dass nur ein Mann aus diesem hässlichen Entlein einen Schwan machen könnte. Sie selbst sind nichts, existieren nur in Relation zu ihm. Sie haben keine selbständige Lebensperspektive und sind in eventuelle Ausbildungen eigentlich mehr zufällig hineingeraten (weil die Freundin dasselbe machte, weil eine Romanheldin den Beruf hatte ...). Sie warten auf einen netten Mann, hoffen auf ein nettes Haus und nette Kinder. Und sie glauben – auch wenn sie um sich herum nur schlechte Ehen sehen – an die Ausnahme, an das Wunder. Sie müssen das, denn sie haben keine Alternative. – Verschwinden der ehemaligen Freundinnen, die absorbiert werden von ihren Männerbeziehungen.

Erster Beischlaf als Pflichtübung im Ritual des Frauwerdens. Keine tut es aus Lust, alle tun es aus Angst. »Weil es ja mal sein musste« oder »Weil er unbedingt wollte«. Für alle ist es ein traumartiges Erlebnis. Allen tut es weh. Dazu ein paar statistische Zahlen: Der jugoslawische Psychologe Dr. Bodan Tekavic untersuchte die Deflorationsmotive junger Mädchen und fand heraus: 71 % tun es, um ihren Freund nicht zu verlieren; 6 % tun es aus Angst, als altmodisch zu gelten; 16 % aus Neugier. Die Männer, befragt, warum ihrer Meinung nach die Frauen beim ersten Mal mit ihnen schlafen, vermuteten zu 76 %: aus Lust. Auffallend ist bei den Protokollen, dass die beiden einzigen Frauen, die den ersten Koitus relativ unbeschadet überstehen (Karen und Verena), auch die einzigen sind, die selbst aktiv waren und nicht passiv wie alle anderen. Sie beugten sich zwar dem Zwang der Norm, nicht aber der Situation: Sie selbst hatten entschieden, wann und mit wem und warum sie es taten. Dadurch waren sie subjektiv weniger unterlegen.

Viele empfinden ihre sexuellen Kontakte mit dem Ehemann oder Freund als Prostitution. (Renate A.: »Ich weiß ja, dass jede Frau 'ne Hure ist für ihren Mann.« Alexandra K.: »Im Grunde ist das, was ich mache, ein Sich-zur-Verfügung-Stellen für die Onanie des Mannes.«) Alle Frauen fühlen sich benutzt, reagieren häufig mit Frigidität. Ausschlaggebend ist vor allem ihre generelle Abhängigkeit in der Beziehung und die Ignoranz ihrer seelischen und körperlichen Bedürfnisse. Entweder haben die Umstände sie wirklich unfähig gemacht, sexuell zu empfinden, oder aber sie werden eben einfach als »frigide« abgestempelt (das heißt sie sind unfähig, den so genannten vaginalen Orgasmus zu bekommen) –, was sie bei anderen Sexualpraktiken in den meisten Fällen nicht wären. Sie schlafen trotzdem mit den Männern und spielen oft einen Orgasmus vor. Entweder, weil sie sich dazu gezwungen fühlen, oder aber, weil sie sich mit Sexualität Liebe erkaufen wollen.

Geheiratet wird fast immer in Situationen, in denen die Frauen einsam sind und mutlos. Mit der Ehe versuchen sie, sich ein wenig Sicherheit und Bestätigung zu erkaufen. Sie ist die Flucht vor einer Außenwelt, die Frauen fremd und verwehrt ist, in eine Innenwelt, die die versprochene Erfüllung nicht halten kann. Der Terror der angeblichen Norm ist die massivste Verunsicherung, die Frauen erfahren: Wenn sie nicht täglich mit ihrem Mann schlafen wollen, wenn sie keinen Orgasmus haben, wenn sie von Hausarbeit und Kindererziehung nicht ausgefüllt sind – immer heißt es: Du bist nicht normal. Am schlimmsten ist es in der Sexualität, wo Frauen die vorbehaltenen Normen kaum überprüfen können. Sie müssen hinnehmen, was Männer und Medien erzählen. Da ihre Identität primär über ihre Funktion als Sexualwesen läuft, ist in ihren Augen und denen der anderen ein »Versagen« in der Sexualität gleich einem Versagen überhaupt (Anke L. in ihrer Phase der Frigidität – »Ich fühlte mich als Mensch zweiter Klasse. Ich dachte, du kannst durch alle Examen fallen, überall versagen, aber das musst du jetzt bringen!«).

Zu diesem Zeitpunkt sind die Frauen, die einst oft muntere starke kleine Mädchen waren, längst zu »relativen Wesen« reduziert worden (Simone de Beauvoir). Sie begreifen sich nur noch in Bezug auf den Mann, investieren in seine Existenz und seine Karriere und bleiben dabei hoffnungslos auf der Strecke. Die Abhängigkeit und Ausbeutung, der sie ausgeliefert sind, treiben sie in Krankheit (so wie z. B. im Falle der Irmgard S. das Hausfrauensyndrom) und Wahnsinn (so wie im Falle der Rita L. die Schizophrenie).

Auch nicht verheiratete Frauen im Beruf entgehen nicht der Zerrissenheit der weiblichen Rolle. Sie hetzen zwischen zwei Schauplätzen und büßen den relativen Erfolg in männerbeherrschten Berufen oft durch die Fortsetzung der privaten weiblichen Unterwerfung, gerade auch in der Sexualität. Ausnahmslos alle Frauen erleben ihren ersten Orgasmus – sofern sie ihn überhaupt jemals erleben – in einer Situation, in der sich die objektive Dominanz des Mannes durch ihre subjektive Stärke und seine subjektive Schwäche gemildert hat. Diese Männer werden als

»sanft«, »unsicher« und »nicht fordernd« beschrieben. Das heißt, alle Männer, mit denen Frauen eine befriedigende Sexualität erleben, sind im positiven Sinne »unmännlich«. Je männlicher und potenter ein Mann sich gebärdet, umso geringer ist die Wahrscheinlichkeit, dass die Frau mit ihm eine befriedigende Sexualität erleben kann. Das ganze Potenzgehabe der Männer entbehrt also jeglicher Grundlage, zumindest für heterosexuelle Beziehungen. Wir müssen uns fragen, wem es gilt Frauen offensichtlich nicht.

Ein ganz wesentlicher Faktor bei befriedigender Sexualität ist die Ergänzung des Koitus durch weitere Sexualpraktiken (oralgenitale oder manuelle Zärtlichkeiten). Keine der Frauen, die explizit über ihre Sexualpraktiken sprechen, erlebt einen so genannten »vaginalen Orgasmus« (das heißt, ausschließlich durch das Eindringen eines Penis in dic Scheide). Die wenigen Frauen, die ein Gespräch mit ihrem Partner über ihre Sexualität beginnen, können das nie aufgrund seiner gewonnenen Einsichten tun, sondern immer nur aufgrund realer Machtverschiebungen zu ihren Gunsten: Erfolg im Beruf oder Gespräche mit Frauen, die bestätigen und ermutigen ... (Sonja S.: »Gut war auch, dass ich gemerkt habe, dass man durchs Reden nur sehr wenig begreift und verändert. Ganz vieles läuft nur, wenn du praktisch Druck ausübst, wenn du es einfach nicht mehr machst. Dadurch war er auch gezwungen, über sich selbst nachzudenken.«)

Nur Frauen, die sich in aktiven Emanzipationsprozessen befinden, schaffen es überhaupt, mit ihren Freunden und Männern halbwegs über ihre Sexualität zu reden. Ganz sicher liegt das vor allem daran, dass diese Frauen bei aller anhaltenden Betroffenheit doch relativ die wenigste Angst haben, durch ihre Forderungen Männer zu verprellen und zu verlieren. Sie sind durch zunehmende Eigenidentität nicht mehr so existentiell auf die Beziehung zu einem Mann angewiesen. Auch haben diese Frauen immer Freundinnen, mit denen sie über ihre Probleme reden können, und die sie stärken.

Lähmend sind die permanenten Minderwertigkeitskomplexe und Schuldgefühle. Frauen halten sich für schuld an allem: Schuld an

der eigenen »Frigidität«, schuld an seinen Potenzstörungen, schuld an den verhaltensgestörten Kindern, schuld an der ganzen Misere. Sie glauben, dass alle anderen es schaffen, dass nur sie keinen Orgasmus haben, nur sie keine gute Mutter sind, nur sie keine glückliche Hausfrau, nur sie keine emanzipierte Berufstätige.
Fast alle Frauen haben Angst vor dem eigenen Mann und Misstrauen (Renate A. über eine voreheliche Abtreibung: »Nee, dem sag' ich das nie – der würde das ja doch nur wieder gegen mich benutzen.« Gitta L.: »Ich war oft ängstlich, ob mein Mann nicht eines Tages falsch reagieren könnte. Da er sehr unbeherrscht war, habe ich die Kinder nicht gern mit ihm allein gelassen. Obwohl er mich nie geschlagen hat, hatte ich doch solche Gedanken.«) Neben den handfesten Zwängen, denen all diese Frauen ausgeliefert sind, ist doch auch ihre psychische Abhängigkeit vom Mann frappierend. Es hat einer Gehirnwäsche von Jahrtausenden bedurft, um uns den Glauben an unsere eigene Minderwertigkeit, den Glauben an das »stärkere Geschlecht« und diese tiefen Zweifel in uns selbst einzupflanzen. Dass Frauen sich aber trotzalledem in ihr »Schicksal« nie schicken, zeigen auch die Protokolle. Sie sind Zeugnis ihres Aufbäumens gegen lebenslange Versklavung.

Als Männer noch Frauen waren

Das war immer so, heißt es so gern, und wird immer so bleiben. Aber es war eben nicht »immer so« und muss auch nicht so bleiben. Zunehmend revidieren Frauen in der Wissenschaft die patriarchalisch verformte Geschichte. Über Jahrtausende wurde Menschengeschichte systematisch zur Männersache verfälscht (und die wiederum zur Geschichte einiger weniger). Das Freischaufeln unserer verschütteten Frauengeschichte ist mühsam.
Ich will an dieser Stelle gar nicht von unserem nie beendeten

Kampf auch innerhalb des Patriarchats gegen Herrschaft reden. (Im Mittelalter verbrannte die Kirche acht Millionen so genannte Hexen. Innerhalb eines knappen Jahrhunderts radierten deutsche Geschichtsschreiber die mächtige erste deutsche Frauenbewegung im 19. Jahrhundert fast spurenlos aus. Frauen hielten die letzte Barrikade der Pariser Kommune. Frauen waren das radikalste Element der Französischen Revolution, stellten Amazonenheere von bis 4000 Kämpferinnen. Frauen leisteten einen wesentlichen, jedoch systematisch verschwiegenen Anteil im Kampf gegen den Hitlerfaschismus, etc., etc.).

Ich will nur darauf hinweisen, dass es vor der Männerherrschaft auch Frauenherrschaft gegeben hat. Dass es Kulturen und Völker gab, in denen Frauen »Männer« waren und Männer »Frauen«. Matriarchate, in denen die totale Umkehrung der eingeschlechtlichen Herrschaft – Frauschaft! – praktiziert wurde. (Sie zeichneten sich also nicht nur durchs Beerensammeln und unter allen Umständen Friedlichsein aus, wie es Historiker, auch sozialistische, bislang so gern darstellten ...)

Es mehren sich die Historikerinnen, Anthropologinnen und Psychologinnen, die die patriarchalische Brille absetzen. Und siehe da, in den vielfach manipulierten Überlieferungen entdecken sie Erstaunliches: Zum Beispiel, dass ägyptischen Statuen von matriarchalischen Herrscherinnen vom nachfolgenden Patriarchat die Brüste ab- und Bärte anmontiert wurden. Oder auch, dass die Männerwissenschaft aufgrund tief eingewurzelter Voreingenommenheit schlicht unfähig wurde, Zeichen von ehemaliger Frauenmacht überhaupt zu begreifen. In ihrer »Neubegründung der Psychologie von Mann und Weib«, einer vergleichenden Geschlechterpsychologie, berichtet Dr. Mathilde Vaerting (eine Psychologin aus den zwanziger Jahren, die erst jetzt wieder entdeckt wurde) von diesen oft sehr komischen Korrekturen des wütenden Patriarchats.

Vor unserer Zeitrechnung existierten z. B. im Mittelmeerraum mehrere barbarische und hochzivilisierte Völker mit Phasen absoluter Frauenmacht. In diesen Matriarchaten war laut Vaerting einfach alles umgekehrt. Die Männer waren kleiner als die Frauen und neigten zu Fettansatz. Sie machten die Hausarbeit und versorgten vom ersten Tag nach der Geburt an die Kinder. Sie waren koketter und ängstlicher und wurden von den Bräuten aggressiv umworben. Sie hatten keusch in die Ehe zu gehen und strikte Treue zu geloben. Die Frauen bestimmten die Sexualmoral und entschieden allein über Abtreibung und Verhütung. Sie nahmen sich sexuelle Freiheiten, die den Männern verwehrt waren. Sie führten Krieg und die öffentlichen Geschäfte. Sie sorgten für den Unterhalt der Familie und vererbten den Familienbesitz ausschließlich an die Töchter. Nur einen Unterschied gab es laut Mathilde Vaerting (belegt mit zahlreichen Dokumenten und Quellen): Die Frauenherrschaft produzierte keine männliche Prostitution.

Dass unsere geschlechtsspezifische Rollen- und Arbeitsteilung nicht nur unsere Psyche, sondern auch unseren Körper verändert hat, beweist schon Simone de Beauvoir in *Das andere Geschlecht* und bestätigt die heutige Wissenschaft. Das heißt Menschen, die »Frauenarbeit« machen, haben »Frauen«-Körper, Menschen, die »Männerarbeit« verrichten, haben »Männer«-Körper. Hinzu kommt die unterschiedliche Ernährung und Ertüchtigung. Auch prähistorische Skelettfunde aus wahrscheinlich gleichberechtigten Phasen deuten darauf hin, dass Männer- und Frauenkörper sich kaum unterschieden, das heißt gleich groß und gleich stark waren.

Zur Hausarbeit und Kinderaufzucht wird anscheinend immer das unterdrückte Geschlecht eingesetzt – egal ob es weiblich oder männlich ist. Man sieht, Macht korrumpiert – von welchem Geschlecht auch immer sie ausgeübt wird. Der neumodische Trend, das übereilige mea culpa der kaputten Männergesellschaft, die nun plötzlich proklamiert, Frauen seien »von Natur aus besser«, macht mich sehr misstrauisch. Im Namen dieser kraftvollen Gutheit sollen Frauen nun wohl wieder mal vor allem Männer heilen, sollen gebrochene Patriarchen an ihren ach so mütterlichen Busen ziehen?

Diese neue Männervariante spitzfindiger Frauenausbeutung hat nichts gemein mit dem, was ich heute die »weiblichen Werte«

nennen würde. Ich meine damit Werte wie Emotionalität, Sensibilität, Zärtlichkeit und Spontaneität, die nicht weiblicher, sondern menschlicher Natur sind. Nur – bei den Frauen durften sie überleben und werden teilweise systematisch gezüchtet und ausgebeutet. Gleichzeitig aber sind diese »Schwächen« unsere Stärken, die wir bewusst bewahren, jedoch endlich auch mit den bisher Männern vorbehaltenen Qualitäten – wie z. B. Stärke, Selbständigkeit und Offensivität – koppeln sollten! Nur so können wir uns gegen die Ausbeutung unserer »weiblichen« Qualitäten schützen! Die vom Männlichkeitswahn deformierten Männer werden sich solche Qualitäten erst mühsam aneignen müssen.

Wie aus Menschen Männer und Frauen gemacht werden

Noch im 19. Jahrhundert schrieb der berühmte englische Arzt Acton: »Der Gedanke an sexuelle Lust bei Frauen ist eine niederträchtige Verleumdung.« Es würde zu weit führen, in diesem Rahmen eine Sexualgeschichte zu skizzieren, klar ist, dass die letzte Phase durch die Abwesenheit der weiblichen Sexualität gekennzeichnet wurde. Mädchen, Ehefrauen und Mütter, hatten keine Sexualität zu haben. Die wenigen, die eine hatten, waren Huren und wurden von Männern, die es sich leisten konnten, dafür bezahlt. Im Zuge der Demokratisierung des männlichen Besitzes an der Frau steht heute jedem Mann eine Hure, Mutter, Gefährtin und Dienstmagd in Personalunion zu. Einen Höhepunkt erreichte der Objektstatus der Frauen innerhalb der neuen Linken, in der Postulate formuliert wurden wie: Wer zweimal mit derselben pennt, gehört schon zum Establishment! (Die verheerenden Folgen dieser neuen Männernormen für Frauen werden in den Protokollen mehrmals beschrieben.)
Unsere Epoche fand nicht nur neue Formen der Unterdrückung, sondern auch neue Verkünder der geltenden Gebote. Früher

waren es die Kirchen, die als Vertreter einer subjektiven Moral wenigstens noch ortbar waren. Sie ließen trotz allen Terrors einen winzigen Raum für andere subjektive Moralvorstellungen. Heute ist es die sich als objektiv begreifende Wissenschaft. Psychoanalyse und Psychologie wurden zu den Verkündern der »Wahrheit« der menschlichen »Natur« und schufen ein unwidersprochenes Bild der »weiblichen Natur«. Anstatt die Instrumente, die ihnen zur Verfügung stehen, zu nutzen, um aufzuzeigen, wie Menschen zu Männern und Frauen deformiert werden, machten sie sich zu Handlangern des Patriarchats. Sie wurden der Männergesellschaft liebster Einpeitscher beim Drill zur Weiblichkeit.

Zu den wenigen Ausnahmen, die nicht manipulieren, sondern dem aufklärenden Auftrag der Forschung gerecht werden, gehören Wissenschaftler wie der Psychologe Prof. John Money und die Psychiaterin Anke A. Ehrhardt, die sich in Forschung und klinischer Beobachtung intensiv mit der Frage der Geschlechtsidentität befassen. Ihre These: Die Geschlechtsidentität, Weiblichkeit und Männlichkeit, ist nicht eine biologische Identität, sondern eine psychische. Um es mit Simone de Beauvoir zu sagen: »Man kommt nicht als Frau auf die Welt, man wird dazu gemacht.« Die Amerikaner zitieren in ihrer umfassenden wissenschaftlichen Analyse »Männlich Weiblich« unter anderem folgenden frappierenden Fall:

Im siebten Monat wurde einem Teil eines eineiigen männlichen Zwillingspaares bei der in den USA üblichen Beschneidung der Vorhaut versehentlich der Penis ganz weggebrannt. Die Eltern, ein junges Paar vom Land, sind verzweifelt und folgen zehn Monate später dem Rat eines Chirurgen, den Jungen ohne Penis einfach als Mädchen zu erziehen (wohl in der realistischen Einschätzung, dass in unserer Gesellschaft ein Mann ohne Penis eben kein Mann ist …).

Die Mutter beginnt, das Kind anders zu kleiden, zu frisieren und zu behandeln als seinen Zwillingsbruder. Sie erstatten den Ärzten regelmäßig Bericht über die Entwicklung und ihre Erziehungsmaßnahmen. Die Mutter ermutigt systematisch die Eitel-

keit des Kindes, schenkt ihm Schmuck und Schleifen, erzieht es verstärkt zu Sauberkeit und Ordnung.
»Mit viereinhalb«, berichtet sie, »war sie bereits viel ordentlicher als ihr Bruder. Sie ist auch mehr darauf bedacht, dass ich sie wasche. Ich habe noch nie ein so ordentliches und eitles kleines Mädchen gesehen.« Eines Tages macht das zum Mädchen erklärte Kind im Stehen Pipi – so wie es viele kleine Mädchen mal tun. Prompt wird es gerügt, wird ihm beigebracht, dass es sich zu setzen hat: »So etwas tut ein kleines Mädchen nicht!« – Gleichzeitig werden bei dem Bruder ähnliche Verhaltensweisen ermutigt. Als er einmal im Vorgarten im Stehen auf die Blumen pinkelt, muss seine Mutter »über den Streich lachen«.
Zunehmend imitiert der Junge den Vater, das Mädchen die Mutter. Der Bruder klatscht der Schwester auf den Po (so wie er es bei Vater und Mutter sieht), will später mal Feuerwehrmann oder Polizist werden und wünscht sich zu Weihnachten eine Garage mit Autos. Die Schwester wünscht sich eine Puppe. Die Mutter möchte, dass später beide studieren, »der Junge aber auf jeden Fall, denn er ist ja ein Mann und da ist das doch besonders wichtig, weil er ein Leben lang verdienen muss.«
Das »Mädchen« wird einer kontinuierlichen Hormonbehandlung unterzogen, und nach der Pubertät wird man ihm eine künstliche Scheide einsetzen. Sie wird dann eine »normale« Frau sein – nur gebären kann sie nicht. Und die Gebärfähigkeit ist auch der einzige Unterschied, der zwischen Mann und Frau bleibt. Alles andere ist künstlich aufgesetzt, ist eine Frage der geformten seelischen Identität. Ein Beweis dafür, dass die seelische Geschlechtsidentität ausschlaggebend ist und nicht die biologische, ist auch das Problem des Transsexualismus. Transsexuelle sind biologisch weibliche Menschen, die sich als Männer fühlen und umgekehrt. Bei ihrem Geschlechtsrollendrill ist eine Weiche »falsch« gestellt worden und dadurch wohnt nun sozusagen eine Männer- oder Frauen-Seele in einem falschen Körper. Die Psychoanalyse hat die Erfahrung machen müssen, dass es in einem solchen Falle unmöglich ist, das Bewusstsein dem Körper anzupassen. Die einzige Lösung ist, den Körper dem Be-

wusstsein anzupassen. Die Psyche ist also entscheidender als die Anatomie.
Die Tragik dieses Konfliktes zwischen Männer- und Frauenidentität beweist auch, dass unsere angeblich gleichberechtigte Gesellschaft keinen Raum für Zwischenwege lässt: Entweder wir sind eindeutig Frau oder wir sind eindeutig Mann. Schlicht Mensch sein genügt nicht, mehr noch: führt in einen dramatischen Konflikt, der nicht selten mit Selbstmord der betroffenen Personen endet: Wer nicht in eine der beiden Schubladen passt, fällt raus.
Nichts, nicht Rassen- oder Klassenzugehörigkeit, markiert uns so wie unsere Geschlechtszugehörigkeit. Nichts bestimmt so tiefgreifend unser Leben und die Reaktionen unserer Umwelt wie das biologische Geschlecht. Mit dem Ausruf: »Es ist ein Mädchen!« oder »Es ist ein Junge!« sind die Würfel gefallen. Unser biologisches Geschlecht dient vom ersten Tag an als Vorwand zum Drill zur »Weiblichkeit« oder »Männlichkeit«. Da gibt es kein Entkommen. Eltern, die diesen Rollenzwang aufbrechen wollen, schaffen es nur partiell: Gewohnheit und Unbewusstes spielen ihnen einen Streich.
So beobachteten die französischen Psychologinnen Brunet und Lezin in einer repräsentativen Untersuchung im Rahmen des Nationalen Forschungszentrums die psychologische Entwicklung von Kleinkindern (»Le developpement psychologique de la première enfance«). Sie fanden unter anderem heraus, dass Mütter männliche Babys systematisch drei Monate länger stillen und drei Monate später zur Sauberkeit erziehen als weibliche. Die Esspausen, die Jungen beim Stillen zugestanden werden, sind grundsätzlich länger als die der Mädchen. Das heißt, dass Mädchen schon in diesem Stadium strenger gedrillt werden als Jungen. Sie müssen sich mehr unterordnen, ihr Wille wird gebrochen. Brunet und Lezine: »Das Bedürfnis, das Kind zu zähmen, ist stärker, wenn es sich um Mädchen handelt. Ein Junge ist, obwohl er klein und wehrlos ist, bereits Symbol einer Autorität, der die Mutter selbst unterworfen ist.«
Solche konsequenten Untersuchungen hinterfragen endlich ein-

mal die zunehmend beliebten Bestandsaufnahmen, die uns – bei aller zugestandenen Gleichheit – suggerieren wollen, schon die weiblichen Babys seien eben passiver und menschenbezogen und die männlichen aktiver und sachbezogen. Das stimmt! Aber es stimmt nicht, dass das angeboren ist, es ist anerzogen. Schon in der Wiege!

Die Berliner Psychologin Ursula Scheu analysiert in ihrer 1977 veröffentlichten Dissertation* die wesentlichen internationalen Forschungsarbeiten zu dem Thema der Geschlechtsrollenkonditionierung kleiner Mädchen. Sie schreibt: »Auffallend dabei ist, dass die meisten Lebensbereiche erfasst werden (so z. B., wie kleine Mädchen emotional auf Mutterschaft gedrillt werden oder auf Fingerfertigkeit und Geschicklichkeit, die dann in Haushalt und Beruf eingesetzt und ausgebeutet wird), dass jedoch ein Bereich total ausgeklammert bleibt: die Sexualität. Wir wissen zwar, dass Frauen und Männer sich auch hier unterschiedlich verhalten, nehmen das aber immer noch als ›natürlich‹ hin. Dabei findet gerade hier die geschlechtsspezifische Sozialisierung, finden weibliche Passivität und Unterwerfung und männliche Aktivität und Beherrschung ihren höchsten Ausdruck. Indem die Wissenschaft nicht die Frage stellt, wie geschlechtsspezifisches Verhalten in der Sexualität geformt wird, suggeriert sie, das heutige sexuelle Verhalten sei das natürliche Verhalten.«

* Wir werden nicht als Mädchen geboren – wir werden dazu gemacht. Zur frühkindlichen Erziehung in unserer Gesellschaft. Fischer Taschenbuch Bd. 1857.

Dabei ist gerade die Sexualität innerhalb der psychoanalytischen Theorie der entscheidendste Faktor bei der Definition von weiblicher »Normalität« und »Reife«. Ausschlaggebend ist der »vaginale Orgasmus« – seine Existenz oder Nicht-Existenz entscheidet darüber, ob die Reife der Frau »echt« oder ihre Ego-Struktur »gesund« ist. Da es diesen »vaginalen Orgasmus« überhaupt nicht gibt – ich werde noch darauf zu sprechen kommen –, hat die Psychoanalyse sich mit dieser Definition ein Instrument geschaffen, das Frauen in die totale Verunsicherung, in das permanente Rollenspiel stößt. Wer den gesalbten Propheten nicht glaubhaft echte Weiblichkeit und einen vaginalen Orgasmus vorspielen kann, wird verstoßen, ist minderwertig oder verrückt (Phyllis Cheslers Buch »Frauen – das verrückte Geschlecht?« zeigt ja sehr eindringlich, in welchem Ausmaß weiblicher Wahnsinn eine Verweigerung der Frauenrolle ist. Psychiatrie und Therapie sind die letzten, infernalen Stationen zur Versklavung ausbrechender Frauen).

Die herrschende Psychologie richtete sich schon immer flexibel nach dem jeweiligen Bedarf der Männergesellschaft. Amerikanische Psychologen zum Beispiel proklamierten während des Krieges, als die Männer im Krieg und die Frauen im Produktionsprozess gebraucht wurden, kurze Stillzeiten und Frühentwöhnung des Babys. Als die Männer zurückkamen und die Frauen wieder ins Haus geschickt wurden, waren plötzlich lange Stillzeiten und die permanente Präsenz der Mutter das einzig Natürliche ... (nachzulesen im »Weiblichkeitswahn« von Betty Friedan – einer noch immer gültigen Studie der psychischen Verelendung und materiellen Ausbeutung der modernen Hausfrau).

Und die Sexualität? Sie wird nicht um ihrer selbst willen analysiert und behandelt, sondern dient als Exerzierplatz zum Einüben weiblichen Verhaltens – wie Selbstlosigkeit, Unterwerfung, Minderwertigkeit –, das dann in anderen Lebensbereichen ertragbringend von der Männergesellschaft eingesetzt werden kann. Hier wird der Geschlechterkampf entschieden. Ganz

Frankfurter Frauenzentrum 1974 gegen Hexenprozess in Itzehoe.

offen geht es bei den diktierten sexuellen Normen um die Unterwerfung der Frau und die Machtausübung des Mannes. Ich möchte dazu keinen Reaktionär, sondern einen »Revolutionär«, nämlich Dieter Duhm, zitieren, dessen »Angst im Kapitalismus« von BRD-Linken wie eine Bibel gelesen wurde:

»In den Berichten vergewaltigter Frauen kehrt fast regelmäßig ein Element wieder: Sie empfanden fast unerwartet große Lust und kamen oft sogar zum Orgasmus, einige sogar zum ersten Mal in ihrem Leben. Sie genießen es, wenn der Trieb gewaltsam befriedigt wird, der sonst durch Angst blockiert ist. Ihre unbewusste Liebe zum übermächtigen Vater trug vermutlich schon früh den unbewussten Wunsch in sich, vom Vater vergewaltigt zu werden. Dieser Wunsch äußert sich seit der Pubertät immer wieder in wollüstigen Vergewaltigungsphantasien. Diese Phantasien sind aufgeladen mit sexueller Erregung, die im Leben nirgends, auch nicht beim normalen Geschlechtsverkehr, abgeführt werden kann. Erst bei der Vergewaltigung werden die geheimen Wünsche ganz erfüllt. Was nach außen hin aussieht wie ein Kampf gegen die Gemeinheit des Mannes oder der Gesellschaft, ist fast immer ein unbewusster Kampf gegen die eigenen verpönten Wünsche nach masochistischer Befriedigung.«

Zitat, das das Neue Forum im März 1975 unter dem Titel »Die Emanze will genommen werden« veröffentlichte.

Erstens ist die Unterstellung, Frauen erlebten Vergewaltigungen mit Lust, nicht nur pervers, sondern auch völlig haltlos. Alles darüber vorhandene Material und auch das generelle Sexualverhalten von Frauen beweist eher das Gegenteil. Natürlich wäre es für Männer, die offensichtlich so pervertiert sind, dass sie Gewalt mit Lust verbinden, bequem, wenn wir dann unsererseits Erniedrigung lustvoll fänden. Und was liegt da näher, als diesen Passpartout Psychoanalyse zu benutzen, der uns allemal beweisen kann, dass, wenn wir A sagen, wir in Wirklichkeit B meinen? (die Bild-Zeitung hält übrigens, genau wie Genosse Duhm, ebenfalls die Vergewaltigung für einen »Urtraum« aller Frauen).

Aber selbst wenn in Ausnahmefällen Frauen bei Vergewaltigung Lust empfinden (was ich sehr bezweifle!) oder Vergewaltigungs-

phantasien haben (was schon eher der Fall ist), dann ist das ein Ausfluss unserer psychischen Verkrüppelung, ist Resultat unserer täglichen Vergewaltigung auf allen Ebenen und in den unterschiedlichsten Formen. Darauf mit einem solch wahren Appell zur Vergewaltigung zu reagieren, ist mehr als zynisch und aufschlussreich für die Haltung der Linken, die – entgegen ihrem emanzipatorischen Anspruch – Frauen noch stärker instrumentalisiert hat, als es vorher der Fall war.
Ganz bezeichnend auch die Suche nach den Gründen in der »allmächtigen Vaterbeziehung«. Das ist der wunderbarste Trick der Psychoanalyse, die – wie dringlich und entscheidend die akuten Zwänge und Abhängigkeiten auch immer sein mögen – so vom Heute ab- und zum Gestern hinlenken kann. Orgasmusstörungen? Die liegen nicht etwa an den jetzigen Lebensbedingungen und am Ehemann oder Freund, sondern an unserer Vaterbeziehung – und damit wieder einmal an uns selbst. In dieses Horn stoßen Freuds sämtliche Enkel. So schreibt der Psychologe Prof. Seymour Fisher nach einer Intensiv-Studie des Sexualverhaltens von 300 Frauen (»Der Orgasmus der Frau«):
»Ausschlaggebend für ihre sexuelle Aufnahmefähigkeit ist die Rolle, die der Vater in der Kindheit einer Frau spielte. War er uninteressiert und distanziert, oder konnte sie darauf vertrauen, dass er immer für sie da war? Hier liegt die Wurzel jener psychologischen Faktoren, die eine Frau zu sexueller Stimulation und Befriedigung befähigen oder ihr einen Orgasmus unmöglich machen.«
Folge: Frauen haben sich nicht mit Realitäten und akuten Männerbeziehungen auseinander zu setzen, sondern mit einem obskuren Vaterbild, das sie im Kopf haben. Wie grotesk diese Simplifizierung ist, zeigen z.B. die Protokolle ebenso wie der Erfahrungsbericht des Hamburger Sexualinstituts, dessen Fallstudien klar demonstrieren, dass der primäre Grund für Sexualstörungen von Frauen ihre Abhängigkeit vom eigenen Mann ist.
Mit solch sexistischen, das heißt ein Geschlecht diskriminierenden Beispielen aus Psychologie und Psychoanalyse ließen sich Bücher füllen. Ich will mich darum auf ein letztes Beispiel be-

schränken, das exemplarisch die Funktion der Sexualität beim Geschlechterdrill zeigt. Es geht dabei um den so genannten Vaginismus, den Scheidenkrampf, der ein Eindringen eines Penis unmöglich macht. Für die Wissenschaft ist seit langem klar, dass es sich hier um ein psychosomatisches Phänomen handelt. Der Vaginismus ist der körperliche Ausdruck einer seelischen Ablehnung des so genannten »normalen« Geschlechtsverkehrs. Fast alle Frauen, die daran leiden, glauben, sie seien »zu eng gebaut«. (Satz, der auch in den Protokollen – wo es mehrere Fälle von Vaginismus gibt – immer wieder auftaucht: Auch aufgeklärte Frauen, wie die Studentin Verena, führen massive Störungen in der Sexualität oft nicht auf die Bedingungen zurück, unter denen sie stattfindet, sondern halten sich, halten ihre körperliche »Anomalie« für die Ursache.)
Vaginismus ist also der dramatischste und höchste Ausdruck der weiblichen »Frigidität«. Seine Einschätzung und Behandlung ist darum besonders aufschlussreich.
Anatomisch ist ein Zu-eng-gebaut-Sein unmöglich. Durch die Scheide passen schließlich Kinderköpfe. Doch obwohl es sich unumstritten um ein Leiden seelischen Ursprungs handelt, raten auch heute noch viele Psychologen und Mediziner zu einem operativen Eingriff: Sie weiten die Scheide mit Eisenstäben und Gewalt. Die Progressiven machen es subtiler. Wie, das möchte ich an dem wichtigsten in der BRD zu diesem Thema existierenden Standardwerk aufzeigen. Titel »Virginität in der Ehe«, herausgegeben in einer wissenschaftlichen Reihe, die von Michael Balint und Alexander Mitscherlich geleitet wird. Autor des Buches ist Leonard J. Friedman. Aus dem Inhalt:
In einem Seminar der »Vereinigung für Familienplanung« wenden sich zehn praktische Ärztinnen Rat suchend an den bekannten und als sehr progressiv geltenden Psychoanalytiker Balint. Die Ärztinnen sind verunsichert durch die bei ihnen auftauchenden Fälle von »Virginität in der Ehe«, Ehen also, in denen der Geschlechtsverkehr (was für ein Wort ...) nicht vollzogen wurde. Oft sind die Paare jahrelang, manchmal sogar jahrzehntelang verheiratet. In den seltensten Fällen stehen die Frauen

unter einem akuten Leidensdruck, einige Paare haben sogar Liebespraktiken (manuell oder oral-genital), bei denen beide subjektiv durchaus befriedigt sind und auch zum Orgasmus kommen. Hilft aber alles nichts: Da der nichtvollzogene Koitus als anormal gilt und alle anderen Praktiken nur »Ersatz« sind, werden diese Frauen »behandelt« – egal, ob sie es ursprünglich wünschten oder nicht.

Die Fallstudien der Ärztinnen, ihre Diskussionen mit Balint und andere Forschungsergebnisse zum Thema teilt Dr. Friedman im Großen und Ganzen in zwei Kategorien auf:

In die »infantilen« (das sind die, die lieber gar nichts wissen wollen von der Sexualität, die »Dornröschen«) und in die Frauen mit »stark maskulinen Tendenzen« (die so genannten »Brunhilden«). Dazu zitiert er zustimmend Kollegen (Hervorhebung von mir):

»Der in der heutigen Zeit sehr verbreitete maskuline Charaktertyp veranlasst die junge Frau, ihre Unabhängigkeit zu verteidigen und scheint sie daran zu hindern, sich passiv ihrem Partner hinzugeben. Der Vaginismus ist der Ausdruck ihrer Aggressivität und Rache für die tägliche Versklavung. Der Analytiker spricht in diesen Fällen vom ›Kastrationswunsch‹. Sie sind geheilt, wenn sie verstanden haben, warum sie sich verweigert hatten – auch, wenn sie dann immer noch nicht sehr anschmiegsam oder unterwürfig sind.«

Wer könnte heute noch wagen, das zum Beispiel über Schwarze zu sagen? Ihr Leiden sei die Rache für die tägliche Versklavung, sie seien geheilt, wenn sie es begriffen hätten – auch wenn sie dann immer noch nicht sehr anschmiegsam oder unterwürfig wären …

Weiter heißt es über »geheilte« Patientinnen:

»Die Verlagerung der Zuneigung vom Vater auf den Ehemann war nicht schwer zu erreichen. Sie erlangten in verschieden hohem Grade auch orgastische Befriedigung und passten sich der Mutterschaft rasch an.« Heilung gleich Anpassung an die Mutterschaft und Fixierung an den Ehemann …

Und über »nicht geheilte« Patientinnen heißt es:

»Diese Gruppe setzt sich aus Patientinnen zusammen, die an ihre Mütter fixiert waren ... Hier kann man mit Freud annehmen, ›dass man die Möglichkeit gelten lassen muss, dass eine Anzahl von weiblichen Wesen in der ursprünglichen Mutterbindung stecken bleibt und es niemals zu einer richtigen Wendung zum Manne bringt‹. Manchmal führt dies dazu, dass das Mädchen eine männliche Identifizierung entwickelt, die im späteren Leben durch eine sadistische Haltung gegen den Ehemann gekennzeichnet ist.«

Eindeutiger kann eine männergeprägte und -beherrschte Psychologie, die Frauen nicht als eigenständige Wesen, sondern nur als Anhängsel des Mannes begreift, sich nicht darstellen. Sie entlarvt sich damit als Knüppel des Patriarchats, der Frauen ihre Rolle einbläut und sie, wenn sie nicht parieren, in die Anormalität verstößt.

Wie dabei im Detail verfahren wird, ist zu aufschlussreich. Hier aus »Virginität in der Ehe« die Schilderung des ersten Falles, Frau Able, die am »Dornröschensymptorn« leidet und seit acht Jahren verheiratet ist (Hervorhebungen von mir):

»Sie war eine angenehme, 33-jährige Frau, schlank, lebhaft, leicht errötend ... Sie sagte: ›Wissen Sie, ich glaubte noch mit achtzehn Jahren, dass die Kinder durch den Nabel geboren würden. Ich wusste gar nichts. Mit achtzehn fuhr ich einmal allein in einem Eisenbahnabteil. Da stieg ein Mann ein und nahm sein Ding heraus. Ich erschrak furchtbar. Das war so entsetzlich groß.‹

Die Patientin sprach von ihrem zwei Jahre jüngeren Ehemann, den sie seit ihrer Kindheit kannte, als einem ›wundervollen Menschen‹. Sie unterstrich mehrfach, wie gut und höflich er sei. Sie hatten etwa zweimal im Monat Geschlechtsverkehr versucht, immer erfolglos. Er hatte zwar eine Erektion, jedoch entweder gar keine oder eine vorzeitige Ejakulation. Wenn er ihre Klitoris reizte, hatte sie auch Orgasmen. Wenn er jedoch einzudringen versuchte, tat es so weh, dass sie aufschrie, sodass er aus Rücksicht auf sie Abstand nahm.

Sie erzählte ferner, dass ihr Vater immer mehr von ihr verlangt

habe, als sie leisten konnte: ›Ich habe ihn immer enttäuscht‹, sagte sie.
›Meine Brüder waren klug, aber ich musste immer kämpfen. Manchmal habe ich das Gefühl, als verdiente ich gar kein Kind und wäre überhaupt zu nichts nütze. Ich habe auch solche Angst, in meiner Arbeit zu versagen, dass ich mich oft übernehme. Vielleicht hängt auch die Störung meines Mannes mit mir zusammen.‹
Nun gestand Frau Able, dass sie den Geschlechtsverkehr oft deshalb ablehne, weil sie zu müde von der Arbeit sei. Sie leide auch unter Frostbeulen und müsse ganz still liegen, damit sie nicht juckten. Frau Dr. Smith erwiderte: ›Jetzt haben wir alle Entschuldigungen gehört, nun sagen Sie mir mal ehrlich, weswegen Sie keinen Geschlechtsverkehr haben wollen?‹ Frau Able: ›Es tut eben weh. Ich weiß, dass ich lauter Ausflüchte mache – ob ich meine Berufstätigkeit aufgeben soll?‹ (...)
Vierzehn Tage später kam sie wieder und berichtete ganz aufgeregt, dass sie mehrere Tage zuvor einen wirklichen Koitus zustande gebracht hätte, das nächstemal sei ihr Ehemann aber wieder ejakulationsunfähig gewesen. Sie habe auch bei ihrer Firma gekündigt.«
Ende der Darstellung des Falles. Anschließend zitiert der Autor die Diskussion zwischen den Ärztinnen und Balint. Balint: Der Ehemann sei »zu höflich und – um es sehr brutal auszudrücken – außerstande, seine Frau mit Gewalt zu nehmen«. Darauf die behandelnde Ärztin: »Man sollte ihr also Mut machen, die Aggression des Mannes zu genießen?« Balint zustimmend: »Ja, und Sie sollten dem Mann der Patientin Mut machen, aggressiver zu sein.«
Auch anschließend rügt Balint in fast allen Fällen die »Nachsicht« und »Schwäche« der betreffenden Männer und mahnt die Ärztinnen, »strenger« mit den Patientinnen zu sein, schließlich handle es sich hier meist um eine »geheime Boshaftigkeit« der Frauen, die ihre Männer nur »erniedrigen« wollten. (Aufschlussreich übrigens, dass schon die Nicht-Unterwerfung der Frau als Erniedrigung des Mannes verstanden wird. Sein Standort

scheint erst zum Podest zu werden, wenn sie nach unten geht ...) Die Frau hat einen Vaginismus, der Arzt (die Ärztin) fordert den Ehemann zur Gewalt auf – Kommentar überflüssig.

Was Frauen frigide macht

Vor allem anderen macht Abhängigkeit vom Mann Frauen unfähig, sexuelle Lust zu empfinden. Das kommt bei fast allen Protokollen immer wieder ganz klar heraus.
Ein genauso wesentlicher Faktor wie die Abhängigkeit aber sind die herrschenden sexuellen Normen, die total an den körperlichen Bedürfnissen von Frauen vorbeigehen.
»Frigide« ist heute eine Frau, die keinen »vaginalen Orgasmus« bekommt, das heißt, einen Orgasmus, der ausschließlich durch das Eindringen eines Penis in die Scheide ausgelöst wird. Das ist die offizielle Definition der Wissenschaft. Gleichzeitig aber weiß diese Wissenschaft seit über einer Generation (seit dem Kinsey-Report), dass es diesen vaginalen Orgasmus gar nicht gibt.
Der mit einer seltenen Konsequenz und Ehrlichkeit erarbeitete und dargestellte Kinsey-Report basiert auf der Befragung von 6000 Frauen und ebenso vielen Männern. Er ist die bisher umfassendste Studie der herrschenden Sexualpraktiken und konstatiert in nüchternen Zahlen und Fakten unter anderem: Es gibt keinen vaginalen Orgasmus, es gibt nur einen klitoralen, das heißt, einen körperlich durch die Klitoris ausgelösten Orgasmus. Die Klitoris ist das weibliche Pendant zum männlichen Penis, ist das erotische Zentrum des weiblichen Körpers. – Der Kinsey-Report, der eigentlich zur Grundschul-Lektüre gehören müsste, wurde in mehreren Ländern verboten, in einigen sogar verbrannt. In allen aber wurde seine Bedeutung durch verfälschte Resümees und Auslassungen manipuliert. Kein Wunder, denn seine Realität ist Dynamit für die heutigen menschlichen Beziehungen, vor allem für die zwischen Mann und Frau.
In den sechziger Jahren bestätigten Masters und Johnson (»Die

sexuelle Reaktion«) Kinseys Befragungen mit präzisen Messungen und Labor-Beobachtungen. Auch sie kamen zu dem Schluss: Es gibt keinen vaginalen Orgasmus. Er ist eine physiologische Absurdität, denn die Vagina hat so viele Nerven wie der Dickdarm, das heißt: fast keine. Ihr Hauptteil kann ohne Betäubung operiert werden. Frauen wissen selbst sehr gut, dass sie z. B. ein Tampon nicht spüren und dass das auch alles andere als erotisierend wirkt. In der Vagina spielt sich nichts ab.

Zur sexuellen Stimulierung muss der klitorale Bereich direkt oder indirekt gereizt werden (einmal abgesehen von dem psychisch bewirkten Orgasmus, der körperlich jedoch auch in der Klitoris ausgelöst wird). Bei der Penetration, dem Eindringen eines Penis in die Scheide, geschieht das in den meisten Fällen nicht: die Klitoris liegt zu sehr vorne, um automatisch mit berührt zu werden.

Masturbierende Frauen wissen das sehr gut. Sie berühren sich fast immer nur außen, also an der Klitoris, und nie innen in der Scheide und kommen dabei zu 85 % (Giese) zum Orgasmus. Diese Frauen spüren instinktiv, wo ihr Lustzentrum liegt, wagen es aber nicht, ihr eigenes Bedürfnis gegen die von ihnen selbst akzeptierten herrschenden Normen und gegen das Verhalten der Männer durchzusetzen. Wie auch die Protokolle zeigen, masturbieren viele Frauen (oft heimlich) bis zum Orgasmus, während sie in der gleichen Zeit mit ihren Männern »frigide« sind.

»Gleichzeitig aber wächst makabererweise die Zahl der Frauen (und Männer), welche die Gleichung Vaginalorgasmus – Normalität bedingungslos akzeptieren. Die Folge davon ist ein stetig wachsendes Schuldgefühl, ein Bewusstsein der Furcht und des Ressentiments bei in jeder Beziehung durchaus gesunden Frauen, denen es aber nicht gelingen will, jenen so schwer greifbaren Preis zu erringen« (so wörtlich Mary Jane Sherfey, Psychiaterin und Autorin des Buches »Die Potenz der Frau«). –

Sherfey geht dem »Unterschied« bis in den Mutterleib nach. Sie erinnert daran, dass, embryologisch gesehen, die biologische Weiblichkeit und Männlichkeit nur leichte Varianten ein und desselben Grundmusters sind. Dass am Anfang nicht Adam ist, sondern Eva: Zwar liegt bei der Befruchtung das Geschlecht fest, doch ist zunächst jeder Embryo weiblich. Erst in der fünften Woche »maskulinisieren« Androgene die ursprünglich weiblichen Fortpflanzungsanlagen und Sexualorgane des zukünftig männlichen Embryos. Dazu Sherfey:

»Embryologisch gesehen ist es durchaus richtig, im Penis eine wuchernde Klitoris, im Skrotum eine übertrieben große Schamlippe, in der weiblichen Libido die ursprüngliche zu sehen! Die moderne Embryologie müsste für alle Säugetiere den Adam-und-Eva-Mythos umkehren.«

Am Anfang war also das Weib! Das heißt, nichts liegt mir ferner, als daraus die ideologische Umkehrung schließen zu wollen und nun die »natürliche« Überlegenheit des Weibes zu propagieren! Das hieße biologistischer Männerargumentation aufsitzen und damit jedem Evolutions- und Emanzipationsgedanken ins Gesicht schlagen. Aber in einer Gesellschaft, die die Überlegenheit des Mannes und die Minderwertigkeit der Frau im Namen der scheinbar »natürlichen« männlichen Erstlingsrechte folgert, in einer solchen Gesellschaft sind diese Richtigstellungen natürlich nicht ganz ohne Reiz …

Sie sind wesentlich für das Selbstverständnis von Frauen, die endlich begreifen müssen, dass sie weder physisch noch psychisch oder intellektuell Anhängsel der Männer sind; nicht Adams Rippe, sondern eigenständige Wesen.

Doch all dieses Wissen konnte weder den Mythos von der weiblichen Minderwertigkeit noch den vom vaginalen Orgasmus erschüttern. Selbst Masters und Johnson straften, nachdem sie bewiesen hatten, dass es den vaginalen Orgasmus nicht gibt, ihre eigene Erkenntnis Lügen mit den Konsequenzen, die sie zogen. Sie veranstalten heute mit sexualgestörten Paaren regelrechte Koitus-Gymnastiken. Und damit die Frauen dabei nicht total frustriert auf der Strecke bleiben, wird das, was für sie physisch das Wesentliche ist – nämlich Hautkontakt, Zärtlichkeit und klitorale Stimulierung –, im so genannten Vorspiel untergebracht.

Nur die einstigen Propheten scheinen manchmal Skrupel zu befallen. So die Freudianerin Helene Deutsch, Päpstin der Psycho-

logie von der »Weiblichkeit«. Die Psychoanalytikerin war jahrzehntelang treue Anhängerin von Freuds These vom »unreifen klitoralen Orgasmus« mit dem Übergang zum »reifen vaginalen Orgasmus«. Erst nach langer praktischer Erfahrung mit den »frigiden« Frauen, die sie »heilen« wollte, kapitulierte Helene Deutsch vor der Realität der Frauen. Mary Jane Sherley berichtet über sie:
Helene Deutsch sei zu der Überzeugung gekommen, »die Klitoris ist das eigentliche Geschlechtsorgan und die Scheide dient nur der Fortpflanzung«. Sie, die sich ein Leben lang gefragt hatte: Wie kommt es, dass Frauen keinen vaginalen Orgasmus haben?, frage sich nun: »Warum und wie ist es gekommen, dass es Frauen gibt, die überhaupt einen vaginalen Orgasmus erleben?«
Das heißt: Der Koitus, der bis heute als unentbehrliche und zentrale Praxis in der Heterosexualität gilt, ist zwar unentbehrlich zur natürlichen Zeugung von Kindern, aber durchaus entbehrlich zur Zeugung von Lust. Er könnte eine von vielen möglichen Varianten des Hautkontaktes sein, die man tun, aber auch lassen kann. Körperlich wesentlich für eine lustvolle Sexualität ist für die Frau nicht die Penetration, sondern das Stimulieren ihrer Klitoris – so wie für den Mann das Stimulieren seines Penis. (Und der muss nicht unbedingt in der Vagina stimuliert werden.)

Vaginaler Orgasmus und Sexmonopol

Wie aber konnte es überhaupt zu diesem scheinbar absurden Dogma kommen? Wie konnte es zu der zentralen Bedeutung einer Sexualpraktik kommen, die Frauen frigide macht und für Männer auch nicht zwangsläufig die körperlich befriedigendste Praktik sein muss? (Ich kann mir vorstellen, dass zum Beispiel oral-genital oder manuelle Zärtlichkeiten auch für Männer mindestens ebenso befriedigend sein könnten. Außerdem scheint der Vaginalverkehr in der Menschheitsgeschichte durchaus nicht immer an erster Stelle gestanden zu haben. So beschreibt Ernest

Bornemann im »Patriarchat« die wesentliche Rolle, die im antiken Athen der Analverkehr nicht nur bei homosexuellen, sondern auch bei heterosexuellen Beziehungen spielte – zumindest für die Männer.)

Was spricht für die Penetration? Nichts bei den Frauen, viel bei den Männern! Der die Frau zur Passivität verdammende Koitus ist für Männer die unkomplizierteste und bequemste Sexualpraktik: Sie müssen sich nicht mit der Frau auseinander setzen, müssen sie weder seelisch noch körperlich stimulieren – passives Hingeben genügt.

Auch ist die psychologische Bedeutung dieses in sich gewaltsamen Aktes des Eindringens für Männer sicherlich nicht zu unterschätzen: Bumsen, wie es im Volksmund so treffend heißt, als höchste Demonstration männlicher Potenz! Außerdem wird für viele Männer Gewalt gleich Lust sein und darum die Penetration vielleicht heute doch auch das lustvollste. (Dass dagegen Frauen durch ihre Unterdrückung und durch die Perversion der Geschlechterbeziehung weitgehend unfähig geworden sind, Sexualität als befriedigend zu erleben, nicht masochistisch ihre Unterwerfung zu genießen, scheint mir ein Zeichen ihrer psychischen Intaktheit zu sein. Sie sind zu der perversen Trennung von körperlicher und seelischer Kommunikation, die die Männergesellschaft laufend praktiziert, offensichtlich nicht bereit.)

Aber das allein erklärt noch nicht den absoluten Zwang zu sexuellen Normen, die konträr zu den Bedürfnissen der Hälfte der Menschheit (nämlich der weiblichen) stehen und zusätzlich die ungeheure Belastung der Verhütung mit sich bringen. Man stelle sich vor: Das ganze Grauen der ungewollten Schwangerschaften und Abtreibungen, die Nebenwirkungen der Pille und die Entzündungen durch die Pessare – alles wäre mit einem Schlag überflüssig –, wenn Frauen Sexualität ihren natürlichen Bedürfnissen entsprechend erleben könnten: die Penetration in der Heterosexualität wäre dann keine Liebespraktik mehr, sondern der Zeugung vorbehalten. Ungewollte Schwangerschaften wären nicht mehr möglich.

Doch weder das Elend der Abtreibung noch die weibliche Frigidität konnten das Dogma vom vaginalen Orgasmus erschüttern. Die Gründe müssen gewichtig sein. Meine These:

Nur der Mythos vom vaginalen Orgasmus (und damit von der Bedeutung der Penetration) sichert den Männern das Sexmonopol über Frauen. Und nur das Sexmonopol sichert den Männern das private Monopol, das das Fundament des öffentlichen Monopols der Männergesellschaft über Frauen ist.

Das heißt: In dieser Gesellschaft, in der Menschen einsam sind, wenn sie keine Liebesbeziehungen haben, in der sie sich Gefühl und Zärtlichkeit mit Sex erkaufen müssen, sind Frauen wie Männer (unabhängig von der Sexualität) auf sexuelle Beziehungen angewiesen. Wenn diese Sexualität nur unter den Vorzeichen des »Unterschiedes« möglich, also Heterosexualität absolut vorrangig ist, sind Frauen und Männer aufeinander angewiesen. Das Monopol ist also scheinbar umkehrbar. Aber nur scheinbar.

Denn ein Mann ohne Frau ist in unserer Gesellschaft allemal ein Mann, eine Frau ohne Mann aber keine Frau.

Männer finden ihre Existenzberechtigung nicht nur in der privaten Beziehung, sie haben noch andere Bereiche der Bestätigung (Beruf, Öffentlichkeit, Kumpanei mit anderen Männern). Ein Mann zum Beispiel, der im Privatleben scheitert (wobei die Frigidität seiner Frau selbstverständlich nicht für sein Scheitern gehalten wird), es aber im Beruf schafft, ist anerkannt. Eine Frau kann im Beruf noch so tüchtig sein, sie wird immer an ihrem Privatleben gemessen werden. (So ist einer Simone de Beauvoir ein Leben lang die verweigerte Mutterschaft vorgeworfen worden. Wer käme darauf, Sartre nach der verpassten Vaterschaft zu fragen?)

Eine Frau hat keine Existenzberechtigung als autonomes Wesen, sondern nur in Bezug auf den Mann. Ihre Definition ist die eines Geschlechtswesens. Jeder Emanzipationsversuch muss darum früher oder später in einer Sackgasse landen, solange jede Frau einzeln privat dem Mann ausgeliefert ist. Und solange sie keine Alternative hat, kann sie ihre Beziehung nicht freiwillig wählen, sondern ist auf sie angewiesen.

Das ist der entscheidende Punkt: Das Sexmonopol von Männern über Frauen sichert ihnen gleichzeitig das emotionale Monopol (Frauen verlieben sich selbstverständlich nur in Männer), das soziale Monopol (Frauen sind zur sozialen Anerkennung auf die Ehe, mindestens aber auf die Männerbeziehung angewiesen) und das ökonomische Monopol (Frauen akzeptieren »aus Liebe zum Mann« Gratisarbeit im Haus und Zuverdiener-Jobs im Beruf). Darum kann nur die Erschütterung des männlichen Sexmonopols von Grund auf die Geschlechterrolle ins Wanken bringen.

Was an der Zwangsheterosexualität so politisch ist

Kategorien wie Heterosexualität und Homosexualität sind kultureller Natur und nicht biologisch zu rechtfertigen. Die herrschende Heterosexualität ist eine kulturell erzwungene, eine Zwangsheterosexualität. Wie unhaltbar sie von Natur aus ist, schrieb schon Kinsey in seinem Report über »Das sexuelle Verhalten der Frau«:

»Man kann nicht häufig genug betonen, dass das Verhalten eines jeden Lebewesens von der Art des Reizes, der es trifft, von seinen anatomischen und physiologischen Fähigkeiten und von seinen früheren Erfahrungen abhängig ist. Wenn es nicht durch frühere Erfahrung geprägt ist, sollte ein Tier auf identische Reize auch in identischer Weise reagieren, gleichgültig, ob sie von einem Teil seines eigenen Körpers, von einem anderen Individuum des gleichen Geschlechts oder von einem Individuum des entgegengesetzten Geschlechts ausgehen.

Die Klassifizierung des sexuellen Verhaltens als onanistisch, heterosexuell und homosexuell ist daher unglücklich, wenn dies den Gedanken nahe legt, dass drei verschiedene Reaktionstypen beteiligt seien oder dass nur verschiedene Typen von Menschen je eine dieser sexuellen Betätigungen suchen oder bejahen. Es ist uns in der Anatomie oder Physiologie der sexuellen Reaktion und des Orgasmus nicht bekannt geworden, wodurch sich ona-

nistische, heterosexuelle und homosexuelle Reaktionen unterscheiden.
Die Ausdrücke sind nur deshalb von Wert, weil sie die Quelle des sexuellen Reizes angeben, sollten aber nicht zur Charakterisierung der Personen verwendet werden, die auf die jeweiligen Reize reagieren. Unser Denken wäre klarer, wenn die Ausdrücke vollständig aus unserem Wortschatz verschwänden, denn dann könnte das zwischenmenschliche Sexualverhalten als Betätigung zwischen Mann und Frau oder zwischen zwei Frauen oder zwischen zwei Männern beschrieben werden, was eine objektivere Darstellung der Tatbestände wäre.«

In einer Kultur, in der Zeugung nicht primärer Impuls für menschliche Sexualität ist, müsste also bei freien Entfaltungsmöglichkeiten die Homosexualität ebenso selbstverständlich sein wie Heterosexualität und Eigensexualität. Dass sie das nicht ist, hat politische Gründe. Denn: Nur eine zum Dogma erhobene Heterosexualität kann das männliche Sexmonopol sichern – ihr Vorwand ist der »kleine Unterschied«: Er stellt die Weichen für die tiefe Abhängigkeit und schamlose Ausbeutung von Frauen durch Männer im privaten und öffentlichen Bereich.

Im Namen der Liebe waschen Frauen Männern die Hemden, ziehen sie allein die Kinder groß, geben sie Trost und Kraft bei Männerkarriereklippen, gehen sie in ihrer Selbstaufgabe bis zur Schizophrenie (so wie Rita L., die schizophren wurde, als er sie verließ, denn er war ihre einzige Existenzberechtigung. Auf die Frage, warum sie das alles für ihn getan hat, antwortet sie: »Aus Liebe«).

Im Namen der Liebe werden Frauen ausgebeutet. Darum ist Sexualität nicht privat, sondern politisch. Und darum ist die ausschließliche Heterosexualität ein entscheidendes Machtmittel der Männer im Geschlechterkampf. Dagegen kann und muss die Möglichkeit von Alternativen gestellt werden. Wenn Frauenliebe für Männer kein selbstverständliches Privileg mehr ist, werden sie sich anstrengen müssen. Um mithalten zu können, müssten sie sich umstellen. »Ihn einfach reinstecken« (Christa) ist dann kein lebensfüllendes Programm mehr. Darum, und aus keinem anderen Grund, klammern sie sich so an ihren kleinen Unterschied.

Dazu zwei amerikanische Feministinnen:

»Wenn wir nicht wollen, dass die sexuelle Befreiung ein Ziel ohne Sinn wird, müssen wir die Sexualität selbst neu definieren. Denn weder die sexuelle Betätigung an sich noch vermehrte Erfahrungen sind befriedigend. Eine wirklich befreiende Ethik auf diesem Gebiet muss das Dogma der Vorrangigkeit der Heterosexualität verwerfen. Eine nicht repressive Gesellschaft, eine Gesellschaft, in der Frauen subjektiv und objektiv Männern gleich sind, wird zwangsläufig eine androgyne, eine zweigeschlechtliche Gesellschaft sein«, schreibt Susan Sonntag in einer konsequenten Analyse der Machtbeziehungen zwischen den Geschlechtern (»Reflexionen über die Befreiung der Frau«, veröffentlicht in meinem Band »Frauenarbeit – Frauenbefreiung«).

Shulamith Firestone setzt in ihrer feministischen Kampfschrift »Frauenbefreiung und sexuelle Revolution« die Sexualitätsfrage in Relation zur Klassenfrage:

»Genau wie am Ende einer sozialistischen Revolution nicht nur die Abschaffung von ökonomischen Klassenprivilegien, sondern die Aufhebung der Klassenunterschiede selbst steht, so darf die feministische Revolution nicht einfach auf die Beseitigung männlicher Privilegien, sondern muss auf die Beseitigung des Geschlechtsunterschiedes selbst zielen: Genitale Unterschiede zwischen den Geschlechtern hätten dann keine gesellschaftliche Bedeutung mehr. (Das bedeutet die Rückkehr zu einer ungehinderten Pansexualität – Freuds »polymorphe Perversion« – und würde dann wahrscheinlich die Hetero-Homo-Bisexualität ersetzen.)«

Da dieser Gedankengang mit schöner Regelmäßigkeit Kastrationsängste und oft hysterische Reaktionen bei Männern auslöst, und außerdem auch noch recht ungewöhnlich ist, will ich ihn noch einmal mit meinen Worten erklären:

Das hieße, dass Menschen in erster Linie Menschen wären und nur in zweiter biologisch weiblich oder männlich. Geschlecht wäre nicht mehr Schicksal. Frauen und Männern würde kein

Rollenverhalten mehr aufgezwungen, der Männlichkeitswahn wäre so überflüssig wie der Weiblichkeitskomplex. Die geschlechtsspezifische Arbeitsteilung und Ausbeutung wäre aufgehoben. Nur die biologische Mutterschaft bliebe Frauensache, die soziale Mutterschaft aber (das heißt die Kindererziehung) ginge Männer ebenso an wie Frauen. Das Leben von weiblichen und männlichen Menschen verliefe nicht nach Rollenzwang, sondern nach individuell unterschiedlichen Bedürfnissen und Interessen – unabhängig vom Geschlecht (das Aktiv-passiv-Verhalten wäre austauschbar). Menschen könnten mit Menschen kommunizieren, a priori unbegrenzt und nach ihrem jeweiligen Bedürfnis auch sexuell – unabhängig von Alter, Rasse und auch Geschlecht (Klassen gäbe es in dieser befreiten Gesellschaft nicht mehr). Utopia für übermorgen, aber auch Ziel und Perspektive, die wir hier und heute nicht aus den Augen verlieren dürfen. Sie müssen jetzt unser Handeln bestimmen.

Ich resümiere meine Thesen zum Stellenwert der Sexualitätsfrage bei der Unterdrückung und Befreiung der Frauen (und Männer):

1. Mann-Frau-Beziehungen sind – unabhängig vom Willen des einzelnen Individuums – qua Funktion in dieser Gesellschaft Herrschaftsverhältnisse. Frauen sind unterlegen, Männer überlegen. Diese Machtstrukturen spiegeln sich in der Sexualität.

2. Die herrschenden sexuellen Normen, und damit die Sexualität selbst, sind Instrument zur Etablierung dieser Machtbeziehungen zwischen Mann und Frau. Nur wenn Frauen Männern privat nicht mehr ausgeliefert sind, nur wenn das Dogma der Vorrangigkeit der Heterosexualität infrage gestellt wird, haben Frauen die Chance zu einer eigenständigen, nicht mann-fixierten Entwicklung. Erst dann können sie Beziehungen in Freiheit wählen.

Solche Überlegungen müssen sich nicht unbedingt sofort in der Praxis eines Frauenlebens niederschlagen. Schon die Möglichkeit zur Alternative, schon die Entwicklung emotionaler Freundschaften zu Frauen wirkt sich befreiend aus, erweitert den Spielraum. Im Klartext: Es kann und darf nicht um neue Normen gehen. Nicht alle Frauen sollen bisexuell oder lesbisch werden.

Aber alle Frauen sollen die Möglichkeit haben, bisher Selbstverständliches in Frage zu stellen. Und – und das scheint mir mit das Wesentlichste – Frauen sollen endlich ihre Wahrheit sagen können. Sie dürfen nicht eingeschüchtert bleiben durch den Terror der angeblichen Norm, müssen begreifen, dass ihre Probleme die der meisten Frauen sind. Frauen müssen endlich von ihren Ängsten, Abhängigkeiten, Widersprüchen und Hoffnungen reden können.
Noch gibt es keine Gleichberechtigung, noch sind Mann-Frau-Beziehungen Verhältnisse zwischen Mächtigen und Ohnmächtigen. Noch haben die meisten Männer, die ja von den augenblicklichen Zuständen profitieren, schlicht kein Interesse an ihrer Veränderung (dass sie langfristig dabei nur zu gewinnen hätten – nämlich auch ihre Vermenschlichung –, scheint sie bislang noch nicht allzu sehr überzeugt zu haben).
Jeder Versuch einer Befreiung der Frauen wird sich darum kollektiv und auch individuell direkt gegen männliche Privilegien richten müssen, das heißt, auch gegen den eigenen Mann. In welchem Ausmaß dieser Geschlechterkonflikt längst Alltag aller Frauen ist, zeigen die Protokolle. Nur machen Isolierung und Verunsicherung der meisten Frauen diesen Kampf heute oft noch so individuell und scheinbar hoffnungslos.

Frauen arbeiten doppelt so viel wie Männer – oder: emanzipiert Berufstätigkeit?

Das Heimchen am Herd ist nicht mehr gefragt. Es ist unökonomisch geworden. Heute dürfen Frauen nicht nur berufstätig sein, sie sollen es sogar. Zum Nutzen der Unternehmer und Ehemänner. Das sieht dann so aus: In der ersten Phase ein wenig Beruf ohne rechte Perspektive; in der zweiten Liebe, Ehe, Mutterschaft; in der dritten wieder ein wenig Beruf, zusätzlich zum Haushalt – diesmal vielleicht mit Perspektive (im Kopf), aber ohne Qualifikation (in der Realität). Das Erwachen der Frauen, deren Kinder »aus dem Gröbsten raus« sind, ist bekanntermaßen dann ein schreckliches. Es bleibt ihnen nur noch das kleinere Übel. Zu Hause erfüllen sie schweigend weiterhin ihre »weibliche Pflicht«, weil sie vom schlechten Gewissen wegen ihrer Berufstätigkeit getrieben sind. Am Arbeitsplatz akzeptieren sie ebenso schweigend Unterbezahlungen, weil Männernormen Frauen einschüchternd die Minderwertigkeit ihrer Arbeit suggerieren.

Wie wir es auch drehen und wenden: Wir haben die Qual der Wahl zwischen drei Übeln. Entweder wir gehen den Weg, der glatt in die Sackgasse der Ehefrau Mitte dreißig führt, die nun in der Isolation ihrer vier Wände ein Leben voller Arbeit, Leere und Abhängigkeit führt. Oder wir gehen den zunächst steinigeren Weg in die Berufswelt, deren Spielregeln und Gratifikationen von Männercliquen ausgekunkelt werden und in denen wir als Sekretärinnen, Assistentinnen, Fließbandarbeiterinnen oder Alibifrauen, immer aber als untere Chargen fungieren. Oder aber – und das ist meist der Fall – wir entscheiden uns für beides, wollen hier das »Frauenglück« nicht missen und da ein Zipfelchen Emanzipation erhaschen. Resultat: Wir haben noch nie so viel gearbeitet wie heute. »Frauen«, so konstatiert die französische Soziologin Andrée Michel, »sind noch nie so ausgebeutet worden wie im Spätkapitalismus.«

Allein in der BRD kommen Vollhausfrauen und Feierabendhausfrauen auf 45 bis 50 Milliarden Stunden Gratisarbeit im Jahr (errechnete die Deutsche Gesellschaft für Ernährung e. V. in Frankfurt; Zahlen aus europäischen Nachbarländern lauten ähnlich). Das heißt, die Gratisarbeit ist fast genauso umfangreich wie die gesamte Lohnarbeit (52 Milliarden Stunden in der BRD).

Bedenkt man (frau), dass diese eine Hälfte der gesamtgesellschaftlichen Arbeit, die Hausarbeit, fast ausschließlich von Frauen gemacht wird und dass Frauen außerdem ein Drittel der Berufsarbeit leisten, so bedeutet das: In der BRD leisten Frauen zwei Drittel der gesamtgesellschaftlichen Arbeit, Männer nur ein Drittel. Frauen arbeiten also doppelt so viel wie Männer.

Da wundert es nicht, dass doppeltbelastete Frauen nicht mehr wie früher als Witwen sterben, sondern Witwer zurücklassen. Die UNO meldete 1973, die Sterblichkeit der doppelbelasteten Frauen läge in den Industrieländern neuerdings fünf Jahre unter der der Männer. Deutsche Frauen mit Haushalt und Beruf sterben noch früher, nämlich sieben Jahre vor ihren Männern (laut ›Süddeutsche Zeitung‹, die sich dabei auf Zahlen der Bundesversicherungsanstalt beruft). So wird bezeichnenderweise für Anregungsmittel geworben:

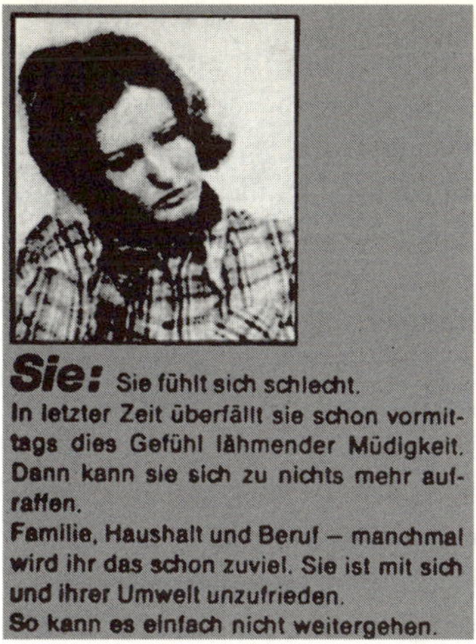

So selbstverständlich ist weibliche Doppelbelastung und männliche Karriere …
Selbstverständlich blieb auch die Unterbezahlung von Frauen im Beruf, die sich in der Bundesrepublik in den letzten Jahren nicht verringert, sondern vergrößert hat. Jede zweite berufstätige Frau verdient unter 600,– DM monatlich (nur jeder 33. Mann lässt sich damit abspeisen). 1968 bekamen Arbeiterinnen im Schnitt 1,61 DM weniger als ihre männlichen Kollegen, 1973 bekamen sie 2,60 DM weniger! Und was wird dagegen getan? Die männerbeherrschten Gewerkschaften beschränken sich weitgehend auf sporadisch höflichen Protest und längst überfällige Rcformen wie die Abschaffung von Leichtlohngruppen. Analysen der frauenspezifischen Benachteiligung und Versuche ihrer Bekämpfung blieben aus. (An der Basis allerdings fangen Frauen an, sich zu regen. Im rheinischen Neuss wehrten Arbeiterinnen sich selbst gegen Leichtlohngruppen. In Amerika machen Frauen sexistischen Firmen, die Frauen weniger zahlen und weniger qualifizierte Frauen einstellen als Männer, den Prozess und gewinnen immer häufiger.)

Doch mit dem Kampf um gleichen Lohn für gleiche Arbeit wird es nicht getan sein. Frauen müssen gleichzeitig die Kriterien und Normen der Arbeitswelt in Frage stellen! Und sie müssen ihre vorrangige Zuständigkeit für Haus und Familie aufkündigen.
Solange die weibliche Innenwelt und die männliche Außenwelt unerschüttert bleiben, werden Lagerwechslerinnen, das heißt Frauen im Männerlager, immer auch Verräterinnen ihrer zurückgebliebenen Schwestern sein – ohne selbst wirklich entkommen zu können. Denn auch die Karrierefrau wird nicht an ihrer beruflichen Qualifikation, sondern an ihrem fraulichen Reüssieren gemessen.
So bekam die Journalistin Julia Dingwort-Nussek, die als Chefredakteurin des Ressorts Politik im WDR-Fernsehen einen beachtlichen Platz in der Hierarchie einnimmt, den Grimme-Preis mit der wohlwollenden Begründung, sie sei trotz Karriere eine Frau, die »während drei Jahrzehnten bei Hörfunk und Fernsehen nie ihren Mittelpunkt verleugnet [hat]: ihre drei Kinder, ihren Mann und ihre gesamte Familie«. Man stelle sich eine solche Argumentation bei Herrn Höfer vor ... Bei der englischen Politikerin Thatcher trieb das Patriarchalische Aber-Frau-bist-du-doch folgende groteske Blüte (s. Abbildung rechts).
Das heißt, Frauen sollen primär Hausfrau und Mutter bleiben und nur sekundär Gastspiele in der Männerwelt geben. Hauptsache, sie werden in ihrer Gesamtheit Männern nicht zur ernsthaften Konkurrenz und vernachlässigen IHRE Hausarbeit nicht.

Wie zufrieden sind Hausfrauen?

Feierabendhausfrauen arbeiten an beiden Fronten 80 bis 100 Stunden in der Woche, Vollhausfrauen 60 bis 80 Stunden. Eine Hausfrau spült bis zu ihrem Lebensende einen Geschirrberg, der dreimal so hoch ist wie der Kölner Dom, und verbraucht beim Arbeiten mehr Sauerstoff als ein Maurer. Die Gesellschaft für Hauswirtschaft errechnete für die Durchschnittshausfrau ein

Margaret Thatcher: Diese Hausfrau will jetzt England sauberfegen

Sie ist eine Hausfrau wie jede andere. Nur ist sie jetzt – und das ist der schönste Beitrag Englands zum Jahr der Frau – ausgerechnet Chefin der Konservativen Partei geworden. Das heißt: Labour-Premier Harold Wilson hat jetzt zum direkten Widersacher eine Frau. Margaret Thatcher (Fotos) ist 49 Jahre alt, hat einen Ölkaufmann zum Mann und 21jährige Zwillinge, Mark und Carol. Die gelernte Chemikerin, Steueranwältin und ehemalige Ministerin für Erziehung und Wissenschaft könnte möglicherweise schon in diesem Jahr Premier werden, nämlich dann, wenn Harold Wilson im Juni mit seinem EG-Referendum durchfällt.

Foto: Associated Newspapers

Geht häufig zum Friseur

Foto: dpa

Fegt auch vor der eigenen Tür

Gehalt von 1800 DM monatlich, aber niemand zahlt dieses Gehalt. Denn Hausfrauen arbeiten gratis. Hausfrauen arbeiten aus Liebe.
Doch abgesehen von einem diffusen Gerede über die so genannte »Weiblichkeit« ist die Männergesellschaft bisher noch die Antwort schuldig geblieben, warum ein Mensch mit Vagina länger arbeiten kann und eher bestimmt ist zum Windelnwaschen und Geschirrspülen als ein Mensch mit Penis …
»Die Verwandlung der Frauen in eine heimliche Dienstklasse war eine ökonomische Leistung ersten Ranges. Diener für niedere Arbeiten konnte sich nur eine Minderheit der vorindustriellen Gesellschaft leisten, im Zuge der Demokratisierung steht heute fast dem gesamten männlichen Bevölkerungsanteil eine Ehefrau als Dienerin zur Verfügung.« – So argumentiert nicht etwa eine Frauenkämpferin, sondern der wohlangesehene Wirtschaftswissenschaftler John Kenneth Galbrait in seinem Buch Wirtschaft für Staat und Gesellschaft. Diesen Dienerinnen nun scheint das Dienen keinen Spaß mehr zu machen und hat es wahrscheinlich auch noch nie gemacht. Die zunehmende Ausbeutung verschärft die Spannungen. Die Unruhe unter den Frauen wächst spürbar. Steigende Selbstmordraten bei Hausfrauen (sie stehen in Amerika an erster Stelle vor allen anderen Bevölkerungsgruppen), zunehmende Unfälle im Haushalt (allein 1973 in der BRD 7433 tödliche) und das Hausfrauensyndrom sind aufbrechende Geschwüre einer schwelenden Krankheit.
Diese Hausfrauen-Malaise geht alle Frauen an, denn alle Frauen sind, waren oder werden Hausfrauen sein (Hofstätter: 90 % aller Vollhausfrauen waren in einer früheren Lebensphase berufstätig, und die meisten wollen es auch wieder werden). Dazu zwingt sie die herrschende Ideologie. Aussetzen und Doppelbelastung sind der Preis für jede weibliche Berufstätigkeit.
Genau darum müssen die murrenden Hausfrauen beschwichtigt werden. Das nennt sich dann Hausfrauen-Renaissance, ist aber in Wirklichkeit gar keine. Hausfrauen werden in ihrem Selbstwertgefühl nur gestärkt, damit sie für die drei Phasen fit bleiben

Frankfurter Frauen 1974 beim Protest gegen den § 218.

und nicht etwa auf den Gedanken kommen können, Heim und Herd seien – Emanzipation hin, Emanzipation her – doch letztlich nicht das höchste Glück. Das hält die Ketten kurz und verhindert allzu kühne weibliche Ausflüge in männliche Domänen. Vor diesem Hintergrund ist die viel zitierte Untersuchung der Lage deutscher Hausfrauen zu sehen, die die Soziologin Helge Pross mit »Konzeptionshilfe« der Frauenzeitschrift »Brigitte« durchführte. Sie interessierte sich dabei weniger für das Sein und mehr für das Bewusstsein, weniger für die Realität und mehr für die Illusionen, die abhängige Hausfrauen sich machen müssen. Prompt ergab die Enquete: Deutschlands Hausfrauen sind »zufrieden«! Und ebenso prompt jubelte eine Männergesellschaft, deren weibliche Dienstleistungen ins Stocken zu geraten drohen: Na also!

»Die Kritik am Hausfrauenberuf scheint mehr von außen zu kommen, als von den Hausfrauen selbst!«, titelte die Berliner »Fleischerpost«. Die »Bild-Zeitung« triumphierte: »Das wahre Glück der Frauen!« Und die »Süddeutsche Zeitung« räsonnierte »Eine Umfrage widerlegt gründlich das Bild vom unbefriedigten Dasein in Küche und Kinderzimmer!«

Nur kann eben leider von gründlich nicht die Rede sein und von Widerlegen schon gar nicht. Die Dipl.-Psychologin Renate Stefan in Berlin z. B. weist in einer Analyse der Kollegin Pross grobe wissenschaftliche Fahrlässigkeiten nach: 1. Die Untersuchung ist nicht repräsentativ (nur 32 % Arbeiterfrauen statt 52 %). 2. Der Fragebogen ist insgesamt und in seinen einzelnen Fragen methodisch falsch. Richtig zählen genügt eben nicht, wenn man zuvor falsch gefragt hat. 3. Diese falschen Resultate werden in ihrer Mehrheit durch die Pross'sche Interpretation noch ein zweites Mal verdreht.

Ein Ja oder Nein auf die schlichte Frage: Sind Sie zufrieden? will nicht viel besagen. Das weiß selbstverständlich auch Soziologin Pross. Fragebogen-Antworten hängen wesentlich von der Fragestellung und der Erwünschtheit einer Antwort ab. »Zufriedenheit« orientiert sich an dem, was Frauen heute erwarten dürfen – und das ist nicht viel. Auch kann z. B. eine Hausfrau mit zwei kleinen Kindern kaum wagen, sich und anderen Unzufriedenheit einzugestehen, wenn sie ihre Situation doch nicht gleich ändern kann (siehe auch das Protokoll von Hildegard). Wissenschaftliche Sorgfaltspflicht hätte geboten, durch präzise Kontrollfragen aufzuzeigen, was diese »Zufriedenheit« beinhaltet. Dann hätte Helge Pross vielleicht auch die Gründe für die ihr so unerklärlich gebliebene gleichzeitige »Malaise« der Hausfrauen finden können. Aber das war wohl nicht die Absicht der Untersuchung.

Wo zufällig einmal präziser gefragt wurde, verschieben sich die Resultate gleich beachtlich. So antworteten auf die pauschale Frage: »Hilft Ihnen Ihr Mann im Haushalt?« 38 % mit Nein. Beim anschließenden Abfragen seiner Mithilfe bei den gängigsten Hausarbeiten stellte sich heraus, dass nicht 38, sondern 48 %

der Ehemänner nie helfen. Vielen befragten Ehefrauen war es anscheinend peinlich, dass der Ehemann nicht hilft. Das heißt real: jeder zweite Mann einer Hausfrau hilft nie, auch nicht beim Abtrocknen oder sonntags.

Ein Jahr zuvor hatte die Pross-Umfrage bei berufstätigen Frauen Folgendes ergeben: jeder dritte Mann hilft seiner berufstätigen Frau nie. Jeder dritte hilft bei ein bis zwei Arbeiten (abtrocknen, Bier aus dem Keller holen). Das restliche Drittel hilft ein wenig öfter. In Anbetracht der Fragestellungen müssen wir annehmen, dass auch diese Zahlen in Wahrheit noch niedriger liegen. Aber wie auch immer: Alle Männer helfen Frauen bestenfalls bei ihrer Hausarbeit. Hausarbeit bleibt Frauenarbeit, auch wenn Frauen berufstätig sind. Dabei empfinden, laut infas, drei von vier Frauen die Hausarbeit als »lästige Pflicht«. Drei von vier halten laut Pross ihren Mann für klüger und tüchtiger als sich selbst, drei von vier bezeichnen gleichzeitig ihre Ehe als »gut« oder »sehr gut«. Drei von vier also halten sich trotz widerwillig erfüllter Pflicht und akzeptierter Minderheit für »zufrieden« – kein Wunder, dass es da gleichzeitig ein (der Soziologin »unerklärliches«) »Unbehagen« gibt.

Zur gleichen Zeit wie Prof. Pross ihre Hausfrauen-Untersuchung führte Prof. Hofstätter eine Enquete bei 450 Frauen durch und erhielt durch subtilere Fragestellung teilweise sehr unterschiedliche Resultate. Während sich bei Pross auf die Frage, was sie JETZT wählen würden, 40 % der Hausfrauen für den Beruf und 41 % dagegen entschieden, plädierten bei Hofstätter 82 % für die Berufstätigkeit. Wie kommt das? Er fragte nicht nur, was sie jetzt tun würden, denn diese Antwort impliziert ja auch die augenblicklichen Zwänge, sondern, was Frauen an sich interessanter finden: einen Beruf oder reines Hausfrauendasein? Darauf erwiderten mehr als acht von zehn Frauen mit Kindern unter 15 Jahren, dass nach ihrer Meinung »erwerbstätige Frauen ein anregenderes und interessanteres Leben führen als Nur-Hausfrauen«.

Das Hausfrauensyndrom – Einbildung wehleidiger Frauen?

Noch klarer wird der Missbrauch der wissenschaftlichen Legitimation zur Manipulation am Beispiel eines ›Brigitte‹-Kommentars von Helge Pross zur Hausfrauenkrankheit. Leute aus der Praxis, wie Ärzte oder zum Beispiel der Leiter des Müttergenesungswerkes, Dr. Gerd Neises, sprechen von einem beängstigenden Anstieg der Frauenkrankheiten als Resultat steigender Belastungen von Frauen.

Mindestens jede zehnte Hausfrau – so schätzt das Müttergenesungswerk – steht am Rande eines physischen und psychischen Zusammenbruchs. Mediziner wie der holländische Experte Prof. van der Velden definieren dieses so genannte »Hausfrauensyndrom« heute als »eigenständiges Leiden, das zu Depressionen und somatischen Beschwerden führt«. Hausfrauendasein und der »Rollenkonflikt der Frauen in unserer Gesellschaft« seien Ursache der Krankheit.

Und Helge Pross? Sie unterstellt den Hausfrauen, ihre zunehmenden Krankheiten hätten »weniger mit dem tatsächlichen Gesundheitszustand und mehr mit einer anerzogenen Klagebereitschaft« der Frauen zu tun ... Beweis: Berufstätige Frauen seien schließlich ebenso krank wie Hausfrauen. Daraus folgert Frau Pross nicht etwa, Hausfrauen wie Berufstätige seien kränker als Männer, weil stärker belastet, sondern: beide würden nur simulieren. Frauen stellen sich laut Pross nur an und verwechseln aufgrund ihrer »anerzogenen Weiblichkeit« gern »Mücken mit Elefanten«. Anscheinend seien sie »nicht so krank, wie Interviewauskünfte sagen«, denn »Sie nutzen zwar jede Gelegenheit zur Klage, gehen dann aber selbstverständlich zur Tagesordnung der Arbeit und Pflichten über.«

Ja, warum wohl? Weil zwar ein Aktenordner zum Beispiel mal ein paar Tage liegen bleiben kann, ein Kind aber einfach versorgt werden muss! Hinzu kommt das anerzogene Pflichtgefühl der Frauen, die auch krank den Haushalt weiter versorgen (sie fühlen sich unentbehrlich, Mann und Kinder brauchen sie – das ist ihre ganze Existenzberechtigung!) Diese Haltung, die eher ein Beweis für die mörderische Ausbeutung von Frauen ist, als einen Beleg für wehleidige weibliche Lüge zu nehmen ist schlicht zynisch.

Warum Männer den Mutterinstinkt erfanden

Die Mutterschaft ist – so wie sie heute verstanden wird – das stabilste Glied in der Fessel der Frauen. Im Namen dieser an sich zweifelsohne positiven Fähigkeit, gebären zu können, werden Frauen dazu verurteilt, ihr Leben lang für andere zu kochen, zu putzen, zu waschen und zu trösten. Aus der Fähigkeit zur biologischen Mutterschaft folgert unsere Gesellschaft die Pflicht zur sozialen Mutterschaft! Und das im Namen des »Mutterinstinktes«, der uns angeblich nicht nur zum Kindergebären, sondern auch zum Kinderaufziehen besonders prädestiniert. Seine Propagandisten sind Psychologen wie Alexander Mitscherlich, der schreibt:

»Die prägenden Einflüsse der Mutter sind die älteren. Sie entstehen in der intimsten Zwei-Personen-Beziehung. So sehr sich durch die Entwicklung in der spezialisierten Großgesellschaft die Berufsrollen von Mann und Frau angleichen mögen, es bleibt ein natürlicher, biologisch bedingter Unterschied. Soweit Nützlichkeitserwägungen diesen Unterschied verwischen wollen, bedingen sie unweigerlich eine pathologische Entwicklung des einzelnen. Andere gesellschaftliche Einrichtungen können die Intimsphäre zwischen Mutter und Kind niemals gleichwertig ersetzen: Urvertrauen erwirbt das Kind nur im Umgang mit ihr und sonst niemandem.«

Doch weder Biologie noch Sozialisationsforschung rechtfertigen die Erhebung solch patriarchalischer Spekulationen zum wissenschaftlichen Dogma. Ein Kind braucht Zuneigung, Anregungen und Pflege – von wem das kommt, ist gleichgültig. Das können eine oder mehrere Bezugspersonen sein, wobei es egal

ist, ob es die biologischen Eltern oder andere Erwachsene sind. Auch auf das Geschlecht der Person kommt es nicht an.
Dass Kinder, die in einem Kollektiv aufwachsen, also von mehreren Personen gleichzeitig betreut werden, sich nicht nur nicht schlechter, sondern besser entwickeln, zeigen unter anderem die israelischen Kibbuzim-Erfahrungen. Prof. Ursula Lehr resümiert in »Die mütterliche Berufstätigkeit und mögliche Auswirkungen auf das Kind« dazu wesentliche Untersuchungen und schreibt:
»Bei 10-Jährigen zeigen sich bei den Kibbuz-Kindern höhere Werte in Intelligenz- und Anpassungstests, die man auf eine stärker stimulierende Umgebung zurückführt (O'Connor 1968). Gewirtz (1965), der experimentelle Untersuchungen in Israel durchführte und dabei Familienkinder, Heimkinder, Tageskrippenkinder und Kibbuzkinder miteinander verglich, sah die günstigen Sozialisationseinflüsse der Kibbuz-Erziehung darin, dass die Kinder sehr früh bereits zwei ›Zuhause‹ hatten, in denen sie sich wohl fühlten. Denn jedes Kibbuzkind hatte außer seinem festen Platz im Kinderheim auch in der Wohnung seiner Eltern seine eigene Ecke. Gerade davon gingen – nach Gewirtz – erhöhte Stimulationswirkungen aus ... Im Hinblick auf die Eigenständigkeit und Selbständigkeit, auf das eigene Urteil und die Fähigkeit, Initiative zu ergreifen, waren – auch nach Bettelheim und anderen Autoren – die Kibbuz-Kinder den Familienkindern sogar weit überlegen.«
Was aber würde die besondere Zuständigkeit von Frauen für Haushalt und Kindererziehung rechtfertigen, wenn nicht ein mystischer Mutterinstinkt? »Um die Frauen zur Gratisarbeit zu bringen, kann man ihnen nicht die Schönheit und Mystik zum Beispiel des Geschirrspülens preisen oder des Wäschewaschens. Also predigt man ihnen die Schönheit der Mutterschaft!« (Simone de Beauvoir).
Dagegen wehren Frauen sich zunehmend. So spöttelt zum Beispiel die Amerikanerin McBride, selbst Hausfrau und Mutter, in ihrem Buch »Das normal verrückte Dasein als Hausfrau und Mutter«:
»Es bleibt ein ebenso gefährliches wie albernes Unterfangen,

aus Körperfunktionen soziale Normen abzuleiten. Die Frau kann Kinder kriegen, an dieser Tatsache ist nicht zu rütteln. Doch ist es ebenfalls eine biologische Tatsache, dass das Kind seinen halben Chromosomensatz dem Vater verdankt. Ich ziehe daraus die Schlussfolgerung, dass die ersten neun Monate zwar die Mutter eine nicht austauschbare Rolle übernimmt, dass aber vom Augenblick der Geburt an beide Eltern gleichermaßen sich die Freuden und die Sorgen um ihr Kind teilen können. Nur, weil die Frau einen Uterus besitzt, ist die Konklusion noch lange nicht statthaft, das Vollgießen von Suppenterrinen sei deswegen a priori eine urweibliche Tätigkeit.«

Männergnade und Frauenglück: Aus Sklavinnen werden freie Sklavinnen

Der den Frauen eingeredete Mutterinstinkt macht möglich, dass die Gesellschaft sich vor der kollektiven Zuständigkeit für ihre Reproduktion drückt. Anstatt der biologischen Mutter die soziale Mutterschaft maximal zu erleichtern, wird sie für Frauen zur persönlichen Bürde, denn in ihrem Namen werden Frauen zur Gratisarbeit im Haus gezwungen und geraten so in ökonomische Abhängigkeit.

In welchem Ausmaß Frauen heute abhängig von der Gnade der Männer sind, schrieb jüngst die »Neue Revue« in der ihr eigenen Direktheit und Unbefangenheit. In einem »Jahr-der-Frau«-Kommentar über »die Frau mit den zwölf Berufen« (»Sie arbeitet für ihren Mann und ihre Kinder als Köchin, Putzfrau, Kindergärtnerin, Lehrerin, Kaufmann, Wäscherin, Näherin, Handwerkerin, Gärtnerin, Serviererin, Dekorateurin und Krankenschwester«) hieß es da: »Wenn man die Rechte an den Pflichten misst, wer hätte da mehr Rechte verdient als die Hausfrau! PS: Meine Herren, wie gut es Ihrer Hausfrau mit den zwölf Berufen geht, liegt immer ganz allein bei Ihnen.«

Da kann frau nur noch hoffen, dass sie einen gnädigen Mann

hat … So wie Frau Borchert, verehelicht mit Bildreporter Borchert. Ihr Mann tauschte eine Woche lang die Rolle mit seiner Frau: sie arbeitete in einem Hotel, er blieb zu Hause und hielt Bild-Leserinnen und -Leser über das Experiment auf dem Laufenden. Der Zeitungsserie war zu entnehmen, dass Hannelore Borchert sich von Tag zu Tag wohler fühlte. Bisher Vollhausfrau, saß sie nun in der Rezeption eines großen Hotels, ging schon mal mit Kollegen abends einen trinken und hätte es wohl gern ein Leben lang so weiter gemacht – wäre nicht die ach! so originelle Reportage ihres Mannes zu Ende gewesen.

Zum krönenden Abschluss schrieb er seiner Frau einen offenen Brief, den ich gern im Original abgebildet hätte. Doch die »Bild«-Redaktion möchte »aus grundsätzlichen Erwägungen« einem Abdruck in diesem Buch nicht zustimmen … Sie wird ihre Gründe haben. Darum also nachfolgend einige (presserechtlich mögliche) Zitate aus dem mit zwei herzgerahmten Fotos von Herrn und Frau Borchert geschmückten Artikel. Überschrift: »Liebling, ich danke dir!« Dort heißt es:

»Die Milch ist angebrannt, die Waschmaschine ist kaputt, der Große hat in die Hose gemacht – bleibe bitte zu Hause, mein Schatz, und übernimm wieder das Kommando über Kinder, Kochtopf und Kühlschrank!« Und weiter:

»Vor 14 Tagen wollte ich dir beweisen, dass man einen Haushalt mit der linken Hand machen und nach dem Putzen noch putzmunter sein kann, dass Kindererziehung ein Kinderspiel ist und vom Haushaltsgeld eigentlich noch etwas übrig bleiben müsste. Jetzt steht unser Haushalt kurz vor der Auflösung. Mein Rücken tut vom Putzen weh und das Geld ist auch alle.«

Scharfsinnig schließt der geplagte Hausmann darum: »Wenn ich dich noch einmal heiraten sollte, würde ich dich zweimal um deine Hand bitten: Um die linke fürs Herz und um die rechte für die fürchterliche Arbeit, die du dir da aufgeladen hast … Doch nun zu dir und deinem Ausflug in die Freiheit. Ich weiß, du würdest gern beides tun wollen: Den Haushalt und die Kinder – und die Abwechslung im Beruf. Ich liebe dich dafür, dass du dich für dein Heim und die Kinder entschieden hast. Noch brauchen sie

dich – aber sie werden auch mal größer, und dann können wir noch einmal darüber sprechen.«
In zehn Jahren darf sie also einmal nachfragen. Bis dahin zeigt er sich von der sensiblen Seite: »Eines werde ich nicht vergessen: Die Freiheit, die du geschnuppert hast in diesen 14 Tagen, hat Dich zu deinem Vorteil verändert. Deshalb verspreche ich dir in Zukunft öfter einen freien Tag! Schließlich muss ich doch hin und wieder mal zeigen, was ich in diesen 14 Tagen gelernt habe. Tschüss, ich bin einkaufen gegangen. Dein Uli.«
So viel offener Zynismus macht zunächst einmal sprachlos. Nachdem der clevere Herr Borchert seinen journalistischen Gag verkauft hatte, durfte die dafür missbrauchte Frau Borchert wieder zurück zu Kindern, Kochtopf und Kühlschrank. Der »Ausflug in die Freiheit« – wie er selbst in unbekümmerter Offenheit sagt – endet wieder im alltäglichen Gefängnis … Nicht, ohne dass er wohlwollend bescheinigt hätte, dass Freiheit schön macht. Öfter mal ein Happen Freiheit für Frauchen macht die Ehenächte wieder spannend. Und wenn er Lust hat, wird er ihr in Zukunft also hier und da mal wieder einen freien Tag bescheren. Hat er keine, hat sie Pech gehabt!
Die Krönung seiner herablassenden Macht und ihrer abhängigen Ohnmacht ist das gönnerhafte Versprechen, nochmal mit ihr über den Berufswunsch zu reden, wenn die Kinder größer sind …
Ein Feudalherr hätte nicht netter mit seinen Sklaven umgehen können. Und eine Feministin hätte nicht treffender ein Beispiel für modernes Patriarchentum erfinden können.
So wurden aus Sklavinnen freie Sklavinnen.

Was am Lohn für Hausarbeit so gefährlich ist

Die Wurzeln der Machtverhältnisse zwischen den Geschlechtern liegen tief. Sie werden durch zur Zeit diskutierte Reformprojekte wie »Tagesmütter« oder »Hausfrauengehalt« (auch »Lohn für Hausarbeit« genannt – was bei der institutionalisierten Zuständigkeit von Frauen für Hausarbeit auf dasselbe rauskommt) nicht berührt. Im Gegenteil: Beide Maßnahmen würden den akuten Leidensdruck von Frauen nur scheinbar lindern und wären in Wahrheit neuer Mörtel zur Zementierung weiblicher Innenwelt und männlicher Außenwelt.

So bliebe bei dem Tagesmütter-Projekt die Zuständigkeit für Kindererziehung wieder einmal ausschließlich in privaten Frauenhänden. Zwar wäre berufstätigen Müttern bei fehlenden Krippen- und Kindergartenplätzen damit kurzfristig geholfen. Doch würde die Maßnahme als Bumerang auf die Frauen zurückschlagen, die ans Haus gebunden sind und sich darum zu Tagesmüttern machen; sie würden sich damit noch stärker als zuvor an die häusliche Isolation fesseln und die perspektivelose Phase des Aussetzens im Beruf gefährlich verlängern.

Und das Hausfrauengehalt? Zunächst ist zu sagen, dass das, was realistisch in den nächsten Jahren erreicht werden könnte, kein Gehalt wäre, sondern ein Taschengeld. Im Gespräch sind 300 bis 400,– Mark monatlich. Also gerade genug, um das Familienbudget ein wenig aufzufrischen und damit den Familienkonsum flottzuhalten. Von relativer Entlohnung der Hausarbeit oder gar ökonomischer Selbständigkeit der Frauen kann bei einem solchen Taschengeld nicht die Rede sein.

Ein solches Hausfrauengehalt würde im Gegenteil die Autonomiebestrebungen von Frauen schwer behindern und sie außerdem erneut an ihre »Frauenpflichten« fesseln. Gerade jetzt, wo Frauen immer weniger bereit sind, sich in ihrem häuslichen Gefängnis zu begnügen, würde ihnen eben dieses Gefängnis mit einem Hausfrauenlohn versilbert und trügerisch erneut attraktiv gemacht. Auch würde ein solcher Lohn bequemen Ehemännern zusätzliche Argumente zur Verhinderung der Frauenberufstätigkeit liefern.

Hausfrauenlohn würde Hausarbeit verstärkt als Frauenarbeit institutionalisieren, Frauen ans Haus binden und die Diskussion um die Teilung der Hausarbeit zwischen Frau und Mann ersticken. Genau darum wird es jetzt, wo Frauen unruhig werden, auch von Kräften wie der CDU vorgeschlagen!

Um so verwunderlicher ist es, dass Strömungen in der Frauenbewegung und der Linken sich ebenfalls dafür einsetzen. Ausgehend von der richtigen ökonomischen Analyse, dass auch Hausarbeit eine produktive Arbeit ist, kommen sie zu dem Trugschluss, sie erwiesen heute mit der Forderung »Lohn für Hausarbeit« einerseite den Frauen einen Dienst und könnten damit andererseits »das System erschüttern«.

Das System wird unerschüttert ein Taschengeld ausschütten, Frauen werden sich berechtigterweise freuen, mehr als nichts für ihre Arbeit zu bekommen, sich jedoch gleichzeitig psychologisch wieder zuständiger als zuvor für Haus und Kinder fühlen. Ehemänner werden Frauen noch weniger als zuvor im Haushalt helfen (»Was willst du denn, du wirst doch dafür bezahlt!«) und noch stärker ihre Berufstätigkeit zu verhindern suchen (»Da verdienst du auch nicht viel mehr«).

Dabei ist die Aufkündigung der Draußen-drinnen-Arbeitsteilung der einzige radikale Ansatz zur Veränderung. Die Hausfrauenlohnforderung basiert auf einer Missachtung der emanzipatorischen Elemente in JEDER Frauenberufstätigkeit. Denn trotz Doppelbelastung und auch bei schlechter Qualifikation fördert absolut jede Berufstätigkeit die Unabhängigkeit der Frau.

Die französische Soziologin Andrée Michel beweist in ihrer bereits zitierten Enquete (»Statut professionnel feminin et structur du couple français urbain«), dass sich jede weibliche Berufstätigkeit zugunsten der Frau innerhalb der Paarbeziehung auswirkt. Berufstätige Frauen sind nicht mehr ganz so unterworfen, ihre Männer nicht mehr ganz so selbstherrlich. Nur eine Kategorie von Frauen ist laut Andrée Michel noch schwächer innerhalb und außerhalb der Familie als die Hausfrauen: das sind die so genannten »mithelfenden Familienangehörigen« (Ehefrauen von Geschäftsleuten oder Handwerkern, die im eigenen Unternehmen mitarbeiten), denn ihr Mann ist Ehemann und Chef in Personalunion. Diese Frauen haben zwar eine Tätigkeit außerhalb ihres Haushaltes, die Bedingungen aber, unter denen sie sie ausführen, bleiben dieselben: sie bleiben direkt abhängig

vom eigenen Mann. Das heißt also, dass die Arbeitsbedingungen für eine Emanzipation mindestens ebenso ausschlaggebend sind wie die Art der Tätigkeit.
Diese »mithelfenden Familienangehörigen« wären in ihrem ökonomischen und psychologischen Status den Hausfrauen mit Gehalt vergleichbar. Das würde bedeuten, dass ein Hausfrauenlohn Frauen nicht nur nicht freier, sondern sogar abhängiger vom Mann macht!

Was Hausfrauen tun können

Auch Frauen, die noch ans Haus gebunden sind, weil sie kleine Kinder haben, sollten langfristig ihre Rückkehr in den Beruf vorbereiten. Zur Beratung und Unterstützung gibt es diverse Institutionen und Initiativen. Das geht von Arbeitsämtern über Familienberatung bis zu den autonomen Frauenzentren. Bei einem Gespräch mit Behörden sind Frauen immer gut beraten, wenn sie sich vorher über ihre grundsätzlichen Rechte informieren (dazu können z. B. Broschüren bei der Bundesanstalt für Arbeit angefordert werden). Denn auch bei staatlichen Institutionen können wir leider nicht davon ausgehen, dass sie Frauen gleichberechtigt behandeln und aufklärerisch informieren. Der Geist, der weht, ist der der selbstverständlichen Doppelbelastung! Hier ein symptomatisches Beispiel:
In einer Anzeige der Bundesanstalt für Arbeit wird im modischen Nostalgiestil zu dem Foto eines preußischen Ehepaares – sie fraulich-demütig sitzend, er streng-väterlich stehend und mit der Sprechblase »Eine Frau gehört ins Haus« – mit den folgenden Worten geworben: »Kaum zu glauben, aber so schrecklich altmodisch denken heute noch manche Ehemänner. Wir wiederholen deshalb: Für viele Frauen ist Zeitarbeit die ideale und moderne Nebenbeschäftigung. Dabei kommt weder der Haushalt zu kurz, hoch hängt der Haussegen schief. Denn Job und Haushalt vertragen sich … Ja, für viele Hausfrauen gehört ein

»Aber im Bogen gegen die Wand pinkeln, das könnt ihr nicht und das werdet ihr auch nie können!«

Job schon längst zum Haushaltsplan.« (Hervorhebungen von mir.)

Na wunderbar! Moderne Aussichten! Die institutionalisierte, staatlich mit Steuergeldern geförderte Doppelbelastung! Nun dürfen wir also zuverdienen ... Die Absichten sind finster, die Aussichten nicht unbedingt rosig (schon gar nicht bei der Teilzeitarbeit, in der es nur kündigungsgefährdete und niederqualifizierte Stellen gibt), aber doch auch nicht hoffnungslos. Frauen sollten das Gute wahrnehmen, ohne das Schlechte weiter hinzunehmen: Sie müssen eine berufliche Qualifikation anstreben, ohne die Doppelbelastung weiterhin für selbstverständlich und natürlich zu halten. Das Ausbildungsförderungsgesetz bietet da mehr Möglichkeiten, als die meisten Frauen ahnen (siehe auch das Protokoll Gitta L.).

Auch Ehefrauen mit Kleinkindern müssen sich nicht in ungewollten Ehen prostituieren. Sie können von einem Tag zum anderen mit einer vom Arbeitsamt bezahlten Ausbildung ökonomisch relativ unabhängig sein (auch wenn es wenig ist). Nur dürfen sie sich dabei nicht mit einem »Job« abspeisen und sich auch nicht von kurzfristigen Marktinteressen einschüchtern lassen. Sie sollten nicht vergessen, dass sie oft noch 20, 30 Jahre Berufstätigkeit vor sich haben.

Denn nur die Berufstätigkeit gewährt der Frau eine relative ökonomische Unabhängigkeit vom eigenen Mann; nur die Berufsarbeit lindert die soziale Isolation und hebt das Selbstwertgefühl von Frauen; nur die Berufstätigkeit bricht zumindest partiell die traditionelle Frauenrolle auf.

(Vollhausfrauen sollten auf jeden Fall auch das Gespräch mit anderen Frauen in ihrer Situation suchen und Aufgaben wie Kinderbeaufsichtigung oder Einkauf zunehmend gemeinsam lösen. So geschieht es heute schon zunehmend in spontan entstandenen Hausfrauengruppen, in Frauenzentren oder auch zum Beispiel in den »Clubs junger Hausfrauen«).

Wovor Berufstätige sich hüten müssen

Berufstätigkeit ist also eine unerlässliche Voraussetzung für jeden Ansatz zur Emanzipation. Deswegen aber sind berufstätige Frauen noch lange nicht emanzipiert. Denn die heutigen Frauenberufe setzen der Befreiung von der Frauenrolle gleichzeitig Grenzen. Nicht nur wegen der Doppelbelastung, sondern auch weil die Tätigkeiten und Arbeitsbedingungen selbst meist »ty-

pisch weiblich« sind: Dienen und Bedienen muss die Sekretärin ebenso wie die Ehefrau. Monotonie ertragen, das lernen Frauen am Fließband ebenso wie in der Küche. Aufopferung wird von Krankenschwestern ebenso erwartet wie von der Ehefrau.
Unser deformiertes Bewusstsein, Behinderung durch die Eltern und sexistischer Unterricht (da lernen Mädchen immer noch Kochen, wenn Jungen Physik haben – siehe Maria Borris: »Die Benachteiligung der Mädchen an den Schulen«), all das hindert Frauen an der Ergreifung von Berufen, die traditionsreich Männern reserviert sind. Das ist in Lehr-Berufen nicht anders als in akademischen. 1972 waren in der BRD nur 0,8 % der Studenten der Elektrotechnik Frauen. In der Physik waren 4,5 % und in der Pädagogik – 62,4 % Frauen!
Von dieser frauenspezifischen Ausbeutung, in der alle anerzogenen »weiblichen« Fähigkeiten en bloc niedriger eingestuft und nach männlichen Kriterien gemessen werden, profitieren Ehemänner und Unternehmer. Wo Frauenarbeit nicht unbedingte Lebensnotwendigkeit für die Familie ist, ist Frauenberufstätigkeit für Ehemänner nicht selten willkommenes »Zuverdienen« für ein neues Auto. Und für Chefs sind Frauen die idealen Arbeitsbienen. Ohne den weiblichen Beitrag gratis in der Reproduktion und unterbezahlt in der Produktion würde die auf der Unfreiheit vieler basierende »freie Marktwirtschaft« weniger zusammenbrechen.
Wie bewusst diese Tatsache den Unternehmern ist, zeigt ein Beitrag Günter Buttlers in »Beiträge des deutschen Industrieinstituts«, wo er in unbefangener Offenheit schreibt:
»Man kann die menschliche Arbeit in Erwerbsarbeit und Hausarbeit einteilen, beide tragen zum Lebensunterhalt bei. Von jeher galt es als die Aufgabe der Frau, sich um den Bereich der Hausarbeit zu kümmern. (…) Es geht im Nachfolgenden um die Möglichkeiten und Voraussetzungen, latente Beschäftigungsreserven für Wirtschaftswachstum zu erschließen, ohne dass dadurch die spezifische Rolle der Frau und ihre Funktion im Rahmen der Familie beeinträchtigt oder gar in Frage gestellt werden.«

Das Ganze nennt sich dann: Immer schön Frau bleiben! Berufstätig sein, ohne Heim und Familie zu vernachlässigen, und die weibliche Bescheidenheit dabei nicht aus dem Auge verlieren. Willig die 80-Stunden-Woche akzeptieren …

Aus Protest gegen die geplante Betriebsschließung streiken 1971 Näherinnen in Troyes und besetzen wochenlang Tag und Nacht ihre Fabrik. Der Arbeitskampf veränderte fundamental die Beziehungen der Frauen untereinander – die vorher kaum miteinander sprachen – und auch ihre Einstellung zur Hausarbeit und Familie: Nachdem sie bewiesen hatten, dass sie mindestens genauso tüchtig, stark und kühn waren wie ihre Kollegen, fanden sie es nicht mehr so selbstverständlich, trotz Berufsarbeit zu Hause für den Ehemann die dienende Ehefrau zu bleiben. (Die Pariser Frauenbewegung hat einen Dokumentarfilm mit den Arbeiterinnen von Troyes gedreht.)

Wenn wir diesen Teufelskreis sprengen wollen, wenn wir unsere Chancen nutzen wollen, ohne die Nachteile länger hinzunehmen, müssen wir uns nicht nur gegen eine männerbeherrschte Umwelt wehren, sondern auch gegen unsere verinnerlichte »weibliche Minderwertigkeit«. Die äußeren Barrieren sind hoch, unsere inneren sind es nicht minder. Noch läuft unsere Identität über weibliches Dienen. So antwortet mir zum Beispiel Gisela A., Gewerkschaftlerin und tüchtige Frau im Beruf: »Nein, wenn mein Mann Staub wischte, käme ich mir doch albern vor – man sollte auch Frau bleiben« (aus »Frauenarbeit – Frauenbefreiung«).
Wir dürfen uns also nicht mit der Forderung nach Chancengleichheit begnügen (von der noch lange nicht die Rede sein kann!), sondern müssen in Anbetracht unserer äußeren und inneren Ungleichheit zusätzliche Frauenförderung und offensive Aufklärung fordern. Not tut eine systematische Information von Frauen für Frauen über ihre Interessen. Not tun zusätzliche Bildungsmaßnahmen und Qualifikationsmöglichkeiten speziell für Frauen. Not tut ein radikaler Kampf gegen den überall wuchern-

den Sexismus, die Benachteiligung eines Geschlechts. Not tut eine alltägliche Sensibilisierung gegen die alle Frauen entmündigende Männerherrschaft und Herrschaft überhaupt. Wir Frauen müssen verstärkt in Männerdomänen eindringen – aber ohne uns vorbehaltlos zu integrieren. Wir müssen gleichzeitig wagen, männliche Spielregeln und Inhalte in Frage zu stellen: Leistung um der Leistung willen, Entfremdung, Konkurrenz und Profit sind nicht unbedingt nachahmenswerte Maximen. Das zeigen die Resultate …

Den Frauendomänen müssen wir endlich unsere vorrangige Bereitschaft aufkündigen. Wir dürfen uns nicht mit der abstrakten Forderung nach »Vergesellschaftung« von Haus und Erziehungsarbeit begnügen. Wir müssen hier und heute die Übernahme der Hälfte der Hausarbeiten durch die Männer fordern, statt uns mit ihrer gnädigen Mithilfe zu bescheiden. (Auch wenn es schwer fällt, auch wenn dieser tägliche Kleinkrieg lästig ist und »peinlich«. Denn unsere wichtigsten Schlachten werden heute leider nicht in historischen Dimensionen entschieden, sondern beim kleinkrämerischen Tellerspülen und -zählen in der Küche.)

Wir müssen lernen, an uns selbst zu denken.

Frauen müssen endlich verzichten auf ihr ach so weibliches Verzichten.

Über Feministinnen, Hexen und Suffragetten

Wer einer tüchtigen Frau heute ein besonderes Kompliment machen will, wird ihre Qualitäten beschreiben und dabei besonders betonen, dass sie zwar eine aktive Frau, aber alles andere als eine »Suffragette« sei ... Und die tüchtige Frau wird geschmeichelt nicken und versichern, nein, so eine mit Kapotthut und Regenschirm sei sie wirklich nicht. Gott sei Dank ... – Denn die Männer haben es geschafft, dass wir Frauen unsere Heldinnen nicht nur ignorieren, sondern uns da, wo sie von der männlichen Geschichtsschreibung noch nicht ganz ausradiert werden konnten, ihrer schämen.

Wären die Suffragetten Männer gewesen, so wäre der Begriff heute ein Kompliment, Ausdruck nämlich für den couragierten Kampf für Rechte, die uns heute selbstverständlicher Teil einer Demokratie scheinen. Doch sie sind Frauen, sind unsere Mütter und Großmütter, die vor uns gekämpft haben. Denn wir beginnen nicht mit der Stunde Null. Die Frauenrevolte hat eine lange, von der patriarchalischen Geschichte immer wieder zugeschüttete Tradition. Die erste deutsche Frauenbewegung übertraf um die Jahrhundertwende mit der Konsequenz ihrer Theorie und der Breite ihrer Praxis weit die heutigen neuen Ansätze der zweiten Bewegung. So schrieb Anna Plothohow in einer Chronik über die »Begründerinnen der deutschen Frauenbewegung«: »Als die stärkste Flutwelle des geistigen Lebens des letzten halben Jahrhunderts (der zweiten Hälfte des 19. Jahrhunderts) dürfen wir unzweifelhaft die Frauenbewegung betrachten« (aus dem »Frauenkalender 75«). In Bibliotheken entdecken wir, dass weite Teile der wissenschaftlichen und po-

Suffragettenparade in New York, 1913.

pulären Publikationen aus dieser Zeit sich mit dem »Feminismus« auseinander setzten.

Und was wissen wir heute davon? Nichts. Systematisches Verschweigen und Diffamieren der kläglichen Reste rauben uns immer wieder unsere Vergangenheit. Amerikanerinnen und Engländerinnen haben darum schon vor Jahren begonnen, die »herstory« freizulegen und aufzuschreiben (»herstory« bedeutet »ihre Geschichte«, im Gegensatz zu »history«, »seine Geschichte« – ein Wortspiel). Über die Suffragettenbewegung zum Beispiel fanden sie heraus, dass es sich dabei um eine der am härtesten verfolgten politischen Gruppen ihrer Zeit handelte, deren Anhängerinnen zu Hunderten geprügelt, gefoltert und ins Gefängnis geworfen wurden (Antonia Raeburn, »The Militant Suffragettes«). Auch deutsche Autorinnen beginnen über unsere Vergangenheit zu informieren – so Margit Twellmann in ihrer Dokumentation über die erste deutsche Frauenbewegung (Verlag Anton Hain).

Die Formen des Protestes und Widerstandes der Suffragetten inspirierten Ghandi. Beim Kampf um Menschenrechte und insbesondere das Wahlrecht für Frauen zeigten die Suffragetten sich entschlossen und erfinderisch: Sie traten in Hungerstreik, ketteten sich am Parlament an und versteckten sich unter Rednertribünen, um im geeigneten Moment mit dem Schlachtruf »Wahlrecht für Frauen!« hervorzuspringen! Weder polizeiliche noch juristische Repression konnte sie einschüchtern. Als 1902 zum x-ten Mal ihr Antrag auf Frauenwahlrecht abgelehnt wurde, griffen sie zu radikaleren Mitteln: sie zertrümmerten Fensterscheiben von Luxusgeschäften und Tabus. (»Die Suffragetten sind unter die politischen Verbrecherinnen einzureihen«, räsonnierte noch 1923 ein juristisches Handbuch.) In diesen Jahren schlossen sich Hunderttausende den Suffragetten an – sie wurden zur Massenbewegung! Bei Ausbruch des Ersten Weltkrieges unterbrachen die Engländerinnen im Namen der Solidarität mit den Männern gegen den gemeinsamen Feind ihren Kampf.

Heute, nachdem ein Teil dieser Rechte, für die sich die Suffragetten einsetzten, zumindest auf dem Papier selbstverständlich geworden sind, stehen die Vorkämpferinnen nicht etwa auf dem historischen Sockel der Märtyrer und Helden, sondern in den Niederungen der schrulligen Tanten. Frauen, die sich für Frauen einsetzen, sind keine politischen Kämpferinnen, sondern hysterische Witzfiguren. Denn das war noch allemal die beste Waffe in der Hand des Patriarchats: Töten durch Lächerlichmachen.

Und so ist es auch heute wieder. Feministinnen sind »Mannweiber«, »Politfurien« und »Brockenhexen« (Originalzitate). So soll anderen Frauen Angst gemacht werden vor der Solidarisierung – denn so eine wollen sie doch wohl nicht sein, oder? Bemerkenswert ist dabei, dass Frauenkämpferinnen vor allem wegen Verhaltensweisen und Eigenschaften diffamiert werden, die Männern gewöhnlich zur Ehre gereichen (wie Aktivität, offensives Verhalten und Intelligenz). Und je größer die Anzahl der nachdenklichen Frauen in diesem Land wird, um so breiter

wird die Front der verunsichert geifernden Patriarchen in diesem Land (die sich am allerliebsten durch ein weibliches Sprachrohr vertreten lassen).
Die selbstherrliche Entscheidung der sechs Karlsruher Richter gegen die Reform des § 218 ist nahezu ein Paradebeispiel für die hysterische Unvernunft von Patriarchen, die gegen die Interessen und Entscheidung einer Gesellschaft um jeden Preis eine Selbstbestimmung der Frau in der Frage der Mutterschaft verhindern wollen (denn das Resultat der Verhinderung der Fristenlösung wird eine weite Indikationslösung sein, das heißt, Frauen können – wenn auch unter Mühen – ungewollte Schwangerschaften unterbrechen, müssen aber vorher um Erlaubnis fragen – das ist der entscheidende Punkt!).
Mit der Irrationalität der Männer habe ich selbst eine besonders exemplarische Erfahrung dank der Fernsehdiskussion mit Esther Vilar machen dürfen. Da wurde in den Medien von Springer bis »Vorwärts« nicht etwa über Inhalte berichtet, sondern nur darüber, wie aggressiv doch die eine (ich natürlich) und »charmant« doch die andere (Männerfreundin Vilar natürlich) gewesen sei. Da war in rechter wie linker Presse klar, dass es sich hier nicht um eine Diskussion, sondern um ein »Gezänke«, einen »Hennenkampf« zur Weiberfastnacht handelte. Denn es ging ja um Frauen, und die zanken bekanntlich immer.
Gleichzeitig aber sagte diese beispiellose Diffamierungskampagne vor und nach der Sendung ungewollt etwas aus über die heutige Stärke der Frauen und die Schwäche der Männer. Da beschlägt's auch den sanften Patriarchen die Brille, da sehen sie nichts als die von ihnen so viel beschworene Karikatur, denn – da geht es um ihre Privilegien. »Bild«-Schreiber Schmidt kündigte, ohne die Sendung gesehen zu haben, im Vorhinein an, es handle sich hier um eine Person, die »mit stechendem Blick durch die Brille guckt, wie eine Hexe im bösen Märchen«. Und im »Spiegel« spiegelte sich die intellektuelle Variante der »Bild«-Hexe, nämlich die Frau mit dem aggressiven Intellekt, dem beunruhigenden Männerverstand. Klar würde es den Pa-

triarchen passen, wenn »weiblich« gleich »dumm« bliebe, denn dumme Unterdrückte können sich nicht wehren. Aber immer mehr Frauen nehmen sich heute das Recht auf Emotion und Ratio, auf Gefühl und Verstand. So war zum Beispiel bei der Fernsehdiskussion bemerkenswert, dass auch die konzertierte Hetze die Frauen nicht irremachen konnte. Selbst die Männermedien mussten, inklusive Springer-Presse, im Nachhinein bekennen, dass die von ihnen fabrizierte öffentliche Meinung sich nicht mit der »privaten« Frauenmeinung deckte: »Die Männer stimmten für Esther« konstatierten sie widerwillig, »die Frauen für Alice.«
Ich selbst habe eine auch Monate nach der Sendung nicht enden wollende Briefflut von fast ausnahmslos sehr selbstverständlich und herzlich zustimmenden Frauen bekommen. Auffallend war die große Anzahl der älteren Frauen und der berufstätigen Mütter. Da diese Meinungen kaum Gelegenheit haben, zu Wort zu kommen, möchte ich einige zitieren. Die Auswahl ist mehr oder weniger zufällig.

»Liebe Frau Schwarzer, ich schreibe wahrscheinlich für viele Frauen, die infolge des ewigen Kindergeschreis, Spülen, Kochen, Putzen usw. nicht dazu kommen. Ich komme auch nur jetzt zu den paar Zeilen, weil mein Mann (kein Unmensch, aber eben ein Mann) sich die Zeitung am Kiosk holt ...«

Frau K., 734 Geislingen-St.

»... Die Ansichten dieser ›Frau‹ Vilar sind so konfus, dass ich mich frage: Glaubt sie eigentlich selbst dieses wirre Zeug oder amüsiert sie sich über uns? Mein Lebenslauf in briefing: 1919 geboren, August 1939 ›gut und glücklich‹ verheiratet, 3 Kinder von September 1940–45. 6. Februar 45 total ausgebombt (bis heute ohne die geringste Entschädigung!!!). 1950 schuldlos geschieden. Seit November 1946 berufstätig. Dank der Nachkriegsverhältnisse niemals Unterhaltszahlungen von dem in Thüringen lebenden Mann und Vati der Kinder erhalten ...«

Elisabeth Vollmer, Langendamm / 3072 Nienburg-Weser

»… Ich muss Ihnen dies als Mutter von 4 Kindern mit einer Gaststätte, in der ich 6 Tage in der Woche neben meiner anderen Arbeit zumindest täglich noch 8–10 Stunden Thekendienst verrichte, einmal sagen. Mein Schlafkonsum beträgt pro Nacht etwa 4–5 Stunden, dann bin ich wieder – oder muss es sein – voll am Ball. Machen Sie bitte auf Ihrem Weg weiter.«

Elisabeth Tönges, 4351 Henrichenburg

»… Eine glückliche Frau und Mutter, aber ein Leben lang gearbeitet (7-Tage-Woche – 24-Std.-Tag! – letzter Urlaub 1943). Frau Schwarzer setzt sich für die gegenseitige Achtung ein! Dabei will ich ihr helfen!«

Gertrud Ewert, 4 Düsseldorf

»Liebe Frau Schwarzer (erlauben Sie, dass ich Sie so nenne), denn Sie haben der Vilar all das gesagt, was ich ihr schon lange mitteilen wollte. Nur hätte ich dabei nicht so ruhig und gefasst bleiben können wie Sie … Ihnen möchte ich danken. Das Kreuz braucht man Ihnen gottlob nicht zu stärken. Sie waren die mit Abstand Überlegene. Ich bin froh, dass es Frauen wie Sie gibt. Ich bin um einige Jahre älter als Sie, habe im Beruf und zu Hause, die Tatsache, dass ich eine Frau bin, reichlich abgebüßt, habe wie die meisten, immer gedacht, ich sei eine Spezialidiotin (weniger intelligent und tüchtig als mein Mann, als Kollegen) bis ich auf einer Amerikareise mit den Frauen von Women's Lib zusammenkam, die alle dieselben Syndrome hatten wie ich. Seitdem fühle ich mich wohler. In Deutschland gibt es noch nicht viele Frauen wie Sie, das habe ich bedauert, als ich vor fünf Jahren aus Amerika kam …«

Martha Meuffels, 8 München

»Liebe Frau Schwarzer, seien Sie bedankt, dass Sie so tapfer für uns die Schlacht geschlagen haben. Vor allem für uns Ältere, die es wohl nicht mehr lernen, uns unserer Haut zu wehren … Mit sehr herzlichen Grüßen bin ich Ihre Elfi Grohmader, Hausfrau, 48 Jahre alt, Mutter von 3 Kindern.«

7768 Stockach

Und so geht das in Hunderten von Briefen. 95 % aller Frauenreaktionen waren von dieser spontanen und selbstverständlichen Solidarität! Wir sehen, dass Frauenempörung in diesem Lande nicht Einbildung einiger Feministinnen, sondern zunehmend Haltung zahlreicher Frauen ist. Auffallend ist, dass man Feministinnen bis vor kurzem in diesem Lande noch als »Frauen, die gegen Männer kämpfen« etikettieren konnte, dass es aber zunehmend – und richtiger! – heißt: »Frauen, die für Frauen kämpfen.« Frauenkampf in der Bundesrepublik ist zum nicht mehr zu leugnenden politischen Machtfaktor geworden. Das ist, in groben Zügen, seine junge Geschichte:
Als im Juni 1971 Frauen erstmals das Schweigen brachen, sich öffentlich selbst der Abtreibung bezichtigten (im »Stern«) und die ersatzlose Streichung des § 218 forderten, war das nicht nur der Beginn einer vor allem von Frauen initiierten und getragenen Kampagne gegen den gesetzlichen Mutterschaftszwang, sondern das Signal für den Start einer breiten neuen deutschen Frauenbewegung. Schon während der Vorbereitung des »Manifestes der 374« (denen rasch Zehntausende folgten) bildeten sich Frauengruppen, denen sehr rasch klar wurde, dass die Abtreibungsfrage alle Frauen fundamental und direkt betrifft.
Heute, vier Jahre danach, gibt es mehrere hundert autonomer Gruppen der Frauenbewegung: gibt es Frauenzentren, Stadtteilgruppen, so genannte Quatschgruppen (in denen die Frauen über sich reden), Theoriegruppen, Kindergruppen, Unigruppen usw., usw. (siehe Adressenliste im Anhang). Wir, die Feministinnen, geben dem Kampf gegen die spezifische Unterdrückung aller Frauen in allen Lebensbereichen und gegen eine von männlichen Normen beherrschte Welt den Vorrang. Den Feminismus aber nur an der Zahl der Gruppen der Frauenbewegung im engeren Sinne zu messen wäre falsch. Feminismus ist keine Partei und keine Organisation, sondern Ausdruck eines Bewusstseins, das heute in alle Lebensbereiche und auch in die männerbeherrschten Institutionen, Organisationen und Parteien dringt. Feministisch ist die Gewerkschaftsfunktionärin, die

gegen den Widerstand ihrer Organisation für die Verbesserung der Frauenarbeitsbedingungen kämpft und gegen die institutionalisierte Doppelbelastung, ebenso wie die Hausfrau, der die Geduld reißt und die den Teller an die Wand wirft! Feminismus wird da konkret, wo zwei, drei Frauen zusammen reden und handeln! Wo Frauen beginnen, zu fragen, statt zu gehorchen, zu kämpfen, statt hinzunehmen.

Als Frauen begannen, über ihre heimliche Abtreibung, ihre Ängste, ihr Alleinsein, ihre Scham und Qual, ihre verstümmelte Sexualität und ihr mangelndes Bewusstsein miteinander zu reden, entdeckten sie, dass ihr scheinbar individuelles Schicksal Frauenschicksal ist. Wie auch schon zuvor in anderen Gruppen und Ländern, so zeigte sich auch in der Aktion 218 wieder, dass selbst gutwillige Männer (und die sind rar) immer wieder in die Herrenrolle verfielen – und dass Frauen weiblich verstummten. Frauen schlossen darum Männer aus ihren Gruppen aus. Auch, um ihre gemeinsame Betroffenheit zu erkennen, Rivalitäten untereinander abzubauen und zum eigenständigen Machtfaktor in einer Männergesellschaft zu werden.

Von einem »Getto«, in das die Feministinnen sich zurückziehen, kann dabei nicht die Rede sein, denn Frauen und Männer sind nicht auf verschiedenen Terrains lebende Rassen oder Völker, sondern ineinander verkettete Geschlechter. Frauen, die sich eine separate politische Bewegung schaffen, agieren darum nicht neben den Männern, sondern werden jede Veränderung (ob sie wollen oder nicht) umgehend in das gemeinsame Leben der Geschlechter einbringen. Das nur zur Richtigstellung, weil dieses alberne Geschwätz von der »Emanzipation ohne Männer« kein Ende nehmen will … Es geht nicht darum, sich ohne Männer zu emanzipieren (was gar nicht möglich wäre, selbst wenn wir es wollten, denn ein Teil der Gesellschaft, und schon gar nicht der unterdrückte, kann sich ja nicht allein emanzipieren), sondern es geht darum, Männern nicht länger mit der Bitte um Einsicht, sondern mit eigenen Einsichten und daraus gezogenen Konsequenzen zu konfrontieren.

Frauen fangen an, sich auf sich selbst zu besinnen. Wir sind weder bereit, Weibchen zu spielen, noch uns weiter krampfhaft zu bemühen, den Männern nachzueifern. Denn das, was sie erreicht haben, ist traurig genug. Man schaue sich nur ihren schalen Alltag an! Die Sterilität ihrer Kleidung und Gedanken! Die Hohlheit ihrer politischen Zeremonien, bei denen es längst nicht mehr um Inhalte, sondern nur noch um Zelebrierung von Männermacht geht!

Welche Frau hat nicht schon mal das heimliche Kichern befallen, wenn die Bonner Herren bierernsten Schrittes Regimenter und Garden abschreiten? Oder Ehemänner klotzig am Stammtisch dröhnen? Welche Frau hat nicht schon einmal die Lust verspürt, so wie einst das Kind im Märchen zu rufen: Aber der Kaiser hat ja gar keine Kleider an! Welche Frau hat nicht schon gähnende Langeweile erfasst bei der Nacktheit ihrer immer gleichen Phrasen und Banalitäten in »Spiegel« und »Tagesschau«?

Was Menschen angeht, wo Entscheidungen fallen und welche Inhalte sie haben, erfahren wir kaum. Präsentiert wird uns die selbstgefällige Nabelschau einer hohl klappernden Männergesellschaft, in der wenige die Macht haben und viele die Ohnmacht.

Früher waren Frauen mit dem Unbehagen an diesen politischen Shows (rechts wie links) allein, ließen sie sich einreden, ihr Unbehagen sei Ausdruck ihres mangelnden Politikverständnisses. Heute wissen sie zunehmend, dass gerade ihr Unbehagen daran politisch ist. Politiker müssen immer öfter ihre bisher kuschenden Kolleginnen zur Räson rufen, und schon beginnt wieder einmal das so altbewährte Diffamierungs- und Spaltungsmanöver. So forderte der Vorsitzende der Industriegewerkschaft Metall, Loderer, im April 1975 laut »Frankfurter Rundschau« »den Bruch mit allen frauenfeindlichen Traditionen« (welches Vögelchen hat ihm das wohl gesungen?) und kritisiert im gleichen Atemzug »die bürgerliche und akademische Frauenbewegung, die den Kampf um die Gleichberechtigung der Frau häufig als einen Kampf gegen die Männer begreifen«. Darf man vermuten, dass die bisher mit aller Gewalt unterdrückten Frauen in der Gewerkschaft dem Genossen Loderer zu aufmüpfig geworden sind?

Die Töne auf jeden Fall sind vertraut und werden regelmäßig angeschlagen, wenn es den linken Patriarchen selbst an die Privilegien geht (siehe auch das Protokoll der SPD-Politikerin in meinem Band »Frauenarbeit – Frauenbefreiung«).

Die falsche Spaltung der Frauenbewegung in »bürgerlich« und »proletarisch«, die nichts anderes als die schlichte Leugnung der spezifischen Benachteiligung und Betroffenheit aller Frauen bedeutet und das Frauenproblem auf ein Klassenproblem reduzieren will, hat schon bei der ersten Frauenbewegung vorzüglich geklappt. Nicht zuletzt die männerdominierte Linke war schuld an ihrem Scheitern.

Dazu schreibt die Soziologin Renate Bookhagen in einer noch nicht veröffentlichten Arbeit über die erste Frauenbewegung und die Rolle der Linken: »Es ist an der Zeit, mit der Glorifizierung der so genannten proletarischen Frauenbewegung Schluss zu machen. Wie verhängnisvoll ist es für die Arbeiterbewegung gewesen, zu meinen, die geschlechtliche Arbeitsteilung und die damit einhergehenden Machtstrukturen seien unwesentlich auf dem Wege einer grundsätzlichen gesellschaftlichen Veränderung! Um die Stellung der Frau in der Familie, um eine radikale Veränderung der Lebensverhältnisse ging es schon damals in den Arbeiterparteien kaum. Auch in diesen Organisationen selbst waren Frauen mehr geduldet als akzeptiert! Mit protzigen Reden vom gemeinsamen Kampf gegen den Klassenfeind wurde verdeckt, dass das Patriarchat auch nicht vor den Arbeitern und ihrer Partei Halt macht. Es muss mit Geschichtsfälschungen, wie sie sich gegenwärtig wieder in erschreckendem Maße breit machten, aufgeräumt werden.«

Und es muss neuen Fälschungen und Diffamierungen gleich in ihren Anfängen gewehrt werden! Frauen werden sich davon nicht länger einschüchtern lassen. Je mehr wir von der Männergesellschaft – je nach Schussrichtung – »bürgerlich« und »hysterisch« geschimpft werden, umso mehr sollten wir wissen,

dass wir auf dem richtigen Weg sind. Wir sollten stolz darauf sein!
Wir nehmen uns das Recht, nicht länger weiblich zu sein, sondern menschlich.

Reaktion der Männermedien

Den nachfolgenden Text hat Alice Schwarzer ein Jahr nach Erscheinen des »Kleinen Unterschied« als Antwort auf die Reaktion in den Medien veröffentlicht.

Ich will nicht jammern. Es stünde mir schlecht zu Gesichte. Denn wer sich, wie wir, die Feministinnen, erkühnt, so Fundamentales in Bewegung zu setzen, der darf sich nicht wundern, wenn diejenigen, die die Macht der Stimme haben, zum Gegenangriff starten. Dass sie es mit den bewährten Waffen tun, versteht sich.

So wurde mit Frauen, die sich in Männergesellschaften für Frauen einsetzten, noch allemal verfahren: Nicht Inhalte stehen zur Debatte, sondern Äußerliches. Warum sind Rudi Dutschke oder Jochen Steffen links? Nicht einmal Springer käme auf den Gedanken, die Antwort darauf in der Länge der Genossen-Nasen, ihrem Erfolg bei Frauen oder ihrem Vater-Verhältnis zu suchen. Bei Frauen aber ist das legitim. Und nicht nur für Springer.

Alice Schwarzer, die »frustrierte Tucke« (Süddeutsche Zeitung), »Miss Hängetitt« (ein STERN-Leser), »hässlich wie die Nachteule mit dem Sex einer Straßenlaterne« (AZ, München), das »Mannweib« und die »Männerhasserin« (Bild). Von rechts über liberal bis links – in der Frauenfrage sind Klassenfeinde Kumpel.

Moderne Hexenprozesse können auf den Scheiterhaufen verzichten, sie haben den Blätterwald. Merke: Was Feminismus ist, das wollen wir gar nicht wissen; was aber Feministinnen sind, das wissen wir ganz genau: Die sind grundsätzlich hässlich, zu kurz gekommen, fanatisch, männlich und humorlos.

Welche Ausmaße die Diffamierungskampagne in meinem Fall bereits angenommen hat, und was dahinter steht, zeigt der Brief eines ostfriesischen Lehrers an mich, der mit 14-Jährigen das

Thema Emanzipation durchnahm und dabei unter anderem einen Text von mir über Hausfrauen lesen ließ. Er schreibt:
»Die Stunden, in denen wir den Text behandelten, waren sehr chaotisch. Schon der Name Alice Schwarzer löste einen ungeheuren Tumult in der Klasse aus. Zunächst musste ich mich gegen den Vorwurf wehren, überhaupt einen Text von Schwarzer vorzulegen. Besonders die Jungen waren von einer riesigen Aggressivität, die sich auch in weiteren Gesprächen nicht legte. Ganz ähnlich reagierten die Mädchen. Nur eine war begeistert. (Sie wird schon seit langem immer ›Alice‹ genannt, ist aber darüber gar nicht froh, beklagte sich häufig bei mir, sie würde aufgezogen, und hat sich für einige Zeit auch noch einen zweiten Ehrennamen zugezogen: ›lesbische Sau‹, ein gängiges Schimpfwort an unserer Schule.) Keiner der Jungen war in der Lage, seine Aggressivität zu verbalisieren. Als Beobachter fiel mir auf, dass die Stunden, in denen wir den Text besprachen, erstens eine gesteigerte sexuelle Aggressivität der Jungen untereinander brachten (in die Eier treten usw.) und zweitens eine intensive Protzerei mit dem späteren Beruf und dem späteren Geldverdienen einsetzte. Die Mädchen reagierten differenzierter.«
Wie gesagt, es ging um einen Text über Hausfrauen, in dem ich sehr konkret einen Artikel der »Bild«-Zeitung analysiert hatte … Wenn also eine solche Stimmung schon durch ostfriesische Schulstuben schwappt, kann davon ausgegangen werden, dass ganze Arbeit geleistet wurde. Da sind Kinder, die nie etwas von mir gelesen haben, die Opfer häuslicher Klischees; da reagieren Jungen schon als Männer.
All das trifft nicht nur mich persönlich, sondern alle Frauen. Denn ich stehe in diesem Fall für die Sache. Das heißt, mit dem, was über mich geschrieben und gesagt wird, sind eigentlich alle Frauen gemeint, die Gewohntes nicht länger hinnehmen wollen. Darum ist es so wichtig, zu analysieren, was da abläuft, und das ist meiner Meinung nach Folgendes:
Ich soll gebrandmarkt und gestraft werden. Die anderen Frauen sollen eingeschüchtert und gewarnt werden: Seht her, das passiert mit einer, die es wagt … Männer schwadronieren lärmend

über ihre steigende Verunsicherung hinweg. Die Männergesellschaft versucht brutal, ihren Profit an der Frauenausbeutung zu verankern. Durch die Personalisierung, die Gleichsetzung von Frauenkampf mit einer Person soll das Ausmaß des Frauenunmutes verdeckt, die Breite der Bewegung weiter totgeschwiegen werden.

Es hat einiges zusammenkommen müssen, damit gerade ich in diese Rolle der »Führungsfigur« gedrängt werden konnte, gegen die ich mich, weiß Göttin, immer wieder energisch verwehrt habe. Andererseits ist es kein Zufall, dass Männerrage sich gerade an mir erhitzt. Ich habe in den letzten Jahren versucht, den dritten Weg zu gehen: weder weibchenhaft mit den Wimpern zu klimpern, noch männlicher Räson nachzueifern. Das hat provoziert. Da schlugen die Wellen zum ersten Mal hoch. Nämlich bei der Diskussion mit Esther Vilar im Februar 75, wo ich sehr bewusst darauf verzichtet hatte, entweder schlau im Frühschoppen-Stil zu schnacken oder aber anbiedernd zu kokettieren. Genau das hat Frauen millionenfach eine Identifikation ermöglicht: Da war eine, die redete wie sie, fühlte wie sie, war zwar gewandter, weil professionell, aber erreichbar.

»Sie haben mir so richtig aus dem Herzen gesprochen«, war der Tenor der über sechshundert Frauenbriefe, die mich erreicht haben. (Es spricht für die Subversivität der Sendung, dass die ARD sich trotz ungewöhnlich großer Nachfrage hartnäckig geweigert hat, sie noch einmal im ersten Programm, aber diesmal abends und nicht zur Blindenstunde nachmittags zu senden.)

Auch bei den Herren der Schöpfung hatte ich offensichtlich ins Schwarze getroffen. Noch vor der Ausstrahlung setzte von »Bild« bis »Vorwärts« eine Manipulationskampagne ein, die ihresgleichen sucht. »Bild«-Schreiber Schmidt kündigte (ohne die Sendung gesehen zu haben!) eine Person an, die »mit stechendem Blick durch die Brille guckt wie eine Hexe im bösen Märchen«. Und im »Spiegel« spiegelte sich die intellektuelle Variante der »Bild«-Hexe, nämlich die Frau mit dem aggressiven Intellekt, dem beunruhigenden Männerverstand. Kastrationsängste breiteten sich aus.

Alle waren sich einig, wie charmant doch die eine (Männerfreundin Vilar) und aggressiv doch die andere (ich natürlich) gewesen seien. Nicht über ein Streitgespräch wurde berichtet, sondern über ein »Gezänk«, einen »Hennenkampf« zur Weiberfastnacht – denn es ging ja um Frauen, und die zanken bekanntlich immer.

Dass das nicht ganz so klappte, lag am Zeitpunkt: Wir schrieben das so genannte »Jahr der Frau«, seit vier Jahren existiert auch in der Bundesrepublik ein breiter Frauenkampf, ausgelöst durch den § 218. Ganz so plump ließen sich die Frauen nicht mehr verschaukeln. Und da auch Massenpresse nicht gegen den Trend, sondern nur mit ihm manipulieren kann, mussten selbst »Morgenpost« (Westberlin) und »Hör zu« wenige Tage später die Hunde zurückpfeifen und widerwillig eingestehen: »Die Männer stimmten für Esther – die Frauen für Alice«. Putz herrschte in deutschen Wohnzimmern. Was mich bei den Männern nicht gerade beliebter machte, denn die haben zu Hause ja auch ihr Wohnzimmer.

Schon damals begann sich ein Trend abzuzeichnen, der sich in den folgenden Monaten noch verstärken sollte: Die Frauen nämlich, die wir angeblich nicht erreichen – Doppelbelastete, Hausfrauen, Ältere, die so genannte »normale« Frau –, solidarisierten sich sehr selbstverständlich und spontan. Intellektuelle Frauen hingegen, Studentinnen, und Frauen in Karriereberufen, verdrängten am heftigsten ihr Betroffensein und übernahmen in zwanghafter Anpassung Männerargumente.

So sind die meisten Briefe, die ich bekomme, von nicht-intellektuellen, nicht-privilegierten Frauen. Wie recht Feministinnen haben, wenn sie von einer besonderen und zusätzlichen Unterdrückung und Ausbeutung von Frauen sprechen, ist für sie selbstverständlich. Krasse Unterdrückung zeugt krasses Bewusstsein. Die Intellektuelle aber wird oft durch subtilere Mechanismen der Männermacht zu rationalisierter Entfremdung von sich selbst geführt. Das habe ich auch in all den Diskussionen, die ich in den letzten Monaten in immer überfüllten Bürgersälen oder Unis geführt habe, erfahren müssen. Sehr typisch

dafür ist der folgende Dialog aus der tiefsten hessischen Provinz, aus Büdingen:
Beim Gespräch über die desolate finanzielle Abhängigkeit und Isolation von Hausfrauen meldet sich eine etwa 40-Jährige im Saal, gestärkte weiße Bluse, Löckchen: »Ich bin«, sagt sie vor über 600 Menschen, »seit 20 Jahren Hausfrau und habe drei Kinder großgezogen. Mein Mann verdient ganz gut, aber ich habe nie eigenes Geld gehabt. Ich schäme mich nicht, zu sagen, dass ich seit einigen Monaten putzen gehe. Dafür krieg' ich Geld. Zu Hause mach' ich das umsonst. Von meinem ersten Geld habe ich mir eine Stereoanlage gekauft – das ist das Einzige, was ich besitze. Und die Kinder.« Folgt ein pikierter Kommentar einer Genossin, die schon zuvor den anwesenden Frauen beizubringen versucht hatte, dass nicht der Mann, sondern der Hauptwiderspruch sie unterdrücke. Sie rügt die »Konsumhaltung« der Frau und meint, »eine Stereoanlage ist nun wirklich nicht das richtige Bewusstsein«. Daraufhin die Frau von der so genannten Basis uneingeschüchtert: »Ob das das richtige Bewusstsein ist, weiß ich nicht. Aber vom nächsten Geld, da kauf ich mir ein Auto, das hat Räder und trägt mich raus ...«
Ich habe Frauen bei diesen Veranstaltungen das Wort ergreifen sehen, die ganz sicher noch nie auf einer öffentlichen Versammlung waren, geschweige denn da geredet hätten. Für manche, wie für Putzfrau Renate M. aus Offenbach, war mein Buch das erste überhaupt in ihrem Leben. Und sie haben sehr gut verstanden, worum es darin geht. In allen Orten ohne Frauengruppe sind an diesen Abenden erste Kontakte geknüpft worden, und in Städten mit bereits existierenden Frauenzentren strömten die Frauen anschließend in die Gruppen. So trugen sich allein in Darmstadt 200 Frauen in die Listen des Frauenzentrums ein. Das heißt, meine Arbeit trägt sehr konkret zu Bewusstseinsprozessen, zur Solidarisierung und zur Organisierung bei.
Was manche Genossen (und Genossinnen) nicht hindert, mit ihren Scheuklappen in die Veranstaltungen zu kommen und, komme was wolle, zu stören. Mit Erfolg. Denn wo selbstgerechte Linke mit ihrer abstrakten Sprache und ihrer feindseligen

Fronthaltung blockten, wagt mit Sicherheit kaum eine Frau mehr den Mund aufzumachen. Zynisch, borniert, unmenschlich zogen sie ungeachtet der Erfahrungen, Bedürfnisse, Ängste und Probleme der anwesenden Menschen ihr papierenes Programm durch. Auch Genossen sind Patriarchen, und sie sind es dank der Selbstgefälligkeit ihrer reinen Lehre manchmal mehr noch als die anderen. Das schlug sich auch in der linken Presse nieder, wo »UZ« und »Wahrheit«, »Langer Marsch« und K-Postillen beim Thema Feministinnen generell und Schwarzer speziell meist weit unter Springer-Niveau landeten.

Ja doch, auch Männer sind Opfer, aber die Frauen sind noch die Opfer der Opfer ... ja, es versteht sich, dass Frauenbefreiung sich nicht nur gegen das Patriarchat richtet, sondern auch gegen das Kapital; beides ist ineinander verflochten: Der ausgebeutete Arbeiter ist zu Hause ein ausbeutender Pascha. Und das Kapital profitiert von der Unterbezahlung der Frauen im Produktionsbereich ebenso wie von der Gratisarbeit im Reproduktionsbereich ... Nein, Frauenbewegung bedeutet nicht um jeden Preis Kampf gegen den einzelnen Mann, aber auch das, und zwar da, wo Männer sich unseren Befreiungsbestrebungen in den Weg stellen und an Privilegien auf unsere Kosten festhalten ... Nein, es geht nicht um Anpassung oder Integration, nicht um Vermännlichung von Frauen, sondern im Gegenteil um Vermenschlichung der Geschlechter ...

Was soll's? Feministinnen haben das alles oft genug gesagt und geschrieben. Zu oft. Wir sind differenziert, unser Ruf ist platt. Müde der Legitimations-Litanei, habe ich längst begriffen, dass uns das Bitten um männliche Einsicht nur abhalten soll von der Suche nach weiblichem Einverständnis.

Das größte Vergehen wider die Männergesellschaft aber war in meinem Fall ohne Zweifel die Frage nach der Rolle der Sexualität. Meine ersten Bücher (über Abtreibung, Berufs- und Hausarbeit) hatte ich noch relativ komplikationslos veröffentlichen können. Aber das – das ging zu weit! Obwohl inzwischen längst »seriöse« Suhrkamp-Autorin und behaftet mit einem gewissen Marktwert in Frauenfragen, schlugen drei große Verlage mein

Exposé für den »Kleinen Unterschied« aus. Ein Dr. Rössler vom Bertelsmann-Verlag sah sich sogar bemüßigt, mich 1974 zu belehren, dass es »nicht damit getan ist, dass man sich an ein breiteres Publikum wenden will, dieses Publikum muss sich für das betreffende Thema auch interessieren. In Bezug auf Ihr Thema sehe ich überall nur allgemeine Erschöpfung – vor allem bei den Leuten, die Sie ansprechen möchten«.

Und Herr Rössler ist kein Einzelfall. Immer wieder habe ich erleben müssen, dass beim Thema Frauen patriarchalische Interessen und Fehleinschätzungen oft schwerer wiegen als journalistische oder kapitalistische Kriterien: Lieber macht so mancher Mann kein Geschäft, aber erhält sich den Hausfrieden. Denkt er.

Und wie prompt die Zensur da eintritt, wo Journalisten nicht mehr gewillt sind, das verlogene Spiel von der angeblichen Objektivität mitzuspielen (die ja doch nur höchst subjektive Interessen und Standpunkte kaschiert), was geschieht, wenn sie ihre Betroffenheit und ihr Engagement eingestehen, haben wir bei der Panorama-Affäre gesehen, als mein Abtreibungs-Beitrag wenige Stunden vor der Sendung von der Intendanten-Konferenz in einem bisher in der Geschichte des bundesdeutschen Fernsehens beispiellosen Zensurakt abgesetzt wurde. Kein Thema, nicht Bonn, nicht Strauß, nichts war in der stürmischen Geschichte des Montag-Magazins so heiß wie die Abtreibung. In keinem Fall reagierten die Zensoren so entfesselt und ungeschickt. Das plumpe Verbot war ohne Zweifel effektiver, als es eine Ausstrahlung je hätte sein können – bleibt jedoch, dass ein paar die Macht haben zu senden und zu publizieren und viele die Ohnmacht. Und was Fraueninteressen angeht, ist das noch potenziert: Da sind auch progressive Männer immer noch Männer.

Die internationale Feministinnen-Literatur erscheint in der Bundesrepublik mit Jahren Verspätung. Und wenn schon ich es so schwer hatte, überhaupt zu veröffentlichen, wie soll es dann erst Frauen gehen, die sich bisher weniger durchgesetzt haben? Auch der Fischer-Verlag startete mein Buch sehr zurückhaltend, mit 10000 Erstauflage und keiner einzigen größeren Anzeige.

Ich bin kein Beckenbauer. Feministische Bestseller werden nicht »gemacht«. Der »Kleine Unterschied« ist ein Erfolg von unten. Frauen haben das Buch zu Zehntausenden gekauft, und erst, als es nicht mehr zu übersehen war, ging der Medien-Rummel los. Nun war ich zwar nicht länger totzuschweigen, sollte aber möglichst rasch durch Lächerlichkeit getötet werden. Denn das ist die traditionell wirksamste Waffe des Patriarchats.

»Hier hat eine ›frustrierte Tucke‹ andere frustrierte Tucken schamlos exploriert, um einen Bestseller zu schreiben«, fabulierte Richard Kaufmann feinsinnig in der »Süddeutschen Zeitung« (die sich übrigens seit Jahren in der Berichterstattung über Frauenemanzipation durch ein besonders finster-bajuwarisches Niveau auszeichnet). Und »Bild« wusste zu melden: »›Ich bin nicht bereit, dieser Gesellschaft ein Kind zu liefern!‹ schrie Männerhasserin Alice Schwarzer mit schriller, sich überschlagender Stimme in München.« Titten-Postille »das da« richtete diesmal ausnahmsweise den Blick einige Zentimeter höher: »Schwarzers Buch gleicht dem Gesicht seiner Autorin, rundum verkniffen, beleidigt, verbiestert« – so Rainers kleiner Bruder Wolfgang. Und ein »Spiegel«-Leser röhrte: »Mir ist der Arsch der O lieber als der Kopf der A.« DIE AZ titelte: »Verbissen predigte sie den Männerhass.« Nur Herr Skasa-Weiss von der »Stuttgarter Zeitung« mochte sich noch mit meinem Werk beschäftigen: »Dabei ist Frau Schwarzers These in ihrer eifernden Verallgemeinerung grobschlächtig bis zur Idiotie.«

Diese Reaktionen nennt Volker Pilgrim in »Vorgänge« den »Schwarzer-Effekt« und schreibt: »Alice Schwarzer trifft, weil sie nicht gegen das Patriarchat als Ganzes, sondern gegen jeden einzelnen Mann zielt. Seit Erscheinen ihres Buches ereignen sich in der Praxis die Fälle wie folgt zuhauf: Ein Paar von Mann und Frau jüngeren Alters lebt so dahin, er arbeitet, ist somit nach Hegel durch seinen Beruf vom Manne zum Menschen erwachsen. Die Frau beschäftigt sich mit den Kindern, Haushalt oder (und) jobt noch nebenbei in untergeordneten Positionen. Sie liest Schwarzers Kleinen Unterschied und sagt zu ihrem Mann: ›So, jetzt hab ich's, ich habe soundso oft keinen Orgasmus, du aber jedesmal, hau ab mit deinem Schwanz!‹ Es ist das bundesweite ›Hau ab!‹ das den Mann erschüttert. Er hört und erfährt es von Frauen gegen ihn in vielfältiger Weise ausgesprochen oder unausgesprochen prozediert.«

Sexualität, das ist eben nicht wie Leichtlohngruppen oder Mädchenbildung. Das kann man nicht wegschieben auf eine abstraktgesellschaftliche Ebene. Das geht jede und jeden an. Wenn dann noch, wie ich es versucht habe, nicht nur die Realität der Sexualität zwischen Frau und Mann, sondern darüber hinaus ihre Funktion bei der Unterdrückung der Frauen dargestellt wird – dann gerät patriarchalische Irrationalität vollends ins Flippen. Das ist nicht nur in meinem Falle so. Simone de Beauvoir, längst anerkannte Klassikerin unter den Theoretikerinnen der Frauenfrage, antwortete mir jüngst in einem Interview auf meine Frage nach den Reaktionen auf »Das andere Geschlecht« bei Erscheinen 1949:

»Die Reaktionen waren sehr heftig! Sehr gegen mich! Sehr, sehr feindselig! Von allen Seiten. Vielleicht waren wir auch ein wenig ungeschickt. Wir haben nämlich noch vor Erscheinen des Buches das Kapitel über Sexualität in den ›Temps Modernes‹ veröffentlicht. Das hat vielleicht einen Sturm ausgelöst. Von einer Vulgarität ... Mauriac zum Beispiel, schrieb prompt an einen Freund, der mit uns zusammen bei den ›Temps Modernes‹ arbeitete: ›Oh, ich habe bei der Lektüre gerade so einiges über die Vagina Ihrer Chefin erfahren ...‹. Und Camus, der damals noch ein Freund war, tönte: ›Sie haben den französischen Mann lächerlich gemacht!‹ Ich habe Professoren gesehen, die das Buch quer durch den Hörsaal schmissen, weil sie nicht ertragen konnten, es zu lesen. Und wenn ich ins Restaurant ging, angezogen wie immer – nämlich eher ›weiblich‹, wie es meine Art ist –, dann guckten die Leute und tuschelten: ›Aha, das ist sie ... Ich dachte, dass ... Also wird sie beides sein ...‹ Mir ging nämlich damals ein saftiger Ruf als Lesbe voraus. So ist das eben: Eine Frau, die es wagt, solche Dinge zu sagen, die kann ja nicht ›normal‹ sein. Auch die Kommunisten haben mich fertig gemacht, haben mich ›bourgeoise‹ geschimpft und behauptet: ›Den Arbeiterinnen in

Billancourt ist das, was Sie da erzählen, schnuppe!‹ – Was nicht stimmte! Ich hatte also weder die Rechten noch die Linken.«
Andere Länder, dieselben Sitten. Es handelt sich um ein weltweites Männerkomplott mit Tradition. Darum wird es Zeit, dass wir lernen, damit umzugehen, dass wir ihnen die eigene Waffe in der Hand umdrehen! Wie?
Wer heute ein modernes Weib so richtig beleidigen will, wird es »Suffragette« schimpfen. Und das moderne Weib wird sich hurtig distanzieren. Alles, nur das nicht! Denn Suffragetten sind komische Tanten mit komischen Hüten. Oder? Wer weiß schon, dass Suffragetten nicht nur für das Frauenwahlrecht, sondern für die Gleichheit der Geschlechter und soziale und politische Gerechtigkeit überhaupt gekämpft haben? Dass sie um die Jahrhundertwende in England zum Beispiel eine Massenbewegung mit über einer Million Anhängerinnen waren, die mit viel Phantasie und Gewalt, wenn es sein musste, auf die Straße gingen? Einige ließen dabei ihr Leben, sie wurden zu Tode gefoltert. Englische Historiker nennen die Suffragetten heute die »politisch verfolgteste Gruppe ihrer Zeit«. Suffragetten sind also Heldinnen der Frauengeschichte, und hätten wir die Podeste nicht abgeschafft, müssten sie darauf stehen. Es müsste uns eine Ehre sein, Suffragette genannt zu werden! Das unterscheidet uns Frauen von allen anderen Unterdrückten: Wir ignorieren nicht nur unsere Kämpferinnen, begraben unter dem Schutt der Männergeschichte, wir schämen uns auch noch ihrer. Frauen wurde ihre historische Identität geraubt. Wir fangen immer wieder bei null an.
Und jetzt ist wieder so ein Punkt gekommen. Wie groß die wachsende Unruhe der Frauen in unserem Land ist, beweist schon die heftige Reaktion der Männer. Die Briefe, die mich erreichen, zeigen das Ausmaß des Frauenelends. Am ärgsten scheint es für die Frauen auszusehen, die sich nach zehn, zwanzig Jahren Ehe scheiden lassen: Sie finden sich nicht selten einer wahren Männer-Maffia von Anwälten, Richtern und Ehemännern gegenüber. Fast alle Briefe sind in einem vertrauten Ton geschrieben, von Frau zu Frau. Das Herausbrechen meiner Person aus der Masse,

das diese Einzelne unerreichbar und einschüchternd macht, hat also nicht geklappt. Oft duzen mich die Frauen – auch ältere oder Frauen aus Orten oder Lebensumständen, wo das Du nicht selbstverständlich ist – oder sie trösten mich sogar und versuchen, mir Mut zu machen. Für sie ist selbstverständlich, dass ich nicht die entkommene »Emanze« bin, sondern eine betroffene Frau – mit einem heute größeren Spielraum, aber grundsätzlich gleichen Problemen.
Bemerkenswert ist auch die steigende Anzahl der Männerbriefe. Jeder dritte Brief kommt heute von einem Mann. Davon ist die Hälfte auf die gewohnte Art besserwisserisch und belehrend (selten ausfallend). Die andere Hälfte aber ist spürbar betroffen und ehrlich. Das geht vom Fünfzigjährigen, der mir schreibt, er habe durch das Buch im Nachhinein das Scheitern seiner Ehe begriffen; über den Jungverheirateten, dem »die Lektüre die Augen geöffnet hat: Es hat uns geholfen, über gemeinsame Probleme zu reden«; bis zu dem jungen Berliner, der aufatmet: »Du brichst in deinem Buch eine Lanze für schüchterne Männer. Das erleichert mich so! Denn ich war noch nie ein Django-Typ …«
Ich habe sehr schnell versucht, die Markierung als Hexe vom Dienst zu unterlaufen. Aus politischen Gründen, aber auch aus privaten: Eine solche Häme verletzt trotz allen Wissens um die Motive der Geifernden. Am meisten hat mich die Stilisierung meiner Person zur Führungsfigur auf Kosten der Frauen in der Bewegung getroffen. Es schmerzt mich, dass gerade ich dazu benutzt werde, andere zu verdecken. Auch der Versuch, mich als humorlos und verbissen darzustellen, hat mich irritiert – das bin ich nämlich ganz und gar nicht. Aber ich habe überlebt. Sehr gut sogar. Ich fühle mich heute besser denn je zuvor. Und ich hoffe, dass das den Tausenden von Frauen Mut macht, die all das, was mir im Augenblick so spektakulär widerfährt, alltäglich im Kleinen erfahren.
Denen sei Susan Sontag mit auf den Weg gegeben, die es so treffend sagt:
»Militante Frauengruppen sollten Aktionen wagen, die im totalen Gegensatz zur Stereotype der Weiblichkeit stehen, ohne sich

von der Angst vor den sexistischen Klischees einschüchtern zu lassen, die wollen, dass die Frau eine emotionale, unkontrollierte und distanzlose Kreatur ist. Ein allgemeines Argument, das die Untätigkeit der Frauen verstärkt, ist die Behauptung, sie würden besser gehört, wenn sie mit ›Würde‹ handelten, wenn sie den Anstand wahrten und vor allem ihren Charme. Dieser Form der Einschüchterung, die sich hinter einem Lächeln und einem gut gemeinten freundschaftlichen Rat verbirgt, müssen Frauen ihre ganze Verachtung zeigen. Im Gegenteil: je weniger sie sich um die guten Manieren kümmern, je mehr sie nach Sexisten-Maß hysterische Xanthippen sind, um so wirksamer und politischer werden ihre Aktionen sein. Sicher werden sie die Zielscheibe der Spötter sein, aber darüber sollten sie sich freuen.«

Margarete Mitscherlich

Die friedfertige Frau

Eine psychoanalytische Untersuchung
zur Aggression der Geschlechter

Band 4702

Margarete Mitscherlich untersucht das unterschiedliche Aggressionsverhalten der Geschlechter auf den verschiedenen Ebenen. Sie räumt auch mit dem Mythos auf, der uns weismachen will, die Frau sei von Natur aus friedfertig, der Mann hingegen gewalttätig. Die »Friedfertigkeit« der Frau ist anerzogen, mit Bedacht anerzogen, denn sie hindert die Frau daran, gegen die vermeintlich naturgegebene männliche Herrschaft und Unterdrückung zu rebellieren. So ist dieses Buch auch ein Appell an die Frau, die sozialisierte und instrumentalisierte Friedfertigkeit abzustreifen und dem zur Gewalttätigkeit neigenden – ebenfalls anerzogenen – Dominanzverhalten der Männer Paroli zu bieten.

Margarete Mitscherlich

Über die Mühsal der Emanzipation

Band 12473

Zur Mühsal der Emanzipation gehört nach den Worten der Autorin nicht nur die gelegentliche Auseinandersetzung mit Mißverständnissen, theoretischen Spitzfindigkeiten, wie sie Männer mehr zu lieben scheinen als Frauen, sondern vor allem die alltägliche, ermüdende Konfrontation mit offenen wie versteckten Diffamierungen, mit beruhigendem Schulterklopfen, mit Vertröstungen und Lobhudeleien, die in Wahrheit nur die bestehenden Rollenstereotype und Machtverhältnisse aufrechterhalten sollen. Margarete Mitscherlich setzt sich vor allem mit den männlichen Wertvorstellungen und deren Einfluß auf das Leben der Frau auseinander. Die geforderte ständige Auseinandersetzung mit falschen Werten und Vorurteilen in der innerseelischen wie der äußeren Welt der Frau macht nach Margarete Mitscherlich, die immer wieder von Rückschlägen bedrohte Mühsal der Emanzipation aus.

Fischer Taschenbuch Verlag

fi 1912 / 6

Behjat Moaali
Manuela Runge
Zerreiße den Schleier der Ohnmacht
Band 15688

Im Iran herrscht Revolutionsstimmung, die Mullahs übernehmen die Macht. Zwei Frauen begegnen sich: Behjat Moaali, die dank wohlhabender Eltern Rechtsanwältin geworden ist und für die Rechte der Frauen kämpft, und Tara, Analphabetin aus einem kleinen Dorf, deren Versuch weiblicher Selbstbestimmung in einer Katastrophe endet: Ihr droht die Todesstrafe wegen Kindsmords, um deren Aufhebung Behjat kämpft.

Fischer Taschenbuch Verlag

fi 15688 / 1

Cheryl Benard
Edit Schlaffer
Die Emotionsfalle
Vom Triumph des weiblichen Verstandes
Band 15211

Wer nicht denken will muß fühlen! Auch wenn es allen gängigen Vorstellungen widerspricht: Frauen sollten manche Emotionen lieber auf Eis legen, wenn sie sich nicht selbst schaden wollen. Die beiden Erfolgsautorinnen zeigen, wie Frauen mit Hilfe ihres Verstandes zur »Maestra der Gefühle« werden, um ihre Emotionen souverän zu dirigieren.

Fischer Taschenbuch Verlag

fi 15211 / 1

Colette Dowling

Befreite Gefühle

Neue Wege aus Depression,
Angst und Abhängigkeit

Aus dem Amerikanischen von Heidemarie Fehlhaber

Band 13167

Colette Dowling beschäftigt sich vor dem Hintergrund persönlicher Erfahrungen mit einem der gravierendsten Krankheitsbilder unserer Zeit – mit der Depression und verwandten seelischen und anderen Störungen. In ihrem gründlich recherchierten, aber auch menschlich bewegenden Buch geht Colette Dowling mit landläufigen Vorstellungen über die Ursachen seelischer Störungen scharf ins Gericht und zeigt anhand jüngster Fortschritte in der Therapie psychischer Erkrankungen die Wirksamkeit psychopharmakologischer Behandlungsmethoden. Ein wissenschaftlich fundiertes, erschütterndes und zugleich Hoffnung vermittelndes Buch.

Fischer Taschenbuch Verlag

fi 1000 / 5

Nicky Marone

Starke Mütter – selbstbewusste Töchter

Mädchen zu erfolgreichen und glücklichen Frauen erziehen

Band 15068

Ziel einer erfolgreichen Erziehung muss es sein, Eigenschaften wie Selbstbewusstsein, Optimismus und Widerstandskraft, die Mädchen im Kindesalter an den Tag legen, zu erhalten und zu stärken. So vorbereitet, werden sie die Herausforderungen der Pubertät besser bewältigen und zu selbständigen Frauen heranwachsen. Dieses Buch bietet viele praktische Ratschläge für Mütter und Väter von Mädchen – vom Kindergartenalter bis in die Teenagerzeit.

Fischer Taschenbuch Verlag

fi 15068 / 1

Regine Schneider

Gute Mütter arbeiten

Ein Plädoyer für berufstätige Frauen

Band 13623

Schuldgefühle – wohl jede berufstätige Mutter hat sie. Frauen fühlen sich als schlechte Mütter, wenn sie ihre Kinder nicht rund um die Uhr selbst betreuen. Dies, so drohen Experten, verursache Fehlentwicklungen und Persönlichkeitsstörungen. Der Mythos, daß eine gute Mutter zu ihrem Kind gehöre, diszipliniert alle Mütter und beordert sie, vor allem wenn Arbeitsplätze knapp werden, zurück in die Küche.
Die Autorin räumt umfassend und gründlich mit diesem Muttermythos auf und weist nach, daß Kinder zufriedene Mütter brauchen, die eigene Interessen haben. Kinder benötigen verschiedene Bezugspersonen, den Kontakt zu anderen Kindern und ihren eigenen Freiraum. Das Fazit: Kinder berufstätiger Mütter sind selbstbewußter, selbständiger und verantwortungsvoller als Kinder von Vollzeitmüttern.

Fischer Taschenbuch Verlag

fi 782 / 6

Wilhelm Johnen

Die Angst des Mannes vor der starken Frau

Einsichten in Männerseelen

Band 12269

Männer haben vielerlei Ängste. Diese Ängste werden geleugnet, kaschiert und verdrängt, denn sie widersprechen immer noch dem sozialen Anspruch an Männlichkeit. Es besteht eine Verbindung zwischen der Stärke der Frauen (die immer vorhanden war, die sich heute aber deutlicher zeigt) und den zunehmenden Ängsten von Männern.

Das Buch zeigt, woraus die ›Stärke‹ der Frauen resultiert, und daß die Ängste der Männer große Hindernisse bilden auf dem Weg zu gleichberechtigten Partnerschaften. Ein unsicherer Mann braucht die Unterlegenheit der Frau, um seinen versteckten Selbstzweifeln zu entkommen. Hört eine Frau auf, dem Mann Signale ihrer Unterwerfung zu übermitteln, erlebt er dies als Liebesentzug – und ihm bleiben nur noch Flucht oder Aggression.

Durch den Verfall typisch männlicher Werte wie Macht und Aggression in unserer Gesellschaft, die zunehmend ersetzt werden durch eher weibliche wie Kooperation und Kommunikation, entsteht bei Männern nicht nur Verunsicherung, sondern auch eine immer weniger verdeckte Rivalität zwischen den Geschlechtern.

Fischer Taschenbuch Verlag

fi 805 / 7